MARC GASSERT
Die Kraft des Drachen

Marc Gassert

DIE KRAFT DES DRACHEN

Mit der Shaolin-Methode zu Mut und innerer Stärke

ARISTON

Bibliografische Information der Deutschen Bibliothek

Die Deutsche Bibliothek verzeichnet diese Publikation in
der Deutschen Nationalbibliografie; detaillierte bibliografische
Daten sind im Internet unter www.dnb.de abrufbar.

Penguin Random House Verlagsgruppe FSC® N001967

© 2022 Ariston Verlag in der Penguin Random House Verlagsgruppe GmbH,
Neumarkter Straße 28, 81673 München
Alle Rechte vorbehalten
Redaktion: Desirée Šimeg, Stadtbergen
Umschlaggestaltung: Christine Hartig,
unter Verwendung eines Fotos von © Rainer Spitzenberger
Satz: Satzwerk Huber, Germering
Druck und Bindung: GGP Media GmbH, Pößneck
Printed in Germany

ISBN: 978-3-424-20263-2

Inhalt

Dies ist ein Buch für alle Menschen, die leichter,
resilienter und mutiger durchs Leben gehen möchten.

Gewidmet allen Meistern der Kampfkunst sowie
meinen Kindern. Sie lehren mich auf unterschiedliche Weise.

飲
水
思
源

Yǐnshuǐsīyuán
Wenn du Wasser trinkst, denk an die Quelle.

DIE NÄCHSTE REISE BEGINNT

Dies ist ein Werk, von dem ich nicht ahnte, dass ich es jemals schreiben würde. Nach meiner Erstveröffentlichung *Alles ist schwer, bevor es leicht wird. Mit dem Wissen der Shaolin zu mehr Disziplin und Willenskraft* dachte ich, ich hätte nichts mehr zu sagen, ich hätte alles niedergeschrieben über die Shaolin und meine Erfahrungen aus der Kampfkunst und darüber, welch wunderbare Tugend die Selbstdisziplin ist – ein Werkzeug zur Zielerreichung und ein Weg zur Selbstliebe.

Mit zwei Dingen hatte ich nicht gerechnet. Erstens, dass so unglaublich viele Menschen das Buch nicht nur lesen, sondern auch mit mir darüber korrespondieren und mich damit bereichern würden. Zweitens, dass es mir gelingen würde, durch viele Vorträge und Führungskräfteseminare in den vergangenen Jahren mein vorhandenes Wissen umfassend zu reflektieren und neues Wissen hinzuzugewinnen. Ich trage große Dankbarkeit in mir. Zudem habe ich die Zeit genutzt, um meine Kung-Fu-Kenntnisse weiter zu vertiefen und reifen zu lassen. Nein, ich bin noch immer kein Meister, aber ich habe viele Meister kennengelernt und durfte an deren Wissen teilhaben – und das möchte ich an Sie weitergeben. So gehört es sich, wie es im

Chinesischen formuliert ist: 飲水思源 *Yǐnshuǐsīyuán* – »Wenn du Wasser trinkst, denk an die Quelle«. Daher beginnt nun unsere nächste gemeinsame Reise, diesmal zur inneren Stärke. Und auch sie geht mit vielen Fragen einher:

- Was macht innere Stärke aus?
- Warum braucht jeder innere Stärke?
- Warum ist innere Stärke in der heutigen Zeit so wichtig wie nie zuvor?
- Wo finden wir unsere innere Stärke?
- Was können wir tun, um unsere innere Stärke zu entfalten?

Auf dem Weg zu den Antworten werden Ihnen bei der Lektüre wie in meinem ersten Buch Anekdoten aus meinem persönlichen Erfahrungsschatz und der Welt der Kampfkünste begegnen. Um Sie mit den asiatischen Prinzipien und Philosophien vertraut zu machen, erkläre ich Ihnen spezielle Begriffe aus dem Chinesischen, Japanischen oder Koreanischen. Da alle Kampfkünste den gleichen Ursprung haben, erscheint es mir gerechtfertigt, Erkenntnisse aus Taekwondo und Karate dem Wissen der Shaolin zuzuführen. Essenziell sind dabei die grundlegende innere Haltung zur Kampfkunst sowie der Bezug zur inneren Stärke, nicht die jeweiligen Unterschiede der Kampfkunstarten. Um die asiatischen Lehren anschaulicher zu machen und Sie an meinem persönlichen Erkenntnisprozess teilhaben zu lassen, nutze ich wieder Gespräche mit meinen unterschiedlichen Meistern und ich lasse diese dabei in den skizzierten Dialogen wieder alle mit einer Stimme sprechen. Der Einblick, den ich Ihnen auf diese Weise geben möchte, ist ein Rückblick auf alte Tugenden, die uns mit etwas Weitblick einen Ausblick in die Zukunft geben sollen. Dazu versuche ich, Ihnen vielfältige Perspektiven und Ansätze anzubieten – aus der westlichen Welt, aber auch aus Fernost. Also die Weisheiten der Shaolin verknüpft mit hiesigen Erkenntnissen aus den Fachbereichen Philosophie, Soziologie und Psychologie.

Die Kraft des Drachen richtet sich an alle Menschen, die leichter, resilienter und mutiger durchs Leben gehen möchten. Und ihnen allen sei an dieser Stelle mitgegeben, was mein Meister einst gesagt hat: »Wir Menschen meistern unser Schicksal stets viel besser, als wir zunächst von uns glauben.« Es dreht sich nach der

> »Wir Menschen meistern unser Schicksal stets viel besser, als wir zunächst von uns glauben.«

Selbstdisziplin also nun alles um ein weiteres Werkzeug zur Zielerreichung und Persönlichkeitsentwicklung: innere Stärke. Das bedeutet aber nicht, dass Sie durch die Lektüre unbesiegbar werden. Es genügt aber auch völlig, wenn Sie in Zukunft nicht mehr so leicht kleinzukriegen sein werden. Das ist es, was Ihre innere Stärke zu leisten vermag – und noch so einiges mehr. Und keine Sorge: Dafür müssen Sie nicht todesmutig einen Drachen töten und Ihren Heldenmut beweisen, sondern Sie sollen sich mit der Kraft Ihres inneren Drachen verbinden und aus dieser Kraft heraus denken und handeln. Die Idee ist, sich – nach Konfuzius – zu »veredeln«, sich dahingehend zu entwickeln, den steigenden Anforderungen einer immer komplexeren Welt immer besser gewachsen zu sein, Krisen zu managen, persönliche Angriffe an sich abprallen zu lassen und selbst unter hohem Druck leistungsfähig zu bleiben. Mit der Kraft des Drachen erreichen Sie eine Haltung, die Sie von anderen unterscheidet: ein Mindset der Gelassenheit, einhergehend mit einem tiefen Vertrauen in Sie selbst und Ihre Handlungsfähigkeit.

In den meisten asiatischen Kampfkünsten lernt man als Erstes die Basics. Dazu zählen die Grundstellungen, Struktur, Schläge, Abwehr, Kicks, Beinarbeit, Würfe, Hebel, Winkelsysteme, Raumaufteilung und nicht zuletzt die Atmung. Doch auch die Grundfitness – Kondition, Kraft, Dehnung – steht im Fokus. Dann kommt im Curriculum meist eine der Formen. Das sind genau festgelegte Abläufe von Bewegungen, die einen Kampf mit imaginären Gegnern darstellen. Ziel ist es, sich die Kampfkunst- und Körperprinzipien nach und nach zu erschließen und durch Repetition im Körper als reflexartige Handlung zu verankern. Dann erst geht es richtig zur Sache, und man probiert sich an einem Gegner. Ähnlich ist es in diesem Buch: Wir beginnen mit den Basics, wagen uns dann tiefer in die Materie vor und lernen dann erst unsere Sparringspartner kennen, die uns beim Erlangen von innerer Stärke hemmen, aber durch ihre Anwesenheit auch zu Höchstleistungen anspornen können.

Übrigens gängeln, motivieren, belehren und drillen die meisten guten Kampfkunstlehrer ihre Schüler in Bezug auf die Basics. Es ist der Teil ihrer Ausbildung, der niemals aufhört. In den Kampfkünsten sind sie der elementare Bestandteil und ihr Stellenwert liegt ähnlich hoch wie der Erwerb des Lesens, Schreibens und der Grundrechenarten. Allerdings muss ich bekennen, dass ich meine schulischen Basics nicht halb so hingebungsvoll trainiert habe wie die Grundelemente in den Kampfkünsten. Hierin liegt eine mögliche Lektion für den Westen. Wie ist es bei Ihnen? Üben Sie sich täglich im Erhalt Ihres Wissens und Ihrer Fitness? Mein Meister rät, sich hingebungsvoll den Basics zu widmen, und zwar bis ans Ende aller Tage. Dabei schule man sich nicht nur in den Grundfähigkeiten, sondern auch in den Tugenden Geduld, Beharrlichkeit und in mentaler Stärke.

Bevor wir loslegen, sollten wir eine grundlegende Begriffs-
klärung vornehmen. *Mentale Stärke* sind Überzeugungen und
Denkprozesse, die dazu führen, dass wir uns Ziele setzen, uns
Herausforderungen stellen, Misserfolge wegstecken, uns motivieren, uns weniger ablenken lassen und fokussiert sind. *Resili-
enz* meint die Widerstandskraft, also unsere Fähigkeit, Belastungen standzuhalten, uns von Rückschlägen schnell zu erholen,
wieder aufzustehen und neuen (Lebens-)Mut zu schöpfen. *Innere Stärke* ist all das plus eine bestimmte innere Haltung als
Fundament, die sich aus philosophischen Fragen speist, etwa:
»Wer bin ich?«, »Wie/Wer will ich sein?« und »Warum stehe ich
morgens auf?«. Um unsere Ziele zu erreichen, müssen wir zudem so manches Mal für gewisse Zeit eine ordentliche Portion
Mut aufbringen.

Der Drache als Krafttier ist mit seiner Symbolik der Stärke und des Schutzes ein hilfreiches Bild auf unserem Weg zur
Selbstfindung und Persönlichkeitsentwicklung. Er schenkt uns
Tatkraft und Energie und erfüllt uns mit Lebenskraft. Er kann
unsere Fantasie beflügeln und uns helfen, Ängste zu überwinden und unseren Weg im Leben mutig und entschlossen zu
gehen. Der Drache steht für Selbstverwirklichung und Selbst-
ständigkeit, die durch eigene Kraft erlangt wurden. Er bündelt
verschiedene Kräfte in sich. Nach diesen Kräften suchen wir in
uns mit dem Ziel, unsere innere Stärke zu entwickeln und zu
festigen.

Eine Möglichkeit, unserem persönlichen Drachen zu begegnen, ist es, den Weg der Kampfkünste zu beschreiten. Denn
wer sich auf diese Weise mit ihm und seiner Kraft vereint, hat
nicht nur im echten Kampf einen unschätzbaren Vorteil. Doch
auch wer auf anderen Pfaden schreitet, wird fündig. In unserer
modernen Welt, bei den täglichen Anforderungen des Lebens,

»Kämpfen wir nicht, haben wir auf jeden Fall verloren!« kämpfen wir ständig »um«, »für« oder »gegen« etwas. Und ganz gleich, ob wir gewinnen oder verlieren: »Kämpfen wir nicht, haben wir auf jeden Fall verloren!«[1]

Der Weg entsteht beim Gehen, wie schon Konfuzius sagte. Wichtig ist vor allem der Wunsch, dem unsere ersten Schritte Ausdruck verleihen. Dann werden wir unserem persönlichen Drachen begegnen. Um welche Wünsche geht es dabei genau? Manchmal geht es darum, Stress entgegenzuwirken oder sich von ihm zu erholen. Manchmal geht es darum, Ängste und Sorgen zu überwinden und endlich durchzustarten. Manchmal geht es um das Aufarbeiten von Traumata aus der Vergangenheit. Diese Liste ließe sich unendlich fortsetzen. Was immer es für Sie ist: Indem Sie Ihren inneren Drachen finden und stärken, erhöhen Sie Ihre Widerstandskraft und nähren Ihren Mut und Ihre Entschlossenheit, die Dinge wirklich anzupacken und Ihre Ziele zu erreichen.

人不可貌相海水不可斗量

Rén bùkě màoxiàng, hǎishuǐ bùkě dǒu liàng
Beurteile eine Person nicht nach ihrem Äußeren. Oder: Beurteile ein Buch nicht nach seinem Einband.

1 VON DEM, DER AUSZOG, UM INNERE STÄRKE ZU FINDEN

Das Streben nach innerer Stärke ist eines der größten Themen unserer Zeit. Menschen sehnen sich nicht nur danach, erfolgreich, beliebt und leistungsfähig zu sein. Sie wünschen sich auch, in Ruhe, Vertrauen und Hoffnung zu leben. Innere Stärke verleiht uns dafür die Kraft, den Mut und die Ausdauer. Mit ihr begegnen wir Problemen, Hürden und Widrigkeiten optimistischer. Sie gibt uns Vertrauen in unsere Lösungs- und Handlungskompetenz. Mit ihr kontrollieren wir nicht nur unser Denken und Handeln, sondern auch unsere Emotionen. Mit innerer Stärke verbinden wir die Fähigkeit, Krisen, schwierige Situationen und Belastungsphasen zu bewältigen und bestenfalls sogar gestärkt daraus hervorzugehen. Mit ihrer Unterstützung führen wir schlichtweg ein besseres Leben, sind erfolgreicher und glücklicher. Sie ist der Schlüssel zu einem zufriedenen Dasein.

Innere Stärke macht uns also dauerhaft stark, ruhig und frei – im Idealfall gelangen wir mit ihr zu einer heiteren Gelassenheit im Umgang mit der Welt, ohne deren Probleme zu banalisieren. Es ist dann weniger entscheidend, was das Leben oder die Welt uns vor die Füße wirft; darauf haben wir ohnehin nur sehr bedingt Einfluss. Es geht vielmehr darum, wie wir darauf reagieren und wie wir damit umgehen.

Der Wunsch, innerlich stark zu sein, wird umso größer, je größer die Anforderungen an uns, an unsere Leistungsfähigkeit, unsere Widerstandskraft und unsere Flexibilität werden. Und diese Anforderungen sind definitiv gestiegen. Unsere Lebenswelt wird immer schneller, anstrengender und komplizierter – im Großen wie im Kleinen. Vermutlich kennen Sie den Begriff »VUCA-Welt« schon. Er hat seinen Ursprung beim amerikanischen Militär und bezeichnete den Umgang mit einer modernen Umgebung. Heute wird er von Unternehmen und Hochschulen im Zusammenhang mit Globalisierung und Digitalisierung verwendet und steht für eine Geschäftswelt, in der selbst sehr erfolgreiche Unternehmen einer unsicheren und unvorhersehbaren Zukunft entgegenblicken. VUCA ist ein Akronym und steht für *volatility, uncertainty, complexity* und *ambiguity*. Zu Deutsch beschreibt es im weitesten Sinne den Zustand des Schwankens, der Unsicherheit, der Komplexität und der Vielschichtigkeit – die unverkennbaren Merkmale unseres schnelllebigen Zeitalters. VUCA ist aber auch unsere kleine Welt, ganz privat und tief in uns. Alle, die den stetigen Wandel für sich meistern möchten, brauchen innere Stärke. Sie brauchen eine innere Haltung, die sie trägt, aus der heraus sie kontinuierlich mit allem umgehen können, was auf sie zukommt.

Viele suchen bereits nach Unterstützung und Hilfestellungen, nach »mentaler Selbstoptimierung«: Die einen klettern in Wochenendkursen seilgesichert auf Bäume und hoffen, dass sich die Stärke, die sie dafür in sich wecken müssen, in ihren Alltag überträgt. Andere essen das Pulver der zähen Maca-Wurzel aus den unwirtlichen Höhen der peruanischen Anden im

Joghurt, weil sie hoffen, dass sie die Widerstandskraft dieser Pflanze in sich hineinlöffeln können. Wieder andere sind auf der Suche in ganz unterschiedlichen Bereichen: NLP, Meditation, Yoga, Pilates, Psychoanalyse et cetera. Die Ansätze und die Ergebnisse sind unterschiedlich, doch letztlich suchen wir alle nach ein und demselben: nach innerer Stärke.

Ich kam auf meiner Suche nach dem Ursprung der inneren Stärke immer wieder auf die fernöstlichen Kulturen zurück. Dort finden sich meiner Meinung nach die Meister der inneren Stärke: die Shaolin. Die Leistungen und Fähigkeiten dieser Mönche stellen einen Außenstehenden unweigerlich vor die Frage, ob sie womöglich über übermenschliche Kräfte verfügen könnten. Denn sie scheinen weder Schmerzen noch Angst oder körperliche Grenzen zu kennen. Sie stürzen sich mit der Kehle voraus in Speere, zerstören mit bloßen Händen Flusssteine, schleppen Autos mit ihren Hoden ab, machen einen Handstand auf nur einem Finger, schlagen Salti, bei denen sie absichtlich (!) auf dem Rücken oder dem Hinterkopf landen, laufen jeden Tag zum Aufwärmen einen halben Marathon und vieles mehr. Zugegeben, das wirkt ziemlich übermenschlich. Doch sie sind durch und durch Menschen. Aber sie sind in der Lage, die *Gesetzmäßigkeiten des Dao* anzuwenden.

Wir haben die Shaolin in der Regel als körperlich starke, muskulöse Kämpfer vor Augen, die unentwegt Kampftechniken trainieren. Ihr wahres Geheimnis liegt jedoch nicht in ihrer körperlichen Kraft und auch nicht in den großartigen Kampftechniken des Kung-Fu. Unbesiegbar werden sie erst durch ihr Bewusstsein und ihr Denken: durch ihre mentale Stärke. Sie sind in der Lage, Energie bewusst zu steuern und sie da einzusetzen, wo sie gebraucht wird.

Die Einheit von Körper, Geist und Seele

Die Shaolin-Mönche setzen dabei auf Ganzheitlichkeit. Das bedeutet, sie verstehen den Menschen als Einheit von Körper, Geist und Seele. Dieser ganzheitliche Ansatz geht von innen nach außen: Wer im Außen eine Veränderung wünscht, sollte in seinem Inneren beginnen. Dafür nutzt man im chinesischen Kung-Fu häufig Bilder, deren Assoziationen dabei helfen können, eine entsprechende innere Haltung einzunehmen. Eines dieser Bilder beschreibt die innere Stärke als die Kraft des Drachen. Die innere Stärke, die man durch die Visualisierung des Drachen aufbaut, ist nach dem Glauben der Shaolin der Quell von Widerstandsfähigkeit, Durchhaltevermögen, Belastbarkeit und Erfolg. Den Drachen vor Augen, verbinden sich die Mönche mit seiner enormen Kraft. So wirken sein Mut, seine Hartnäckigkeit und seine Intelligenz in ihnen. Ich bin ebenfalls davon überzeugt: Die Kraft des Drachen steckt in jedem von uns, wir müssen sie nur wecken!

> Die Kraft des Drachen steckt in jedem von uns, wir müssen sie nur wecken!

Es ist ein Prozess, unseren inneren Drachen zu erwecken. Ich möchte Ihnen dazu ein Konzept der westlichen Philosophie anbieten: die Dialektik. Sie betrachtet These und Antithese, also das Aufzeigen von Problemen und Widersprüchen zwischen unterschiedlichen Denkansätzen, und führt in diesem Prozess zur Synthese, also zu einer Lösung oder zumindest zu einem neuen Verständnis. Meine These ist, dass wir aus der jahrtausendealten Shaolin-Kultur in Bezug auf innere Stärke die besten Lektionen ziehen können. Ich finde es ebenso spannend wie erhellend, die Unterschiede zur sogenannten westlichen Kultur zu diskutieren und sich aus beiden Welten das Beste zu holen.

Ich habe einst meinen Meister gefragt, worin er die größten Unterschiede zum Westen sieht. Er sagte: »Der Westen glaubt in festen Kategorien. Er glaubt an Gut und Böse. Er glaubt an Beständigkeit, an Konstanten. Wirtschaftliches Wachstum bestimmt alle Bereiche eures Menschseins und alle Bereiche eurer Kultur, aber allem voran steht eure feste Verbundenheit mit eurem Ego, dem Ich. Bei uns steht das Wir im Vordergrund. Wir glauben, dass alles miteinander verwoben ist. Wir glauben an die Notwendigkeit von der Harmonie zwischen 人 (*ren*) Mensch, 地 (*di*) Erde, 天 (*tian*) Himmel und 道 (*dao*) Weg. Bei uns ist alles eins – Dao, das All-Eine.«

Die Deutung der Weltordnung

Der Prozess zur inneren Stärke ist genau das: ein Weg mit dem Ziel der Harmonie. Mehr noch: Gut ausgeprägt oder trainiert, verhilft innere Stärke nicht nur zur Harmonie, sie führt sogar zu einer weiteren Stärkung. Mit innerer Stärke gehen wir aus Krisen und schwierigen Zeiten in der Regel gestärkt hervor, und seien es noch so verheerende Schicksalsschläge, schlimme Verluste, schreckliche Lebensereignisse. Dinge, von denen wir im ersten Moment vermuten, dass wir uns nie wieder von ihnen erholen. Alles kann uns stärken, wenn wir über eine gewisse Form der inneren Stärke verfügen. Krisen und schwierige Zeiten möchte niemand erleben, aber wir werden sie nicht vermeiden können. So ist das Leben. Die Krisen kommen – und zwar oft ohne Ankündigung. Wenn wir alles Schwierige vermeiden wollten, müssten wir uns im Keller einsperren, doch das wäre auch nicht gerade ein leichtes, unbeschwertes Leben. Abgesehen davon, dass wir selbst dort nicht vor dem Leben und seinen Herausforderungen sicher wären. Ich sage nur: Wasserrohrbruch.

道 **Dao** wird übersetzt als »Weg« oder »Pfad«, manchmal auch als das »All-Eine« oder »kosmische Komplexität«. Allerdings sagt Laozi: »Das Dao, das sich beschreiben lässt, ist nicht das Dao.«[2] Moderne Sinologen haben sich deshalb entschieden, Dao als stehenden Begriff unübersetzt zu lassen. Ich versuche, das Dao als allumfassendes Prinzip zu verstehen, als Wirkprinzip des Seins und Vergehens, der Wandlung und des Fließens.

Das *Dao De Jing* beginnt mit der philosophischen Deutung der Weltentstehung. Es spielt mit den Zahlen 1, 2, 3 und 10.000: Nach Laozi ist Dao die Einheit, welche die Zwei hervorbringt (Yin Yang) und als Drei zusammen schließlich die zehntausend Dinge formt (gemeint sind alle Dinge, das Universum). Das All-Eine, das Dao, wird zusammen mit Yin Yang zur Drei, zu Qi, zu Energie – und dann macht es *Peng!* und es entstehen die zehntausend Dinge, eine Metapher für alles auf der Welt. Erinnert Sie das nicht stark an die Schöpfungsgeschichte, den Urknall, die Entstehung des Universums? Mich schon.

Das Prinzip der Dualität

Schwierigkeiten und Herausforderungen kommen ohne Einladung. So sehen es auch die Shaolin. Nach dem Yin Yang, dem Prinzip der Dualität, entsteht das eine aus dem anderen. Wie schon an anderer Stelle angedeutet: Wenn es etwas gibt, das die Chinesen im Allgemeinen und meinen Meister im Besonderen über uns Deutsche zum Lächeln bringt, dann ist es unsere Neigung, die Welt in Schwarz und Weiß, Gut und Böse, Richtig und Falsch zu teilen. In China tendiert man dazu, mit so finalen, absoluten Aussagen zurückhaltend zu sein. Deswegen schmunzelt man dort auch, wenn wir von »Yin *und* Yang« sprechen, also wieder eine Unterteilung schaffen. In China sagt man »Yin Yang«, weil beides eins ist. Und man schmunzelt noch ein wenig mehr bei Interpretationen wie: Schwarz und Weiß, männlich und weiblich, schön und hässlich, weil jeweils ein Attribut im anderen existiert. Es sind eben nicht (!) nur Gegensätze, sondern Gegensatzpaare, die miteinander in Wechselwirkung treten.

In jedem Schriftzeichen für 陰陽 **Yin Yang** ist ein Hügel enthalten. Einmal ist es ein Hügel im Schatten, einmal ein Hügel in der Sonne. Wir können uns auch ein und denselben Hügel vorstellen: Dann hat er eine Seite, die eher hell ist, und eine Seite, die eher dunkel ist. Sie sind aber nicht unabhängig voneinander vorstellbar, sondern gehen ineinander über. Die wechselseitige Beziehung zwischen diesen Gegensatzpaaren kann man an konkreten Beispielen vielleicht besser verstehen:

- Zum Atmen gehört das aktive Ausatmen, das irgendwann ins Einatmen übergeht und umgekehrt. Der tiefe und lange Atemprozess nährt ein gesundes und langes Leben.
- In einer Welt der Ordnung gibt es auch immer ein wenig Chaos. Irgendwann kippt dann die Welt ins Chaos, behält aber immer noch ein wenig Ordnung bei und so weiter.
- Leben entsteht durch die Verbindung von Männlichem und Weiblichem, Erzeugendem und Empfangendem, Aktivem und Passivem.

Das Yin-Yang-Symbol zeigt den schwarzen Bereich (Yin) und den weißen (Yang) ineinander übergehend, einander umfließend, in einem Kreis, wobei es in jedem Bereich noch einen Punkt des Gegensatzes gibt. Yin steht für Dunkelheit, Ruhe und passives Empfangen, Yang für Sonne, Wärme, Licht und aktives Geben. Will heißen: Jedes Glück trägt ein wenig Pech in sich, und jedes Pech bietet ein Quäntchen Glück; Zustände fließen von einem ins andere, alles ist miteinander verbunden und stets im Wandel. Schwierigkeiten und Krisen sind ein integraler Bestandteil des Lebens, und das soll auch so sein. Denn nur aus dem einen kann das andere kommen, aus dem Dunkel das Licht. Wenn Sie also nicht im Keller sitzen wollen, der – wie wir gerade gesehen haben – auch nicht sicher ist, machen Sie das Gegenteil. Kommen Sie heraus aus dem Dunkel und richten Sie Ihren Blick Tausende Kilometer weit in den entfernten Osten, ins Licht, und lernen Sie von den Shaolin, wie Sie die Kraft des Drachen in sich wecken.

Die edelste Art des Handelns

無為 **Wu Wei** lässt sich als »nicht tun« oder »nichts tun« übersetzen. Das klingt wie eine Einladung, sich zu entspannen oder – schlimmer noch – in Faulheit oder Apathie zu verfallen, oder? Interessanterweise ist dieses Konzept im Daoismus jedoch der Schlüssel zur edelsten Art des Handelns. Das ist das Paradox von Wu Wei. Es bedeutet nämlich nicht, nicht zu handeln, sondern vielmehr »müheloses« oder »aktionsloses Handeln«. Es bedeutet, in einem Zustand inneren Friedens zu sein, während man gleichzeitig Vollgas in Action ist. Ein Paradox ist das allerdings nur für uns Europäer. Wenn Sie im Zustand von Wu Wei sind, können Sie Aufgaben mit maximaler Geschicklichkeit und Effizienz ausführen. Etwas von der Bedeutung von Wu Wei wird deutlich, wenn Sportler sagen: »Ich bin in der Zone«. Oder wenn wir von uns selbst sagen: »Wow, ich bin gerade im Flow.« Wir fühlen uns dann eins mit dem, was wir tun, in einer Phase tiefer Konzentration. Ich nenne es das Verschmelzen von Selbst und Aufgabe.

Wu Wei ist eng mit der daoistischen Reflexion der natürlichen Welt verbunden, denn es bedeutet, dass wir uns bemühen, unser Verhalten so spontan wie möglich zu gestalten. Wir sollen wie der Bambus sein, der sich im Wind biegt, aber nicht bricht, oder die Pflanze, die sich der Form eines Baumes anpasst, wie etwa wilder Wein oder Efeu. Gerne wird auch eine Wassermetapher genutzt: Wir sollen sein wie Wasser – einerseits weich und anschmiegsam, andererseits hart und weltenformend. Das bedeutet: Wir sollten nicht versuchen, der Welt unsere Sicht der Dinge gewaltsam aufzuzwingen. Das Wu Wei lädt uns stattdessen ein, auf die wahren Anforderungen der entsprechenden Situation zu reagieren – die wir übrigens meistens erst dann bemerken, wenn wir unsere eigenen egogetriebenen Pläne vergessen und loslassen. Es geht also um eine neue Einheit zwischen dem Menschen und seiner Umgebung, ein neues Beziehungsverhältnis, also um situatives Handeln. Die Gelassenheit im Wu Wei ist die Gelassenheit unseres inneren Drachen. Sie kommt aber – und das ist mehr als ein Wortspiel – nicht aus dem Unterlassen, sondern aus dem selbstvergessenen Einlassen auf die Sache, die Situation, das Gegenüber.

> Die Gelassenheit im Wu Wei ist die Gelassenheit unseres inneren Drachen.

Die Suche nach den »richtigen« Fragen

Beschäftigen wir uns nun ein wenig mit Philosophie und damit der Wahrheit beziehungsweise Weisheitsfindung. Das Wort »Philosophie« bedeutet nämlich genau das: Liebe zur Weisheit. Die griechische Vorsilbe *phil* bezeichnet das Lieben und *sophia* ist die Weisheit. Wer die Weisheit liebt, bildet sich nie ein, sie zu besitzen. Verknüpfen wir dazu einige Weisheiten des Westens mit Weisheiten des Ostens. Wir können dafür sogar grob in derselben Zeit bleiben, denn um etwa 500 v. Chr. haben drei Männer in Griechenland Gedankenmodelle entwickelt, die die westliche Welt bis heute beeinflussen. Etwa zur selben Zeit betraten im fernen Asien drei Männer die Bühne der Welt, die ihrerseits mit ihren Philosophien die asiatische Kultur bis heute bestimmen. Diese sechs Männer lehren vor allen Dingen eines: das Fragenstellen. Ich spreche von Sokrates, Platon und Aristoteles sowie von Konfuzius, Laozi und Buddha. Einen zentralen Gedankengang aller sechs Gelehrten wiederhole ich wie ein Mantra täglich: »Die Qualität meiner Fragen bestimmt die Qualität meines Lebens.« Doch wie findet man die richtigen Fragen?

Ich präsentiere Ihnen hier in aller Kürze einige Kernaussagen aus den großen asiatischen Lehren, ohne Anspruch auf Vollständigkeit. Ich versuche lediglich, einen Rahmen aufzuspannen, innerhalb dessen uns die Orientierung leichter fällt. Mir ist es dabei ein Anliegen, das vorherrschende westliche Entweder-oder durch ein Sowohl-als-auch zu ersetzen. Dadurch verschwimmen zwar die Grenzen etwas, doch das bringt uns der asiatischen Denkweise etwas näher. So ist beispielsweise mein Meister nicht nur Meister des Kung-Fu, sondern auch Meister des Synkretismus, also der Verschmelzung verschiedener Religionen und philosophischer Lehren. Ihm ist mein westlicher Purismus völlig fremd, eine vermeintlich reine Lehre extrahieren oder erkämpfen zu müssen. »Fische können in reinem Wasser nicht überleben«, würde er lächelnd sagen. Deshalb lasse ich mich – so gut es mir möglich ist – darauf ein, mich in unklaren Gewässern zu bewegen. Für mich stellt dieses Vorwärtstasten keinen wissenschaftlichen Ansatz dar. Es ist vielmehr meine Annäherung an eine interkulturelle, komparative Philosophie.

Ich habe das Gefühl, dass sich Mensch und Natur in unserer Hochleistungsgesellschaft so weit voneinander entfernt haben, dass ein kosmozentrisches Weltbild gerade jetzt dienlich sein könnte. Auch wenn wir bereits auf den Gedanken gekommen sind, dass der Mensch nicht der Gegner oder Beherrscher der Welt ist, sondern ein Teil der Natur, gilt es doch für uns alle, sich allmählich auch entsprechend zu verhalten. Warum sich also nicht alter Weisheiten für moderne Zeiten bedienen und anstelle des Egos die Natur ins Zentrum rücken? Mein Meister würde sagen: »Rücksicht und Vorsicht gehören zusammen.« Wir müssen also regelmäßig in den Rückspiegel sehen, um voranzukommen.

> »Rücksicht und Vorsicht gehören zusammen.«

Die drei Gelehrten der westlichen Welt

Sokrates, Platon und Aristoteles standen in einem gegenseitigen Lehrer/Schüler-Verhältnis. Sie bildeten eine Trias, die man die *Attische Philosophie* nennt.[3] Bei Sokrates ist es allerdings ähnlich wie bei Laozi: Man kann nur mutmaßen, ob es ihn wirklich gegeben hat. Eine Idee der beiden existiert allerdings wirklich – und mir genügt das.

Sokrates suchte sein ganzes Leben lang nach dem »wahren Wissen« und bemerkte dabei in legendärer Selbsterkenntnis: »Ich weiß, dass ich nichts weiß!« Im Versuch, ihn so kurz wie möglich vorzustellen, wage ich es, nur zwei seiner zentralen Themen zu benennen: Wissen und Werte. Er nutzte gezielte Fragetechniken, um vermeintliches Wissen zu überprüfen, und überführte nicht selten mit Ironie und Paradoxie Selbstwidersprüche, Meinungen und Scheinwissen seiner jeweiligen Gesprächspartner. Werte definierte er als Ableitung von Tugenden.

Tugendhaftes Handeln setzte aber Wissen voraus: »Wer Wissen vom Guten hat, wird zwangsläufig gut handeln.« Damit erhob Sokrates allerdings das Wissen als höchste Tugend über alles.[4]

Platon fragte in seinem bekannten Höhlengleichnis, ob das, was wir als Wirklichkeit wahrnehmen, nicht de facto nur ein Abbild der Wirklichkeit sei – und zwar ein falsches. Er entwickelte ein in sich geschlossenes Weltbild und ein logisch-ethisches System. Er kam in seiner Ideenlehre zu der Erkenntnis, dass wir die Wirklichkeit mit unseren Sinneswahrnehmungen weder gänzlich wahrnehmen noch beschreiben oder definieren können. Wir können dies nur indirekt, durch Abstrakta, durch eben das, was Platon als »Ideen« bezeichnete.[5]

Aristoteles fragte ganz pragmatisch, wie wir die erfahrbare Wirklichkeit der Natur und des Menschen empirisch erforschen könnten. Damit ist er in meinen Augen der Vorreiter, wenn nicht sogar der Vater der Wissenschaftstheorie. Er war ein ewiger Fragensteller, Logikdenker und Argumentemacher. Im Folgenden versuche ich, seine Fragetechnik zu imitieren, um eine Logikkette zu entwickeln, die Aristoteles und sein Verhältnis zur inneren Stärke erklärt.

Vom Bestzustand und vom Glück

Aristoteles fragt also: »Warum tun wir, was wir tun?« Er geht davon aus, dass jedes Lebewesen ein Ziel hat, auf das es hinarbeitet. Doch wie erkennen und erreichen wir dieses Ziel? »Mit Tugend«, lautet seine Antwort.[6] Die *Tugendethik* ist eine ethische Theorie. Sie fragt nach dem Handelnden. Genau genommen ist es Aristoteles, der fragte: »Wie muss ich sein, um ein tugendhafter Mensch zu sein?« Halt! Zuerst würde er natürlich fragen: »Was bedeutet Tugend überhaupt?« Während wir im deutschsprachigen Raum das Wort »Tugend« von »tüchtig« oder »tauglich« ableiten, bedeutet das altgriechische Wort für Tugend (*aretê*) vielmehr so etwas wie »Bestzustand«. Das Perfektionieren der Tugenden beziehungsweise das Erreichen des Bestzustands führt demnach zu innerer Stärke.

Doch wie erreichen wir diesen Bestzustand? Nehmen wir als Beispiel einen Beruf aus dem Handwerk und fragen uns: »Wie wird man ein guter Metzger?« Jetzt müssen wir nur die Tugenden oder, einfacher gesagt, die Eigenschaften (Merkmale, Fertigkeiten, Skills) finden, die einen guten Metzger ausmachen. Zum Beispiel kann er gut mit dem Messer umgehen. Nun haben wir eine konkrete Eigenschaft, die zum Bestzustand entwickelt werden kann. Aristoteles fragt nun aber nicht nur, welche Eigenschaften *ein Beruf* haben sollte. Er denkt linear logisch weiter und fragt, welche Eigenschaften *der Mensch* haben sollte. Denn wenn der Mensch diese Eigenschaften entwickeln würde, hätte er sein Ziel erreicht, auf das er hinarbeitet. Und was ist dieses Ziel? Laut Aristoteles die *Eudämonie*.

Unglücklicherweise wurde der Begriff »Eudämonie« einmal im Deutschen als »Glückseligkeit« übersetzt. Und damit begann hierzulande der unsägliche Irrtum, sich auf die Suche nach Glück als Lebensziel zu fokussieren. Ich bin felsenfest davon überzeugt, dass die alten Griechen genauso wenig wie die alten Chinesen »das Glück« als das ultimative Ziel betrachtet haben. Gehen wir deswegen bitte weg vom Glück und hin zur eigentlichen Definition von Eudämonie: Die alten Griechen meinten damit ein in Gänze gutes und erfülltes Leben. Und das ist deshalb das höchste Ziel, weil dieses um seiner selbst willen angestrebt wird.

Laut Aristoteles kann man erkennen, wie gut ein Mensch und wie geglückt sein Leben ist, indem man sich ansieht, wie gut er sein *Ergon*, seine spezifische Funktion, erfüllt. Aber was ist das Ergon eines Menschen? Zur Klärung dieser Frage vergleicht Aristoteles den Menschen mit Pflanzen und Tieren. Dabei stellt er fest, dass Menschen, Pflanzen und Tiere etwas gemeinsam haben: Sie leben. Aber eine Wahrnehmung haben seiner Ansicht nach nur Menschen und Tiere. Das, was nur der Mensch hat, ist das Denken, also die Vernunft. Wenn sich die Qualität einer Sache in ihrer spezifischen Funktion zeigt – mit der Erkenntnis, dass die spezifische Funktion des Menschen die Vernunft ist, dann bedeutet das: Der Mensch ist dann »bestmöglich« und sein Leben ist dann »eudämonisch«, wenn er seine spezifische Funktion – die Vernunft – bestmöglich entwickelt und zum Einsatz bringt.

Von Tugenden und Charakterzügen

Aber was bedeutet es, seine Vernunft bestmöglich einzusetzen? Hier kommen die Tugenden ins Spiel. Sie sind nach Aristoteles' Logikkette das Resultat einer gut eingesetzten Vernunft. Leider besitzt der Mensch aber nicht nur Vernunft, sondern auch noch jede Menge Emotionen, Begierden und Bedürfnisse, die untrennbar mit ihm verbunden sind. Darin liegt daher permanent die Gefahr, sich falsch zu verhalten. Und das passiert nach Aristoteles immer dann, wenn Emotionen in die Extreme rutschen. Tugendhaftigkeit ist demnach die Balance, der Mittelweg zwischen den Extremen. Und diese Balance zu halten – das ist innere Stärke!

In Extreme zu rutschen, kann schneller passieren, als uns lieb ist. Wenn jemand, der selbst nicht schwimmen kann, an einen See kommt, in dem gerade ein Mitmensch zu ertrinken droht, wird er widerstreitende Emotionen in sich spüren. Zum

Beispiel Mitgefühl. Dann will er helfen, indem er in den See springt und einen Rettungsversuch startet. Gleichzeitig bekommt er Angst davor, selbst zu ertrinken, und rennt lieber schnell weg. Beides wäre in Aristoteles' Augen nicht richtig, denn beide Reaktionen wären emotionale Extremformen: Als Nichtschwimmer kopfüber ins Wasser zu springen und sich selbst zu gefährden, wäre tollkühn, einfach wegzurennen wäre feige. Die Balance zwischen diesen beiden Extremen ist Mut. Mut ist ein menschlicher Charakterzug und Aristoteles' »liebste Tugend der Mitte«. Charakterzüge sind das Ergebnis einer vernünftigen Regulierung menschlicher Emotionen. Mutig in diesem Beispiel wäre derjenige, der klug überlegt, wie er als Nichtschwimmer dem Ertrinkenden wirklich helfen kann. Zum Beispiel indem er Hilfe ruft und in der Nähe bleibt, bis die Retter eingetroffen sind.

Wir brauchen innere Stärke demnach nicht nur zum Aushalten einer Situation, sondern auch, um unsere Tugenden zu zentrieren, also um zu entscheiden, wie wir handeln wollen, und – ganz wichtig! – die Sache dann tatsächlich durchzuziehen. Zusammenfassend kann man sagen, dass die Attische Philosophie nach Weisheit, Wissen, Wahrheit und der tugendhaften Entwicklung des Menschen mit dem Ziel der Eudämonie fragt. Wir werden feststellen, dass die drei 三教 *(sān jiào)* asiatischen Lehren – namentlich Konfuzianismus, Daoismus und Buddhismus – einige Parallelen dazu aufweisen. Einen wichtigen Unterschied möchte ich allerdings bereits jetzt festhalten: Die Philosophien des Westens fokussieren sich auf das Individuum, während die Philosophien des Ostens das Wir ins Zentrum rücken.

Die drei Lehren der fernöstlichen Philosophie

Ich finde, dass man die drei wichtigsten asiatischen Lehren am besten mithilfe einer Geschichte vorstellen kann. Geschichten können wir uns ohnehin viel besser merken als Zahlen, Daten und Fakten.

Stellen Sie sich China vor, etwa 500 v. Chr. Dort steht irgendwo ein großes Fass mit Essig. Drum herum stehen drei recht unterschiedlich wirkende Männer. Jeder von ihnen verkostet den Essig aus dem Fass. Und so verschieden die Männer sind, so unterschiedlich sind auch die Reaktionen. Die drei Verkoster sind Kongzi (Konfuzius), Buddha und Laozi. Wenn Sie bereits ein bisschen über die asiatischen Lehren wissen, können Sie anhand der unterschiedlichen Reaktionen vielleicht selbst herausfinden, wer wer ist und wofür seine Lehre steht. Probieren Sie es gerne aus!

Der Erste tritt an das Fass, führt den Löffel zum Munde und errötet. Seine Augen blitzen vor Zorn. Er ballt die Fäuste und sagt: »Sauer! Der Essig ist sauer!« Dann wendet er sich ruckartig ab und eilt mit großen Schritten davon.

Der Zweite beugt sich über das Fass, nimmt den Löffel und führt ihn langsam und achtsam nach oben. Sein Gesicht verzieht sich, als er kostet. Was drückt seine Miene aus? Trauer, Mitgefühl, vielleicht sogar Verbitterung. »Bitter!«, sagt er schließlich. »Der Essig schmeckt bitter!« Achtsam und ruhig legt er den Löffel ab und tritt zurück.

Der Dritte nimmt den Finger, taucht ihn in den Essig und leckt ihn ab. Sein Blick ist freudig verklärt. Er sagt: »Süß, so süß!«, und schreitet beschwingten Schrittes davon.

Na, konnten Sie erraten, wer wer ist?

Der Erste ist tatsächlich **Konfuzius**. Für ihn ist der Essig sauer, weil er selbst sauer ist – und zwar stinksauer! Er ist der Meinung, dass die Gegenwart nicht im Einklang mit der Vergangenheit steht und dass sich die Herrschaft des Menschen auf der Erde nicht in Harmonie mit dem Dao (dem richtigen Weg) befindet. Aus diesem Grund versucht er, den Staatslenkern seine Regeln, seine Vorstellung von Disziplin und tugendhaftem Umgang, seine Vorstellung von Ritualen beizubringen. Dabei wird er aber enttäuscht von den Menschen, die keine Regeln einhalten können oder wollen – und das macht ihn sauer.

Buddha – und das verwundert vermutlich viele – trägt bittere Züge in sich. Er empfindet das Erdenleben größtenteils als bitter: Leben ist Leiden, so sein Credo. Die Ursache von Leiden ist das bedingte Sein, die Tatsache, dass alles, was entsteht, auch wieder sterben muss. In einem karmischen Zyklus der Wiedergeburt muss sich der Buddhist aus der Welt des Staubes (bedingtes Sein) ins Nirwana (Windstille) hocharbeiten. Auf dem Weg dorthin kommt man am Leid nicht vorbei, dessen Ursache Begierden und Anhaftungen sind, daher muss man sich darauf vorbereiten, dass es »bitter wird«. Deswegen schmeckt der Essig für ihn bitter.

Laozi ist der Dritte im Bunde – und er lächelt. Laozi ist der Meinung, dass jeder, wenn er sich nur bemüht, allzeit die Harmonie spüren und leben kann, die von der Natur ausgeht und von Anfang an zwischen Himmel und Erde besteht. Dieses intensive (Er-)Leben in und mit der Natur wird allerdings nicht durch das Einhalten menschlicher Regeln oder Gesetze wie bei Konfuzius gefördert. Das Leben in der Natur führt uns auf den richtigen Weg. Es geht eher um die Kunst des Weglassens und Einswerdens mit den Gesetzen des Kosmos. Alles trägt seine eigene Natur bereits in sich und braucht seine eigene Zeit, seinen eigenen Rhythmus. Wer versucht, den Lauf der Dinge zu erzwingen, zu kontrollieren oder zu beschleunigen, bringt sich in Schwierigkeiten. Hier besteht eine Gemeinsamkeit mit dem Buddhismus: Der Daoist nimmt das Leben sehr gelassen hin. Er vertraut sich dem Fluss des Yin Yang an und gestaltet seinen Alltag ohne Bestrebungen, ohne Gier nach Erfüllung des Egos. Darum sind das Leben und der Essig für Laozi, den »Vater des Daoismus«, auch süß. Er bemüht sich, es so zu begreifen und zu nutzen, wie es nun einmal ist. Das Saure und Bittere entstehen im Kopf. Erst durch die egoistische, zentrierte Sicht des Menschen wird der Essig sauer oder bitter – die echte Wahrnehmung ist gestört, wenn zu viele Vorurteile die Perspektive bereits im Vorfeld festlegen.

Zhuangzi – der Punkrocker unter den fernöstlichen Philosophen

Zhuangzi (ca. 365–290 v. Chr.) war ein daoistischer Philosoph und Schriftsteller. In seinem gleichnamigen Buch sind seine Gedanken, Geschichten, Analogien und seine Philosophie zusammengefasst. Laut Professor Edward Slingerland von der University of British Columbia ist Zhuangzi »ein Kleinod der Weltliteratur, das viel zu lange sträflich übersehen wurde«[7]. In der Tat ist es so: Wenn wir an Weltliteratur denken, die bis heute Einfluss auf die Kultur hat, denken wir zunächst ganz eurozentristisch an Shakespeares Inszenierungen, dann vielleicht an die sokratischen Dialoge von Platon, und, den Blick nach Osten richtend, vielleicht an die *Bhagavad Gita* (zentrale Schriften des Hinduismus) oder das *Dhammapada* (Kern der Lehre des Buddha). Würde uns jemand bitten, ein Buch aus der chinesischen Tradition zu benennen, würde uns wahrscheinlich das *Zhuangzi* nicht als Erstes einfallen. Wir würden eher an die *Analecte* des Konfuzius oder das *Daodéjing* von Laozi denken. Professor Brian Bruya hat meine Aufmerksamkeit erregt, als er das *Zhuangzi* als eine Mischung aus Äsops Fabeln und Ludwig Wittgensteins philosophischen Untersuchungen bezeichnete.[8] In der Tat tauchen in seinen Geschichten und Metaphern farbenfrohe, mystische und überzeichnete Fabelwesen auf, die im wahrsten Sinne des Wortes das trockene, intellektuelle Philosophieren regelrecht aufmischen.

Ich finde, jeder sollte Zhuangzis Parabeln kennen, sich an ihnen erfreuen und ihre Wirkung empfangen. Das Angenehme an der Lektüre ist, dass Zhuangzi zu keiner Zeit den Zeigefinger hebt und uns sagt: »Du musst dein Leben ändern!« Genau genommen sagt er uns nicht einmal, wie das »richtig« gelebte Leben gelebt werden sollte – aber er zeigt uns Personen, denen genau das gelingt. Das erinnert so angenehm an Goethe: »Übrigens ist mir alles verhasst, was mich bloß belehrt, ohne meine Tätigkeit zu vermehren, oder unmittelbar zu beleben.«[9] Zhuangzi gelingt es, dieser Anforderung gerecht zu werden. In China bekam das Buch den Ehrentitel 南華真經 *(nan hua zhen jing)*, was übersetzt wurde als »Das wahre Buch vom südlichen Blütenland«.[10]

Zhuangzi wird als »Daoist« bezeichnet – eine Kategorisierung, die ihm erst ein paar Hundert Jahre nach seinem Tod zuteilwurde und über die er sich wahrscheinlich sehr geärgert hätte. Er war nämlich strikt gegen Kategorien jeglicher Art. Trotzdem ist es genau das, was ich tun werde: Erst einmal systematisch ein paar Kategorien bauen, typisch deutsch. Vielleicht gelingt mir eine Abgrenzung, indem ich zu beschreiben versuche, was Zhuangzi *nicht* ist. Das funktioniert am besten, indem ich ihn in Bezug zu den anderen großen Denkern Chinas setze: Laozi und Kongzi (Konfuzius). Man könnte argumentieren, dass sowohl Meister Lao als auch Meister Kong in ihren philosophischen Gesellschaftsmodellen eher den Kaiser, König, Regenten oder Staatenlenker ansprachen. Meiner Meinung nach geht es inhaltlich um die Frage: Wie muss man ein System bauen, das wirklich funktioniert? Übrigens halte ich diese Frage für unsere Zeit für ebenso relevant. Im Werk von Zhuangzi ging es allerdings fast gänzlich unpolitisch um Lebensführung und Lebenskunst. Mit anderen Worten: Es ging um Normalsterbliche.

Kongzi (551–479 v. Chr.) ist der einflussreichste chinesische Denker, dessen konservative Lehren das politische und soziale Leben Chinas sowie das Japans und Koreas weit mehr als Daoismus und Buddhismus bestimmt haben und zum Teil bis heute bestimmen. Konfuzius ist im Übrigen die von den Jesuiten eingeführte latinisierte Form des Namens. Das einflussreichste Buch der Geistesgeschichte Asiens ist das *Lúnyǔ*, bei uns *Gespräche des Konfuzius* genannt. Es enthält die vier konfuzianischen Grundtugenden: 仁 *(rén)* »Mitmenschlichkeit«, 義/义 *(yì)* »Gerechtigkeit«, 孝 *(xiào)* »kindliche Pietät« und 禮/礼 *(lǐ)* »Einhalten der Riten«. Als Ideal galt Konfuzius der 君子 *(jūnzǐ)* »Edle«, der sich allerdings das »Edel-Sein« erst erarbeiten sollte.[11]

Im Zentrum seiner Lehren stand das für die Volksbildung bis heute entscheidende Wort 學 *(xue)*, also das Lernen. Ich interpretiere es so, dass Konfuzius der Auffassung war, man müsse den Menschen durch ständiges Dazulernen »veredeln«, damit er seine Rolle in der Gesellschaft wahrnehmen kann. Die wichtigste Maxime des Handelns ist für Konfuzius die *goldene Regel der Gegenseitigkeit*, bei uns bekannt als »Was du nicht willst, das man dir tu, das füg auch keinem anderen zu«. Diese goldene Regel taucht seit 700 v. Chr. in allen möglichen philosophischen und religiösen Texten auf und ist wohl nicht die alleinige Erfindung von Konfuzius'.

Konfuzius war davon überzeugt, dass seine Lehren die Welt verbessern konnten. Allerdings war sein System der Regeln, der Disziplin, des ständigen Veredelns für den Menschen damals eigentlich unerfüllbar oder zumindest seiner Zeit voraus. So blieb sein Wunsch, ähnlich wie der Platons im fernen Westen, unerfüllt.

Laozi (6. Jahrhundert v. Chr.) wird gerne als der »Begründer des Daoismus« bezeichnet. Ich tue mich mit dieser Aussage etwas schwer, denn ähnlich wie bei Sokrates ist es auch bei Laozi nicht ganz sicher, ob es ihn wirklich gegeben hat. Seine Lehren wurden im *Daodéjing* im 4. Jahrhundert v. Chr. zusammengefasst. Wenn man den Titel übersetzt, bedeutet 道 *(dao)* Weg und Sinn, 德 *(de)* Tugend und Charakterstärke und 經/经 *(jing)* ist ein Leitfaden oder ein Kompendium. Das Buch ist eine humanistische Staatslehre. Es geht darin auch um eine Form von Veredelung des Menschen, um die Befreiung von Gewalt und Armut, um Frieden und Zusammenleben – unter Einbeziehung der Natur beziehungsweise des Kosmos –, und um ein Wirkungsverhältnis in größtmöglicher Harmonie.

Der Blick auf die Welt und auf die Menschen

Man könnte – zugegeben etwas plakativ – den Konfuzianismus als soziozentrisch und gesellschaftsorientiertes Weltbild sehen. Daneben stellt man den Daoismus als kosmozentrisches, naturorientiertes Weltbild. Zhuangzi stelle ich in Gedanken diesen beiden gegenüber mit einem klaren Blick auf das Menschliche im Menschen. Ich könnte mir vorstellen, dass er sich fragt: »Selbst wenn du der perfekte Mensch geworden bist und in der perfekten Gesellschaft lebst – noch dazu im Einklang mit Kosmos und Natur –, kann es nicht sein, dass du trotzdem unglücklich bist, weil du von so vielen Konventionen erstickt wirst?« Und wenn dem so ist, was kann man tun, um in Einklang mit dem Dao, dem Weltenfluss, leben zu können? Es sind Konventionen und Standards, aber diese sollten wir auf eine besondere Weise wahrnehmen, nämlich als fließende, sich verändernde Denkfehler (mehr dazu in Kapitel 2).

Mein Meister hat mich als Erster auf Zhuangzi aufmerksam gemacht und ihn in geeigneten Situationen gerne ins Spiel gebracht. Besonders im Gedächtnis geblieben ist mir, dass er einst sagte: »Zhuangzis Geist ist ein Drache, der lacht. Er kann fliegen, weil er sich selbst so leicht nimmt.« Dabei ist er aus gutem Grund verspielt, denn Lachen – selbst für einen kurzen Moment – kann uns aus der Rationalität ausbrechen lassen, die gemeinhin unser Leben dominiert. Humor und Verspieltheit sind wichtige spirituelle Werkzeuge und Teil der grundlegenden Philosophie von Zhuangzi. Er ist kritisch und witzig, er ist wach und er betrachtet das Leben aus angenehm vielen Perspektiven. Bei ihm gibt es keine verstiegene Metaphysik, keine halbseidenen esoterischen Tendenzen, keine Kalenderspruch-Weisheiten zum Einschlafen, keine abgedroschenen Motivationssprüche. Sein Weg ist der alltägliche Weg.

Laut Zhuangzi gibt es kein »Richtig und Falsch«. Demzufolge wäre es falsch, an Richtig und Falsch zu glauben, weil dies ja ein Richtig und Falsch darstellen würde. Das allein ist schon witzig und erklärt in vielerlei Hinsicht die chinesische Philosophie. Zhuangzi wird Ihnen demnach nicht den »richtigen« Weg zum Leben zeigen, aber er wird Ihnen demonstrieren, dass die Menschen in seinen Geschichten richtig leben. Und er wird dabei hoffen, dass Sie dadurch selbst herausfinden, was zu tun ist. Tja, wer die Weisheit liebt, wird nicht behaupten, dass er sie besitzt, außer er arbeitet mit raffinierten Tricks!

Zhuangzi lässt sogar in einer seiner Geschichten Konfuzius auftreten, der von sich behauptet, den rechten Weg zu kennen, nämlich den Weg im Einklang mit dem Dao. Zhuangzi lässt aber durchblicken, dass er die strenge, durch und durch ritualbesessene Art von Konfuzius nicht für den richtigen Weg hält, sich mit dem Dao zu verbinden. Erinnert Sie das nicht auch an Sokrates' Angewohnheit, sein Gegenüber durch Widersprüche ad absurdum zu führen? Ähnlich wie Sokrates hat Zhuangzi auch das Bedürfnis nach einer Selbstschau, einer Introspektion. Er will, dass wir erkennen, wer wir sind, und in welcher Beziehung wir zu unserer Umgebung stehen. Frei nach dem Motto »Wer weiß, wer er ist, hat deutlich bessere Chancen, derjenige zu werden, der er sein möchte!«.

> Wer weiß, wer er ist, hat deutlich bessere Chancen, derjenige zu werden, der er sein möchte!

既来之则安之

Jì lái zhī, zé ānzhī
Da Sie hier sind, seien Sie einfach damit zufrieden.

2 DAS FUNDAMENT DER INNEREN STÄRKE – DIE INNERE HALTUNG

Die Kraft des Drachen fußt auf sieben Säulen und unsere innere Haltung bildet das Fundament, das sie trägt. Gemeinsam bilden sie einen Tempel, der unseren inneren Drachen beherbergt und schützt. Die ordentliche Portion Mut, die wir in manchen Situationen aufbringen müssen, repräsentiert das Dach. Lassen Sie uns die Bestandteile des Tempels nacheinander betrachten, beginnend mit der Basis.

Als innere Haltung bezeichne ich die grundsätzliche Einstellung, mit der wir Geschehnisse, Menschen oder Situationen bewerten und wie wir mit ihnen umgehen, also auf äußere Einflüsse reagieren. Kurzum: Es ist die Einstellung zu uns und zum Leben an sich. Von meinem Meister habe ich gelernt, mir stets zwei Fragen zu stellen: »Welchen Einfluss hat diese Situation auf meine innere Haltung und Einstellung? Und wie beeinflussen meine Einstellung und innere Haltung diese Situation?« Auf diese Weise öffnen wir uns der Überlegung, ob und wie wir in der aktuellen Situation etwas verändern können – je nachdem, was auf uns einwirkt und was uns bestimmt. Sobald wir erkennen, dass wir unserer Einstellung und unseren Emotionen, die sie beeinflussen, nicht hilflos ausgeliefert sind, sondern dass wir sie aktiv ändern können, bekommen wir ein interessantes und wirkungsvolles Werkzeug an die Hand.

Unsere innere Haltung, unser Selbstbild und unser Sein hängen entscheidend davon ab, wie wir die Welt wahrnehmen und welche Emotionen dabei in uns entstehen. Je besser die Wahrnehmung ist, desto adäquater ist unser Handeln und umso mehr sind wir bei uns selbst. Unser Selbstbild hat zudem Auswirkungen auf unser Selbstvertrauen – und das wiederum beeinflusst unser Auftreten, Handeln und jede einzelne Entscheidung, die wir treffen: Denken wir über uns selbst, dass wir gut sind, so wie wir sind, das heißt, haben wir ein solides Selbstvertrauen, werden wir auch unsere Handlungen eher als gut einschätzen. Plagen uns hingegen Selbstzweifel, werden wir eher an der Richtigkeit unseres Handelns zweifeln. Der aktive Umgang mit den sieben SHAOLIN-Säulen (siehe Kapitel 3) kann uns zusätzlich dabei unterstützen, unser Selbstbild und damit unsere innere Haltung zu verändern und/oder zu stärken.

Der inneren Haltung auf der Spur

Versuchen Sie einmal, in den nächsten 15 Minuten all Ihre Gedanken und Gefühle aufzuschreiben. Sie werden feststellen, wie unfassbar schwierig das ist. Denn Ihre Gedanken sind unglaublich flüchtig; ein Bild huscht hinter dem nächsten her, ein aufgeschnappter Wortfetzen treibt Sie gedanklich in neue Richtungen und bringt weitere Assoziationen und Ideen. Viele unserer Gedanken sind uns dabei gar nicht bewusst, wir gehen mit ihnen um, ohne sie tatsächlich in Worte gefasst zu haben. Und bei unseren Gefühlen ist es oft ebenso. Aber wenn das schon so schwierig ist, wie sollen Sie dann zu mehr Klarheit über Ihre innere Haltung kommen? Dafür müssen Sie und Ihre Gedanken erst einmal zur Ruhe kommen. Das ist einer der Gründe, warum die Meister der Shaolin so viel Wert auf Ruhe und Meditation legen: damit sie es mit ihren Gedanken besser aufnehmen können.

Wir können unsere innere Haltung nicht im klassischen Sinne messen, vergrößern, verbessern, produktiver oder effizienter machen. Wir können sie allerdings insofern etwas greifbarer machen, als wir ein Bewusstsein dafür entwickeln, was in uns vorgeht. Dann können wir nämlich damit beginnen, aktiv mit unserem Innenleben umzugehen, also zum Beispiel Gedanken und Emotionen zu hinterfragen, und uns nach und nach immer öfter bewusst für die gerade vorhandenen oder aber für andere Gedanken und Emotionen zu entscheiden.

Um Ihre innere Haltung zu erkennen – und da sind wir noch nicht beim Ändern! –, brauchen Sie etwas Geduld. Üben Sie sich darin. Halten Sie über einen längeren Zeitraum, sagen wir mal 90 Tage, täglich eine Viertelstunde inne. Mit der Zeit werden Ihnen Muster auffallen. Anhand dieser Muster können Sie sehen, was Sie im Leben stört – im Beruf, im Alltag, in Ihren Beziehungen –, und wie Sie derzeit damit umgehen. Über diese Erkenntnisse können Sie mehr Klarheit über Ihre innere Haltung erlangen und aktiv daran arbeiten, wenn Sie mögen. Ich habe zum Beispiel gemerkt, dass ich mich in stressigen Zeiten komplett gegen neue Reize sperre. Wenn ich Vorträge in rascher Folge an unterschiedlichsten Orten halten darf, bekomme ich so viel geistigen Input – neue Unternehmen, Produkte,

Menschen, Umgebungen –, dass ich mich vehement dagegen sträube, mit meiner Frau ein neues Restaurant in München auszuprobieren. Ich bleibe dann lieber stur beim Altbekannten oder koche eben selbst. Ähnlich ist es mit Büchern oder Filmen, Hörbüchern oder Podcasts – ich öffne mich nicht für Neues! Da mir dieses und andere Muster inzwischen aufgefallen sind, kann ich sie langfristig verändern.

Auf der Suche nach dem wahren Selbst

Eine von Neugier, Optimismus, Mut und heiterer Gelassenheit getragene innere Haltung ist das, was ich für mich versuche zu leben – zumindest die meiste Zeit. Die Beschäftigung mit unserem Inneren führt mit der Zeit außerdem dazu, dass wir der Welt insgesamt etwas aufgeschlossener, flexibler und positiver entgegentreten.

»Erkenne dich selbst« stand einst über dem Orakel zu Delphi. Man kann diesen Satz vielfältig interpretieren. Ich erlebe viele Menschen, die sich zwar nicht erkennen, aber auf die Suche machen. Auf die Suche nach dem Selbst, dem richtigen Weg, der richtigen Person oder nach dem Sinn des Lebens. Es liegt irgendwie im Trend, tief in sich einzutauchen. Dadurch soll man sich selbst erkennen, daraufhin die guten und schlechten Anteile genau betrachten und sich mit den schlechten Anteilen versöhnen, also sich so lieben und akzeptieren, wie man ist. Und wie macht man das? Dafür suchen wir nach immer neuen Rezepturen.

Die Idee von der Natur

In unseren hiesigen philosophischen Breiten verehren wir »die Idee von der Natur« als Werkzeug zur Selbstfindung. Wir neigen dazu zu denken, dass unser Problem als Menschen darin besteht, dass wir zu künstlich geworden sind und dass wir auf irgendeine Weise zur Natur zurückkehren sollten. Entweder zurück zur Natur, wie sie außerhalb von uns existiert – also zum Beispiel am Wochenende einen langen Spaziergang im Grünen machen –, oder zur Natur in uns selbst zurückkehren, etwa durch Meditation, Yoga oder Selbstgespräche. Das ist ein Ansatz, der der Philosophie von Laozi nicht unähnlich scheint. Aber denken wir ruhig weiter. Wir wollen unsere grundlegende Natur kennenlernen, mit der wir geboren wurden. Es geht uns darum, Dinge, in denen wir begabt sind, zu erkennen und uns darauf zu konzentrieren, wer wir aufgrund unserer Begabungen sein sollten. Für viele »Selbstsucher« bleibt es nicht beim Spaziergang im Park. Sie suchen buddhistische Klöster auf, versuchen sich in Schweigewochen, machen Yoga auf dem SUP oder stürzen sich ins Abenteuer bewusstseinserweiternder Drogen.

Daneben schwirrt häufig der Begriff der »Berufung« herum, die Forderung nach Leidenschaft im Job. Wer für seine Tätigkeit brenne, so heißt es, dem sei der Erfolg sicher. »Wähle einen Beruf, den du liebst, und du brauchst keinen Tag in deinem Leben mehr zu arbeiten.« Diesen Quatsch versuchen einige Instagram-Profile Konfuzius zuzuschreiben. Natürlich hat Konfuzius im alten China niemanden zur selbstbestimmten Arbeitssuche auffordern wollen. Er legte dem Herrscher lediglich nahe, nur Arbeiten an das Volk zu vergeben, die auch wirklich zu schaffen waren, damit kein Unmut in der Bevölkerung aufkam. Zugegeben, ein in der Philosophie häufig verwendeter

Begriff ist »der Ruf« beziehungsweise »die Berufung« trotzdem, im Sinne einer besonderen Befähigung, die jemand als Auftrag empfindet. Und ein besonders vielversprechender Ort, diesen Ruf zu finden, zu hören oder auch entstehen zu lassen, soll die Wildnis, also die Natur, sein. Das Rezept ist wieder ganz einfach: Man gehe in die Wildnis, um sich selbst zu finden. Aber warum sollte das ausgerechnet dort klappen?

Die Argumentation ist bestechend. Wenn all die Erwartungen, die wir an uns selbst stellen, in Wahrheit nur soziale Erwartungen sind, also solche aus unserem Umfeld, sollten diese Erwartungen dort, wo keine anderen Menschen sind, eher von uns abfallen. Man sollte dann in der Natur das Vakuum, das durch das Wegfallen der sozialen Ansprüche entsteht, im besten Fall mit Selbsterkenntnis füllen. In der Spätromantik war das eine gesellschaftlich anerkannte Technik: Man ging in die Wildnis, und dann schaute man, was sich einem eröffnete, und dann hoffte man, dass man etwas Authentisches fand, das einen Rückschlüsse auf die eigene Essenz erlaubte.

Die Wildnis bietet aber noch ein anderes Versprechen: Sie ist gefährlich. Dort hat man also die Möglichkeit, sich zu beweisen. Und dadurch dringt man dann – so die Theorie – schneller zum wahren Selbst vor. Daraus folgt eine weitere Rezeptur: Man begebe sich in Gefahren- oder Todeszonen, bestehe diverse Prüfungen und kehre zurück als das Selbst, das man immer sein wollte.

Im einen Fall gehen wir also in die Einsamkeit und hoffen, dass sich beim Abfallen von Normen, Konventionen oder sozialem Druck etwas in uns öffnet, das uns den Blick auf uns selbst gewährt. Im anderen Fall gehen wir dorthin, um unsere Fähigkeiten zu schärfen und unter Beweis zu stellen.

Ich erlebe derzeit eine Gesellschaft, die von einigen Randgruppen wie Athleten oder Start-up-Unternehmen einen Superlativ an Risikobereitschaft fordert – man nehme als Paradebeispiel all die durch Red Bull zur Blüte getriebenen Extremsportarten, bei denen immer spektakulärere Leistungen gefordert werden, oder extreme Aktionen wie Felix Baumgartners Sturz aus der Stratosphäre[12] –, während gleichzeitig zur scheinbaren Sicherheit alles reglementiert wird. Deswegen kann ich mir vorstellen, dass man die Sicherheitsmechanismen, die von der Gesellschaft produziert werden, als etwas ansieht, das dazu führt, dass man seine Fähigkeiten unterschätzt und in seinen Möglichkeiten eingeschränkt wird. Es ist, als würde sich eine risikoaverse Grundstimmung aufbauen. Da verwundert es nicht, wenn sich Menschen quasi aus Rebellion ins Extreme stürzen, um genau dieser umhüllenden Wattierung einen Kontrapunkt entgegenzusetzen.

Das wahre Wesen

Doch wo und wie findet man heraus, was man eigentlich kann und was alles möglich ist? An einem Ort, an dem man all seine Kräfte mobilisieren muss? Es scheint wirklich etwas zu geben, das über die Mobilisierung der eigenen Kräfte hinausgeht und das sich in einer extremen Bedrohung zeigt, nämlich so etwas wie unser Wesenskern. Ich gebe zu, dass ich mich diesbezüglich nicht nur in der hypothetischen Gedankenwelt aufgehalten habe. Ich war gewissermaßen Testperson oder Crashtest-Dummy. Zu Land, zu Wasser und in der Luft, ja sogar unter Menschen haben Extremsituationen ihre Wirkung auf mich gehabt. Ich habe in die Extremsituationen bewusst Menschen eingeschlossen, denn es gibt sie nicht nur in Bezug auf die Wildnis, sondern auch im »zwischenmenschlichen Ausnahmezustand«, also im Konflikt, Kampf oder Krieg. Es heißt, dass sich das Wesen einer Person besonders in einer echten Kampfhandlung zeigt. Der wahre Charakter komme in solchen Situationen ans Licht – ob tauglich oder unfähig, ob ehrlich oder falsch, ob mutig oder feige …

Trotz meines Faibles für das Kämpfen mit Handschuhen und für das Kämpfen mit Worten halte ich diese Aussage für fraglich. Warum sollte sich das wahre Wesen in einer Extremsituation zeigen und nicht während eines gemütlichen Abendessens mit Freunden? Kann es sich nicht auch durch die Summe vieler Kleinigkeiten zeigen? In der chinesischen Kampfkunst ist die vorherrschende Meinung tatsächlich, dass man sich selbst durch jede seiner Handlungen zeigt: *How you do one thing is how you do anything.* So, wie wir das Geschirr abspülen, so trainieren wir. So, wie wir jemandem eine Blume überreichen, so sind wir.

Es gibt im Westen noch andere Versprechungen der Selbstfindung, nämlich das Philosophieren. Es ist ja gewissermaßen das Urversprechen der Philosophie, dass man sich durch sie auf eine höhere Wirklichkeit hin transformiert. Im Platonismus gibt es die Metapher vom Herauskrabbeln aus der Höhle. Das Bild beschreibt den Moment, da man das Licht gesehen hat und dadurch weiß, wer man selbst ist. Frei nach dem Imperativ von Sokrates: Erkenne dich selbst! Übrigens hatte zumindest Sokrates' Reflexion über das Leben ein durchaus bemerkenswertes Resultat, nämlich den Zustand der Ruhe und Autonomie, den er selbst in seiner Todeszelle behalten konnte, als er den Schierlingsbecher nahm und sich mit einer – heute würde man sagen – großartigen Coolness gegenüber dem Tod bewies. Das bedeutet: Er hat durch seine Art zu denken zu seinem persönlichen Drachen, seiner inneren Stärke gefunden.

Das wandelbare Selbst

Im Zusammenhang mit Transformation wird häufig das Bild vom Schmetterling benutzt, das in der griechischen Sprache einen Doppelsinn erhalten hat. Das altgriechische Wort für Schmetterling lautet *psuché*, also auch Seele.[13] Sokrates beschreibt in einer Allegorie, wie eine Raupe sich verpuppt, um dann als Schmetterling herauszufliegen. Erst sind wir das eine und nach der Verpuppung das andere, namentlich das befreite, reine, makellose Selbst.

Es gibt demnach zwei Konzepte vom Selbst in der westlichen Welt: Einmal ist das Selbst etwas, das gefunden werden muss, und einmal liegt es noch nicht vor, sondern muss geschaffen werden. In beiden Fällen ist das Selbst aber eine Konstante. Es wird vorausgesetzt, dass es das reine, schöne, wahre Selbst gibt. Ganz im Unterschied zu asiatischen Philosophien: In China sieht man das Selbst weniger als Konstante, sondern als etwas Wandelbares. Ich möchte das Bild von Sokrates' Schmetterling für diese Argumentation verwenden. Es ist nämlich nicht so, dass wir sinnbildlich erst eine Raupe sind und dann etwas völlig anderes. Denn wenn man sich den Schmetterling genauer ansieht, dann sieht man ja, dass der Schmetterling noch immer die Raupe ist, der nur große Flügel gewachsen sind. Die Raupe hat sich also *ge*wandelt, nicht *ver*wandelt. Zhuangzi würde argumentieren, dass diese beiden Naturvisionen tatsächlich potenziell gefährlich sind. In seiner Definition werden wir als wandelnde Behälter voller »Kuddelmuddel« geboren: unordentliche Bündel, bestehend aus »Zeug«, aus Energien, Veranlagungen, Emotionen, Wünschen, Fähigkeiten. Und darin sind wir alle gleich. Nun interagieren wir miteinander, indem wir in unserem Gegenüber bestimmte Energien »triggern« und damit aus ihm »herausziehen«. Wenn wir jemanden anschreien, ziehen wir aus dieser Person die Energie Wut heraus, und sie schreit dann zurück. Das passiert wieder und immer wieder, und wir programmieren uns in immer gleich ablaufenden, unbewussten Denk-, Handlungs- und Emotionsmustern darauf, auf Impulse aus unserer Umwelt zu reagieren.

Unser Fokus sollte nach Zhuangzi aber gar nicht darauf liegen, festzuhalten oder zurückzukehren zum eigentlichen Selbst oder gar das Kuddelmuddel zu umarmen, mit dem wir geboren wurden. Das Ziel ist die Veränderung, die Transformation. Ich zitiere gerne Konfuzius, der Ihnen raten würde: »Trainieren Sie sich, um etwas Besseres zu sein, als Sie es bei der Geburt waren.« Und Zhuangzi würde auf die Welt um uns herum deuten und darauf hinweisen, dass das meiste, das wir als natürlich betrachten, bereits ziemlich künstlich ist und uns nur eingeschränkt bei unserer Transformation helfen kann.

Falls wir wirklich »Kuddelmuddel-Kreaturen« sind, deren Emotionen die ganze Zeit von Menschen extrahiert werden, denen wir begegnen, dann schleifen wir in jeder Interaktion Verhaltensmuster ein, die sich nach ausreichend häufiger Wiederholung als unbewusste Reaktionen etablieren und dann ad infinitum wiederholt werden. So kann es passieren, dass jemand unsere Wut triggert, allerdings nicht aufgrund dessen, was er gerade getan hat, sondern weil es uns an eine Situation erinnert, in der wir früher bereits wütend geworden sind, etwa weil wir uns ungerecht behandelt fühlten. Wir nutzen demnach eine Mustervorlage für eine bestimmte Aktion beziehungsweise Reaktion, die aber der jetzigen Situation unter Umständen nicht gerecht wird.

Wenn Sie versuchen, nach innen zu schauen und Ihr wahres Selbst zu finden – dieses Ding, von dem Sie denken, dass Sie es von Natur aus sind –, werden Sie wahrscheinlich nur eine Reihe von Mustern sehen, die über die Zeit entstanden sind. Und ich möchte ergänzen: von denen viele potenziell gefährlich für Sie und Ihre Mitmenschen sein könnten. Im chinesischen Kung-Fu lernt man, diese Muster zu durchbrechen und zu ändern, also die Art und Weise zu verändern, wie wir mit der Welt interagieren.

Denkfehler und Wahrnehmungsverzerrungen

Wer sich auf die Suche nach etwas begibt, ganz gleich ob nach der Wahrheit oder dem Wesenskern des Menschen, wird dabei wahrscheinlich Denkfehler begehen. Das ist nur menschlich.

Der erste wichtige Denkfehler – die alten Philosophen würden vielleicht eher von »Wahrnehmungsverzerrungen« sprechen – ist der *Confirmation Bias* oder *Bestätigungsfehler*.[14] Er besagt, dass wir häufig nur die Dinge sehen, die zu unserer Meinung passen, oder dass wir uns eher an Situationen erinnern, die unsere bestehende Meinung bestätigen und wir dabei unberücksichtigt lassen, dass es auch noch andere Sichtweisen gibt. Wir haben gewissermaßen unsere persönlichen »Lieblingstheorien« und »Lieblingsansichten« im Kopf – über das Selbst, das Impfen, Elektroautos, den Sinn des Lebens oder den Vorgarten unseres Nachbarn. Unser Gehirn löscht Informationen systematisch aus, die diesen Lieblingstheorien und -ansichten widersprechen.

Wir laufen ständig Gefahr, Informationen zu suchen, zu interpretieren, zu bevorzugen oder abzurufen, die unsere eigene Position bestätigen. Das gilt übrigens nicht nur für Informationen, sondern auch für Überzeugungen und Werte. Das bedeutet, dass wir alle voreingenommen wahrnehmen, voreingenommen nach Information suchen, voreingenommen interpretieren und zu guter Letzt voreingenommen abspeichern, also unser Gedächtnis einsetzen. Zhuangzi hat das schon zu seiner Zeit erkannt. Er zog daraus den Schluss, dass eine objektive Perspektive nicht möglich sei, weil wir eben unsere subjektive Perspektive nicht verlassen könnten: »Dieses ist auch jenes, jenes ist auch dieses. Jenes kann einmal richtig oder falsch sein; dies kann einmal richtig oder falsch sein. Gibt es wirklich jenes und dieses? Oder gibt es jenes und dieses in Wirklichkeit nicht?«[15]

Klare Gedanken führen zu vernünftigem Handeln.

Und die Antwort muss natürlich lauten: Ja und nein. Das ist Relativismus.

Dabei sind alle Entscheidungen, die auf irrationale Irrtümer aufbauen, hochgradig gefährlich, vor allem wenn sie uns nicht bewusst sind. Wir können uns allerdings eine rationale Kontrollinstanz aneignen, indem wir uns im kritischen Denken üben. Klare Gedanken führen zu vernünftigem Handeln. Das ist ein wichtiger Grundsatz für jeden Kampfkünstler.

Gerade Kämpfer fallen häufig auf eine andere Wahrnehmungsverzerrung herein: den *Dunning-Kruger-Effekt*.[16] Er besagt: Je inkompetenter jemand ist, desto weniger ahnt er es. Eine Sache nicht gut zu können – ob logisches Schlussfolgern, Multitasking oder Planen –, erhöht zugleich die Chance, dass man das eigene Unvermögen übersieht. Die Namensgeber des Effekts, David Dunning von der Cornell University und sein ehemaliger Doktorand Justin Kruger, wurden für ihre Entdeckung im Jahr 2000 mit dem satirischen Ig-Nobelpreis geehrt.[17] Die Wissenschaftler hatten ihren Probanden eine Reihe von Aufgaben aus Intelligenztests gestellt und sie schätzen lassen, wie gut sie dabei abschneiden würden. Wie sich zeigte, beurteilten die besten 25 Prozent der Teilnehmer ihr Leistungsvermögen ziemlich realistisch; oft unterschätzten sie sich sogar noch etwas. Das schlechteste Viertel dagegen hatte weit überzogene Vorstellungen vom eigenen Können.[18]

Warum ich glaube, dass insbesondere Kämpfer auf diese Art der Wahrnehmungsverzerrung hereinfallen? Nun, es gibt kaum einen Kämpfer, der *nicht* an seinen Sieg glaubt, sonst würde er ja gar nicht erst im Wettkampf antreten. Genau genommen warten viele Amateure oder Hobbykämpfer auf eine passende Situation, um ihr Können zu beweisen. Nicht selten malen sie sich dabei heldenhafte Szenarien aus, in denen sie bis zu zehn Gegner gleichzeitig ausschalten, nur um beispielsweise die Ehre einer geliebten Person zu schützen. Woher ich das weiß? Ich befürchte, ich war selbst einer dieser Träumer und hatte lediglich Glück, dass ich durch die Fehleinschätzung meiner kämpferischen Fähigkeiten nicht im Krankenhaus gelandet bin. Fakt ist: Sie können in den traditionellen Kampfkünsten schwarze Gürtel haben bis zum Hals, aber wenn Sie an einen erfahrenen Straßenkämpfer oder Mixed-Martial-Arts-Experten geraten, sehe ich schwarz für Sie. Und für mich auch.

Tatsächlich begegnet uns der Dunning-Kruger-Effekt nahezu überall im Leben. Man nehme nur die nächste Fußballweltmeisterschaft, bei der Millionen von Fußballfans felsenfest davon überzeugt sein werden, bessere Entscheidungen treffen zu können als das professionelle Trainerteam, der Schiedsrichter und der Videoassistent zusammen. Auch mein Alltag ist voll von schrägen Selbsteinschätzungen oder besser Selbstüberschätzungen. Ich glaube – vermutlich wie die meisten männlichen Autofahrer – fest daran, besser fahren zu können als der Rest der Bevölkerung, vielleicht sogar besser als meine Frau. Dabei bin ich derjenige, der jedes Jahr aufs Neue kurz davorsteht, seinen Führerschein zu verlieren, während meine Frau seit fast zwei Jahrzehnten punktfrei fährt und dabei trotzdem stets pünktlich ankommt. Auch Berufsanfänger überschätzen sich häufig, wie mir auf Seminaren in vielen Unternehmen erklärt wird. Einige Personalleiter, die ich kenne, sprechen gerne von einer »Anfängerblase der Selbstüberschätzung«: Ganz neu im Unternehmen, die ersten Schritte gemacht, ein klein wenig Erfahrung, und schon übersteigt das Ego die eigene Leistung.

Ich kann mir das vorstellen, würde aber argumentieren, dass derjenige, der sich leicht selbst überschätzt, vielleicht wirklich eher erfolgreich ist, weil er auch Aufgaben angeht, die er nach realistischer Einschätzung vermutlich gar nicht in Erwägung gezogen hätte. Frei nach dem Motto »Wer sich selbst besser macht, macht sich stark«. Auch mit Oberflächenwissen kann eine solche Haltung erfolgreich sein. Ein dezent aufgehelltes Selbstbild hilft offenbar dabei, das Auf und Ab des Lebens besser zu meistern. Das ist aber nur eine Seite der Medaille. Diese Einstellung kann nämlich auch gewaltig nach hinten losgehen. Man gerät viel zu schnell in einen Teufelskreis der Inkompetenz. Denn wer vor lauter Halbwissen dazu neigt, sich selbst zu überschätzen, und zugleich die Fähigkeiten anderer verkennt, sieht auch nicht die Notwendigkeit, sich weiterzubilden und damit die eigenen Fähigkeiten und Kompetenzen zu steigern.

Was also kann man gegen Selbstüberschätzung tun? Die ersten beiden Schritte sind Erkenntnis und Einsicht – nämlich dass der viel zitierte gesunde Menschenverstand eben oft nicht ausreicht, um komplexe Probleme zu durchdringen. Auf schonungslose Selbstreflexion kommt es an: Wir brauchen ein Bewusstsein für die in uns angelegte Neigung zur Selbstüberschätzung. Das ist leichter gesagt als getan, aber es gehört zu den Schlüsselfähigkeiten für die innere Stärke

Wir brauchen ein Bewusstsein für die in uns angelegte Neigung zur Selbstüberschätzung.

des Drachen. Solange Sie nicht erkennen, dass Sie aus Kuddelmuddel bestehen, und wenn Sie nicht wahrhaben wollen, dass Sie als Mensch naturgemäß Denk- und Wahrnehmungsfehlern aufsitzen, die mitunter auf inneren Mustern (alias Glaubenssätzen) beruhen, bauen Sie Ihre innere Stärke auf ein Fundament aus heißer Luft.

Im Einklang mit dem Dao

Wer einmal erkannt hat, dass er trotz Bewusstsein und Nutzung seines Verstandes höchstwahrscheinlich regelmäßig falsch wahrnimmt, spricht oder handelt – kurz einem Denkfehler aufsitzt, der könnte zu der Einsicht gelangen, dass unser Ego gar nicht so toll ist, wie wir uns das gerne vormachen. Allerdings ist für den ach so selbstbewussten, selbstbestimmten und egozentrischen Individualisten die Vorstellung, sein Ego aufzugeben, ein harter philosophischer Brocken.

Das Knifflige dabei ist in unseren Breiten: In der philosophischen Geschichte des Westens dreht sich spätestens seit René Descartes' Ausspruch »Ich denke, also bin ich« jede philosophische Reflexion um das Ich. Immanuel Kant verstärkte diese Perspektive mit dem Satz »Dass der Mensch in seiner Vorstellung das Ich haben kann, erhebt ihn unendlich über alle anderen auf Erden lebende Wesen«.[19] Die Einsicht in dic »Nicht-ich-kcit« unseres Egos steht hingegen im Zentrum der Philosophie von Zhuangzi: »Der höchste Mensch ist ohne Ego. Der spirituelle Mensch hat keine Verdienste. Der weise Mensch hat keinen Ruf.« Bei der Hinterfragung des Egos geht es aber nicht um eine Ich-Schwächung oder um einen Verlust des Ichs. Es geht vielmehr um eine Annäherung und anschließende Gelassenheit im doppelten Wortsinn.

Ein gelungenes Leben ist ein Leben im Einklang mit dem Dao. Das Ich loszulassen, ist frei nach Zhuangzi kein Verlust des Selbst, sondern der Verlust einer Täuschung. Wenn man das geschafft hat, kann man sich auf den Weg machen, das Leben so zu leben, wie es sich gehört. Ein gelungenes Leben ist ein Leben im Einklang mit dem Dao. Doch wie geht das?

- Kongzi ist der Meinung, dass man eins mit dem Dao wird, wenn man sich anstrengt, diszipliniert ist, sich veredelt und durch Regeln und Rituale in den Zustand des Wu Wei (Handeln durch Nichthandeln) gelangt.
- Laozi ist der Meinung, dass man durch Weglassen und Öffnen besser ins Wu Wei und damit zum Dao gelangt.
- Zhuangzi schlägt vor, man solle möglichst spontan im Einklang mit der Natur sein.

Ich könnte also zum Beispiel den Rechner zuklappen, das Schreiben beenden und hinaus in die Sonne gehen, um dem Zwitschern der Vögel zu lauschen. Das würde dann bedeuten, dass ich ein Teil des Dao bin, oder? Nein! Das ist für Zhuangzi nicht Spontanität. Es ist keine Spontanität, zu tun, was immer man will. Denn das würde – egal, was es ist – auf all den mentalen Voreinstellungen und Mustern basieren. Es würde auf der Welt basieren, die wir ohnehin um uns herum erschaffen haben, sowie auf der Vorstellung, die wir von Spontanität haben.

Spontanität erfordert für Zhuangzi vielmehr, dass wir unsere Denkweise und unser Handeln ändern und uns diesem endlosen Fluss und der Transformation (Dao) öffnen. Vielleicht hilft ein Beispiel dabei, besser zu seiner Denkweise vorzudringen: Ein Metzger hat einen harten Job, weil er die ganze Zeit gegen viele Dinge ankämpfen muss: harte Knochen, Bänder, Sehnen, Bindegewebe und vieles mehr. Doch nach einiger Zeit und etwas Übung merkt der Metzger, dass es im Fleisch bestimmte Muster gibt. Anstatt wahllos in das Fleisch zu hacken, wird ihm klar, dass er spüren kann, wo es einen natürlichen Fluss gibt. Dafür darf er aber nicht zu viel nachdenken. Er nutzt stattdessen seinen Geist, sein Gefühl, seine Intuition, um die verschiedenen Konsistenzen im Fleisch zu erspüren. So lässt er das Messer durch die verschiedenen Fasern gleiten und sammelt Erfahrung. Jedes Stück Fleisch ist natürlich anders, aber wenn er einmal den Punkt erreicht hat, an dem er es wirklich spüren kann, gleitet sein Messer perfekt durch das Fleisch. Der Metzger erreicht diesen Zustand nicht, indem er das Fleischermesser weglegt und in die Natur geht, um den Vögeln zu lauschen, und auch nicht erst am Wochenende, wenn er die Arbeit Arbeit sein lassen kann, sondern er erschafft ihn während der Arbeit, während er im Alltag funktioniert, während er seine Pflichten erledigt. Der Schlüssel zum Selbst liegt demnach nicht im Seinlassen, im Ausweichen vor der Arbeit, in der Flucht vor einer Aufgabe oder einem Ziel.

Ein Trainingsakt für den Geist

Im Alltag stemmen wir uns allzu oft mit Kraft gegen die Hürden und Herausforderungen. Wir hacken und hacken und schwitzen dagegen an. Wir ignorieren dabei den Fluss der Dinge, die Gesetzmäßigkeiten des Kosmos, die kleinen Muster in dem, was wir tun, und verschließen uns vor dem Dao. Die gute Nachricht: Wir können uns darin üben, diese Muster wieder besser zu erspüren. Doch dafür müssen wir unsere Achtsamkeit schulen. Es geht aber nicht darum, die Welt als gegeben hinzunehmen, denn die Umstände – »das Fleisch« – verändern sich. Es ist nicht immer dasselbe.

Spontanität ist also ein Trainingsakt, bei dem Sie Ihren Geist einsetzen, um die verschiedenen Muster um Sie herum zu spüren, auf eine Weise, die alles verändert. Wenn Sie einmal ein Instrument gelernt haben, nehmen wir beispielsweise das Klavier, dann haben Sie vermutlich ähnliche Erfahrungen gemacht wie der Metzger in der Geschichte. Zunächst sind da diese schwarzen und weißen Tasten, und Sie müssen Ihre unbeholfenen Finger dazu bringen, an den richtigen Stellen zu drücken. Wenn Sie dann die richtigen Tasten kennen, müssen Sie sie auch noch zur richtigen Zeit erwischen, also genau im richtigen Moment anspielen. Mit etwas Übung und Geduld sind dann bald beide Hände im Spiel – und beide spielen zur selben Zeit völlig unterschiedliche Bewegungsmuster. Irgendwann müssen Sie nicht mehr bewusst nachdenken, um ein eingeübtes Stück zu spielen. Noch ein wenig später können Sie Ihre Gefühle in das Spiel legen und es kommt der magische Moment, in dem Sie ganz mit dem Klavierspiel verschmelzen. Dann sind Sie eins mit dem Dao, verschmolzen mit Selbst und Aufgabe.

Oder Sie haben vielleicht einmal Fußball (oder einen anderen Mannschaftssport) erlernt. Nachdem Sie das Treten des Balls mit links und dann mit rechts im Stand gemeistert haben, schaffen Sie es bald auch in Bewegung. Irgendwann wissen Sie während des Laufens, wo sich alle anderen Personen auf dem Spielfeld befinden, und können sogar antizipieren, wohin sie sich bewegen werden. Sie können den Ball spielen und wissen bereits, während der Ball durch die Luft fliegt, wo er ankommen wird. Sie spüren sogar die Emotionen der Mitspieler auf dem Platz, Sie sind im Spiel angekommen, *in the zone,* im Flow, im Zustand der Selbstvergessenheit. Wenn Sie in diesem

Zustand sind, werden Sie vielleicht bemerken, dass der Lehrer oder Trainer einfach nur sagt: »Weiter, weiter, nicht nachdenken, einfach weitermachen!« Denn in dem Augenblick, in dem Sie bewusst darüber nachdenken, was Sie tun, sind Sie raus! Sie trainieren, »spontan« zu werden. Sie fühlen dieses unglaubliche Aufwallen von Aufregung, Energie, Begeisterung, die Resonanz mit allem um Sie herum.

Wahre Krieger überall

Mein Meister hat einmal Zhuangzi zitiert – allerdings ohne es mir zu erklären. Wie das manchmal so ist, habe ich erst Jahre später die Metapher verstanden. Nach einem Gespräch über das Dao sagte er: »Kämpfer, die es gelernt haben, sich mit dem Dao zu verbinden, sind unbesiegbar. Sie können durchs Wasser gehen und nicht nass werden. Mehr noch, sie können durchs Feuer gehen und sich nicht verbrennen – sie sind wahre Krieger.« Ich habe mich damals wie der kleine Kung Fu Panda gefühlt, der in sich eine euphorische Stimme voller Wows nachklingen hörte. Sollte es wirklich möglich sein, sich mit einer kosmischen Energie verbinden zu können, die unverwundbar macht? Waren einige der Shaolin-Meister, die mich trainierten, solche »wahren Krieger«? Eine zweifelnde Stimme in mir war bereit, mit gewisser Skepsis einen Aberglauben oder einen Hang zur esoterischen Übertreibung zu unterstellen.

Zhuangzi war tatsächlich davon überzeugt, dass wir unser Leben fundamental verändern, wenn wir uns in Spontanität üben, also wenn wir den Zugang zum Dao erlangen. Wem das gelinge, der würde sein Leben auf eine radikal andere Art und Weise leben – auf eine furchtlose Weise. Und damit wären wir wieder bei der inneren Stärke. Stellen Sie sich vor, dass alle Dinge der Welt, die Sie verletzen, aufhalten, einschränken oder die Ursache Ihrer Ängste und Sorgen sind, auf einmal zu Dingen werden, die Sie beleben, die Sie begeistern, die Sie mit Energie erfüllen – weil Sie nun ein Teil der Transformation der Dinge geworden sind. Wäre das nicht großartig und erstrebenswert?

Lassen Sie sich auf ein Gedankenexperiment ein und denken Sie an all die kleinen Dinge, die Sie manchmal wirklich nerven: Wenn der Nachbar die Tür wieder zuknallt oder wenn Nudelreste im Spülbecken kleben. Oder wenn Sie mit dem Auto unterwegs sind und ein anderer Autofahrer Sie schneidet. Oder der Gesichtsausdruck Ihres Gegenübers oder sogar die Art und Weise, wie jemand atmet oder kaut. Sie wissen bestimmt, was ich meine, oder? All diese kleinen Dinge, die sich über den Tag summieren. Stellen Sie sich vor, wie sich diese kleinen Sorgen und Ängste aufbauschen und mit der Zeit übermächtig werden. Hand aufs Herz: Wie sehr und wie häufig lassen Sie sich von diesen Dingen kontrollieren und triggern, sodass Emotionen wie Wut, Vorurteile, Ressentiments oder Ähnliches hervorbrechen?

Indem Sie sich mit dem Dao verbinden, trainieren Sie sich selbst, damit diese kleinen Dinge Sie nicht mehr stören und ihre Macht über Sie verlieren. Aber nicht weil Sie sich abwenden oder verschließen, sondern weil Sie sich der Welt öffnen und sich darauf einlassen. Und dann setzen Sie Ihren Weg auf einer größeren Ebene fort: über die kleinen Dinge hinaus zu den großen, vielleicht sogar weltbewegenden. Langsam, aber sicher werden Sie zu einer Art Mensch, der durchs Wasser geht und nicht nass wird, der durchs Feuer geht und darin nicht verbrennt. Sie werden ein wahrer Krieger.

Das Herz des Drachen

Selbstvertrauen ist so etwas wie das Herz Ihres Drachen. Gemeinhin sagt man doch auch gerne: »Stärken Sie Ihr Selbstvertrauen, dann werden Sie mutiger!« Dieser Ansatz ist logisch – aber wie geht das denn? Haben wir das überhaupt in der Hand? Ja, durchaus! Allerdings funktioniert es nicht auf Knopfdruck.

Bevor wir zu konkreten Tipps zur Stärkung Ihres Drachen gelangen, lassen Sie uns etwas reflektieren. Selbstvertrauen ist ein hypothetisches Konstrukt, es ist weder unmittelbar sichtbar noch messbar. Und wer nach einer allgemeingültigen, präzisen und verständlichen Definition sucht, wird erstaunlicherweise enttäuscht. Duden und Brockhaus bieten nur Aspekte dieses vieldimensionalen Konstrukts, und das Lesen derselben macht wenig Freude.

»Selbst-ver-trauen« leitet sich von dem Verb »vertrauen« ab. »Sich trauen« bezieht sich eher auf ein Wagnis mit ungewissem Ausgang (wie zum Beispiel auch eine Ehe). Es steht also der semantische Aspekt einer Mutprobe im Vordergrund. Man könnte sogar sagen, dass der Entschluss, sich zu trauen, eine Kombination aus Zwängen ist. Zum einen der innere Zwang der Selbstbestätigung und zum anderen der äußere, wie etwa Gruppenzwang. Mit Vertrauen hat das nichts zu tun, weil man für eine Tätigkeit, die man zuvor noch nicht gemeistert hat, kaum Erfahrungen, sprich Referenzwerte hat.

Jedoch hat das Verb »zutrauen«, wenn man es auf sich selbst bezieht, eine Bedeutung, die in die richtige Richtung geht: Sich etwas zuzutrauen heißt, eine Handlung zu vollziehen, deren Erfolgsaussicht in den eigenen Fähigkeiten oder zumindest in der eigenen Erfahrung begründet ist. Abgesehen vom blinden Vertrauen, das keine objektive Begründung braucht, erwächst

Vertrauen aus einer positiven Erfahrung. Wenn wir jemandem vertrauen, bedeutet das primär, dass wir auf unsere Negativerwartungen verzichten und damit eine grundsätzlich positive Erwartungshaltung im Hinblick auf diese Person einnehmen. Das bedeutet: Wenn wir eine positive Erwartungshaltung einnehmen, fällt uns das Vertrauen leichter. Und wenn wir dieses Vertrauen in seiner reflexiven Form – also »sich vertrauen« – betrachten, dann sind wir beim Selbstvertrauen. Sich selbst zu vertrauen bedeutet, die eigenen Möglichkeiten und Fähigkeiten so vortrefflich eingeschätzt zu haben, dass positive Erfahrungen entstehen konnten, vielleicht sogar Erfolg.

Mir ist es wichtig, dass wir festhalten: Vertrauen ist kein Zustand, sondern ein sich durch positive Erfahrungen entwickelnder Prozess. Ist Vertrauen einmal »erworben« oder »gefestigt«, kann man trotzdem nur – oder immerhin – von einem labilen Endzustand sprechen. Diesen Zustand dann beständig zu halten, das ist es, worum es geht. Es dauert länger und ist schwieriger, Vertrauen und Selbstvertrauen aufzubauen, als es zu zerstören. Ich behaupte, menschliches Leben wäre ohne Vertrauen nicht oder nur sehr schwer möglich. Allein die Eingebundenheit in eine soziale Gemeinschaft, in der wir ein gewisses Sicherheitsgefühl empfinden, verlangt ein gewisses Maß an vertrauensvoller Öffnung. Wäre das nicht möglich, würden wir allein bleiben und früher oder später aussterben.

> Vertrauen ist kein Zustand, sondern ein sich durch positive Erfahrungen entwickelnder Prozess.

Selbstvertrauen bedeutet in erster Linie Glaubwürdigkeit sich selbst gegenüber: Alle einmal gemachten Erfahrungen müssen mit der eigenen positiven Einschätzung in Einklang gebracht werden. Es braucht regelmäßig eine Bestätigung, dass das eigene Handeln richtig war und ist. »Richtig« im Sinne von sachlicher Richtigkeit und sozialer Verträglichkeit. Das eigene Handeln muss also moralisch bestätigt werden. Egal, wie ausgeprägt unser Selbstvertrauen sein mag: Es gibt keine Gewissheit, dass unser künftiges Handeln – trotz unserer Fähigkeiten und bewährter Handlungsmuster – erfolgreich sein wird. Ich bin der Meinung, dass es wichtiger ist, Erfahrungen zu machen, als intellektuelle Erkenntnis zu gewinnen. Deshalb kümmern wir uns nun darum, uns mehr Selbstvertrauen zu erarbeiten.

Schreiben Sie auf ein Blatt Papier, in welchen Bereichen Sie Selbstvertrauen vermissen. Haben Sie zum Beispiel Probleme damit, vor anderen Ihre Meinung zu vertreten? Oder bereitet es Ihnen Schwierigkeiten, vor einer Gruppe von Menschen zu sprechen? Halten Sie Ihre mathematischen Fähigkeiten für unterentwickelt oder sind Ihnen vielleicht bei einem Small Talk auf Englisch die Lippen versiegelt? Trauen Sie sich nicht, Nein zu sagen?

Machen Sie anschließend dasselbe mit Lebenssituationen und -bereichen. Wann fühlen Sie sich beklemmt oder gehemmt, unsicher oder einfach unwohl? In der Hinsicht haben wir alle unsere individuellen Defizite. Im öffentlichen Bereich fällt mir zum Beispiel Small Talk sehr leicht – bei einem Date, im intimeren Bereich mit nur einer Person, ist das viel schwieriger. Wie ist das bei Ihnen? Gibt es einen Unterschied in Ihrem Selbstvertrauen zwischen den beruflichen und privaten Bereichen? Wie ist es innerhalb der Familie, gegenüber älteren Verwandten oder jüngeren Freunden? Wie ist es, wenn Sie ganz allein und auf sich selbst gestellt sind, und wie in der Gruppe? Wie verhalten Sie sich im Umgang mit Autoritätspersonen, im Verein, gegenüber den Nachbarn, in einer belebten Fußgängerzone, alleine im Kaffee oder im Kino …?

Machen Sie sich bitte keine Sorgen, wenn diese Liste länger ausfällt, als Sie zunächst gedacht hätten. Sie befinden sich in

Nur was wir sehen, einem Prozess der Bewusstwerdung – und was wir bewusst erkannt das ist sehr wichtig für Ihre weitere Ent- haben, können wir verändern. wicklung und keineswegs als Problem zu betrachten. Sehen Sie es als Ihr Potenzial, um Ihren inneren Drachen zu trainieren und zu stärken, indem Sie sich diese Bereiche erst einmal vor Augen führen. Denn: Nur was wir sehen, was wir bewusst erkannt haben, können wir verändern.

Und jetzt packen Sie Ihre Liste weg. Mindestens für ein halbes Jahr. Ja, das ist mein voller Ernst! Ich erkläre Ihnen gerne, warum. Mein Meister hat mir einmal erlaubt, mich beim Trainieren zu filmen. Ich wollte mich unbedingt weiter verbessern. Ich durfte also meine Fehler analysieren – und dann forderte er mich auf, das Band für ein halbes Jahr wegzulegen. Ich war entrüstet, ich wollte doch das Optimum aus mir herausholen! Daraufhin erklärte er mir: »Wenn du dir die Aufnahmen Tag für Tag ansiehst, wirst du nur analysieren, analysieren, analysieren. Das alleine ändert nichts. Du hast deine Defizite gesehen. Nun arbeite an dir – und nach sechs Monaten kannst du deine Veränderung im Vergleich erkennen.« Das ergab für mich so viel Sinn.

Also, lassen Sie Ihre (vermeintlichen) Defizite jetzt los und freuen Sie sich darauf, stattdessen regelmäßig die folgenden alltagstauglichen Übungen zu machen, mit denen Sie Ihr Selbstvertrauen stärken und stabil halten können. Das Wunderbare ist, dass Sie diese Übungen auch zur Festigung der SHAOLIN-Säulen der inneren Stärke sehr gut gebrauchen können. Sie haben demnach einen mehrfachen Nutzen! Picken Sie sich gerne jene heraus, die Ihnen am besten helfen.

Hinderliche Glaubenssätze

Womöglich ist es Ihnen noch nicht bewusst, aber »Ich bin« sind zwei Worte mit einer unglaublichen Macht über Sie. Wenn Sie sich nur oft genug selbst sagen: »Ich bin schüchtern«, »Ich bin so dämlich«, »Ich bin schusselig«, »Ich bin nicht liebenswert«, haben diese Aussagen eine enorme Auswirkung auf Ihr Unterbewusstsein. Wenn Ihr Unterbewusstsein durch ständiges Wiederholen solcher Affirmationen überzeugt ist, dass Sie »eben so sind«, hat das direkte Auswirkungen auf Ihr Selbstvertrauen.

Daher meine Bitte: Nehmen Sie ein Blatt Papier und notieren Sie alle hinderlichen Ich-bin-Sätze, die Sie sich selbst zuschreiben. Und dann lassen Sie Ihre alten Ich-bin-Glaubenssätze los. Verbrennen oder zerreißen Sie das Papier, falten Sie es ganz klein zusammen, überschütten Sie es mit schwarzer Tinte oder übermalen Sie alles in leuchtenden Farben. Denn: Sie haben keine Verpflichtung, der- oder diejenige zu bleiben, die Sie noch vor fünf Minuten waren! Sie können sich jederzeit neu und anders definieren – und in Zukunft wohlwollende und positive Affirmationen verwenden.

Die Hunderter-Liste

Uns selbst wirklich zu lieben, zu akzeptieren und wertzuschätzen, ist die einzig wahre Art und Weise, wie wir uns darauf vorbereiten können, anderen zu dienen. Wenn es uns nicht gelingt, uns mit Handlungen der Selbstliebe, Selbstfürsorge und Selbstwertschätzung selbst zu erfüllen, stoßen wir allzu schnell an die Grenzen unserer inneren Stärke. Dies wirkt sich in der Folge dramatisch auf unsere Fähigkeit aus, anderen zu helfen, da wir nicht geben können, was wir nicht haben.

Sind Sie bereit, sich die Zeit zu nehmen, um sich selbst dieses Geschenk zu machen, damit Sie es mit anderen aus dem Überfluss heraus teilen können? Dann nehmen Sie ein großes Blatt Papier und kleben Sie ein Foto von sich in die Mitte, auf dem Sie sich selbst gefallen. Notieren Sie anschließend rundherum 100 Dinge, die Sie an sich mögen oder die Sie gut können. Sie müssen nicht alle 100 Aspekte in einem Rutsch aufschreiben, nehmen Sie sich dafür ruhig ein bisschen Zeit und bleiben Sie geduldig, sollten Ihnen zwischendurch die Ideen ausgehen. Glauben Sie mir: Es gibt so viel Tolles und Schönes und Liebenswertes an Ihnen, Sie müssen sich nur erlauben, diese Seite an sich zu entdecken.

Die Drei-Minuten-Regel

Erfolge geben Kraft und Macht. Sorgen Sie dafür, dass Sie immer wieder Erfolgserlebnisse haben können. Zu große Vorhaben machen in der Regel Angst. Für den Aufbau Ihres Selbstvertrauens ist zunächst einmal Quantität wichtig. Das bedeutet: Viele kleine Erfolge sind besser als ein großer – oder gar keiner. Sammeln Sie kleine Erfolge!

Die Drei-Minuten-Regel ist eine Abwandlung einer Workflow-Übung des Managementberaters David Allen, Autor von *Getting Things Done*. Er gibt darin den Tipp, jeden Punkt auf der To-do-Liste, der innerhalb von drei Minuten zu erledigen ist, einfach sofort anzugehen und nicht so viel Zeit mit der Priorisierung zu verlieren.[20] Warum also nicht jeden Tag mit Aufgaben beginnen, die nur drei Minuten in Anspruch nehmen, und sich gleich nach dem Aufstehen ein paar kleine Erfolgserlebnisse sichern? Sie finden auf Ihrer To-do-Liste bestimmt fünf Dinge, die sich innerhalb von jeweils maximal drei Minuten erledigen lassen. Damit investieren Sie höchstens 15 Minuten ins Sammeln von Erfolgen und Abhaken von Dingen, die getan werden müssen – ein guter Kickstart in den Tag.

Noch ein kleiner Trick: Sie können Aufgaben auch in kleinere und kürzere Schritte unterteilen. Schreiben Sie also nicht einen großen, eher schwammigen Punkt wie »Wohnung in Ordnung bringen« auf Ihre Liste, sondern werden Sie konkret: Geschirr spülen, Staub saugen, Waschmaschine be-/entladen, Betten machen, Blumen gießen …

Starker Körper, starker Geist

Ich habe einmal den Satz gelesen: *Nothing tastes as good as healthy feels.* Gemeint ist, dass selbst der Genuss der besten Schokolade der Welt sich nicht so gut anfühlt wie das Gefühl, vital und gesund zu sein. Ähnlich ist es mit Selbstvertrauen. Wenn Sie sich körperlich fit und handlungsfähig fühlen, wenn die Muskeln unter Spannung sind und Sie in Form, dann spüren nicht nur Sie Ihr Selbstvertrauen, Sie strahlen es sogar aus. Also, treiben Sie Sport, bewegen Sie sich. Und denken Sie daran, dass Sie nur wenig im Leben ganz allein meistern müssen. Suchen Sie sich ein Team oder einen Buddy für sportliche Betätigung und haben Sie gemeinsam Spaß!

In den chinesischen Kampfkünsten ist ein starker Körper die Grundvoraussetzung. Ich gehe davon aus, dass die meisten Shaolin schon allein aufgrund ihrer körperlichen Fitness ein nahezu unerschütterliches Selbstvertrauen haben. Mein Meister wurde einmal auf einem Seminar gefragt, ob man wirklich jeden Tag trainieren müsse. Seine Antwort an die völlig perplexe Teilnehmerin war: »Nein, du musst natürlich nicht jeden Tag trainieren. Nur an Tagen, an denen du isst.« So viel dazu.

Wissenserwerb

Etwas Neues zu lernen, ist ein natürliches Antidepressivum und wie schon gesagt: Selbst kleine Erfolge stärken Ihren Drachen und damit Ihr Selbstvertrauen. Dabei ist es im Grunde unwichtig, was Sie lernen. Hauptsache, es macht Ihnen Spaß. Wenn Sie unbedingt eine Faustregel brauchen, gebe ich Ihnen eine mit auf den Weg: »Je anwendbarer, desto besser.« Was ich damit meine: Es ist vermutlich cleverer, die Zubereitung eines asiatischen Gemüsegerichts zu erlernen, als die einer dreistöckigen Torte auf Marzipanbasis. Warum? Na ja, weil Sie das Gemüsegericht jeden Tag kochen und essen können, während für die aufwendige dreistöckige Torte seltener eine gute Gelegenheit sein dürfte. Sie haben also im Alltag mehr davon. Ansonsten gilt: Machen Sie eine Liste von Dingen, die Sie »immer schon mal« lernen wollten, und legen Sie am besten gleich los!

Sie wissen: Aller Anfang ist schwer, aber bei den meisten Dingen erlebt man eine schnelle Lernkurve bis zum ersten Plateau. In dieser Lernphase werden Sie mit Glückshormonen und Neurotransmittern biochemisch unterstützt, das heißt, Sie fühlen sich einfach toll. Jeder Fortschritt, jede kleine Lektion wird mit einer Dosis Glücksgefühle belohnt. Außerdem verspreche ich Ihnen, dass es sich gut anfühlt, wenn man auf erworbene Fähigkeiten zurückblicken kann. Selbst wenn ich kurz traurig oder enttäuscht bin, wenn mir ein neues Gericht misslingt, freue ich mich sehr, überhaupt kochen gelernt zu haben. So ist es auch mit den Kampfkünsten, dem Fahrradfahren oder der Fähigkeit, in einer Badewanne nach Perlen zu tauchen (frei nach *Der Schuh des Manitu*) und dabei längere Zeit die Luft anzuhalten.

Selbstbewusste Vorbilder

Ich umgebe mich intuitiv gerne mit Menschen, von denen ich mir eine Scheibe abschneiden kann. Seit meiner Kindheit habe ich immer wieder neue Vorbilder gesucht: Orientierungshilfen, Lernhelfer, männliche Identifikationsfiguren und weibliche Vorbilder. Durch sie alle habe ich an entscheidenden Stellen Unterstützung bekommen. Manchmal durch einen konkreten positiven Impuls wie »Bleib dran, mach weiter!«, manchmal durch die Motivation, mich in eine ähnliche Richtung entwickeln zu wollen, manchmal durch das Geschenk, etwas nicht allein, sondern gemeinsam erlernen zu dürfen, und manchmal allein dadurch, dass sich die innere Stärke der anderen auf wundersame Weise auf mich übertragen und mir Kraft, Geduld und Zuversicht vermittelt hat.

Wer könnte für Sie ein Vorbild in Sachen Selbstvertrauen sein oder wo könnten Sie so jemanden finden? Was können Sie sich bei anderen abschauen? In welche Richtung möchten Sie sich gerne entwickeln? Geben Sie Ihrem inneren Drachen Futter und richten Sie sein Habitat so ein, dass er mit selbstbewussten Menschen in Berührung kommt.

Entscheidungsfreude

Entscheiden macht unabhängig und kraftvoll und das stärkt Ihr Selbstvertrauen. Üben Sie sich im Entscheiden, wann immer es die Situation, das Machtgefüge oder Ihr Mut zulassen. Gerne zunächst bei belanglosen Dingen wie der Geschmacksrichtung in der Eisdiele oder bei der Auswahl Ihres Hauptgerichts auf der Speisekarte. Ich wette, Sie bestellen oft genug aus reiner Gewohnheit dasselbe – und verpassen so die Chance, etwas noch Leckereres zu entdecken. Wie ist es mit farbigen Socken? Wenn Sie sonst immer schwarze tragen, haben Sie jetzt ein farbenfrohes Abenteuer vor sich. Genauso dürfen Sie auch mal eine völlig verrückte Kaufentscheidung bei Material, Farbe und Form Ihrer Unterwäsche treffen; es sehen Sie ja ohnehin nur Ihre Liebsten, Sie sind also sicher. Was ist mit der Auswahl eines Filmes beim abendlichen Miteinander? Wenn es Ihnen geht wie den meisten Paaren, dann kann die Auswahl so lange dauern, dass man nach einer Stunde entscheidet, auf den Film zu verzichten und lieber gleich ins Bett zu gehen. Treffen Sie Entscheidungen und genießen Sie es, Ihre Handlungsoptionen zu spüren. Das ist eine gute Vorbereitung, wenn früher oder später größere Entschlüsse anstehen oder gar lebensverändernde Entscheidungen zu treffen sind.

Neinsagen

Um spüren zu können, worauf wir uns einlassen können oder wollen, brauchen wir eine klare Abgrenzung zu dem, was wir nicht wollen. Mein Meister würde sagen: »Ein Ja braucht ein Nein, um wahr zu sein.« Das bedeutet, dass Sie nicht nur frei entscheiden dürfen, was Sie sich wünschen. Sie dürfen auch entscheiden, was Sie explizit nicht wünschen. »Nein, ich möchte das nicht.« Zu lernen, das zu sagen, ist unfassbar wichtig. Ein simples Nein ist bereits ein vollständiger Satz und bedarf keiner Erklärung oder Rechtfertigung. Üben Sie sich darin!

Für den Anfang können Sie Nein sagen, wenn es um nichts Wichtiges geht: »Nein, ich möchte kein Eis«, »Nein, ich leihe dir das Buch nicht«, »Nein, ich komme nicht mit«. Sagen Sie wirklich nur Nein, begründen Sie Ihre Ablehnung nicht weiter. Das müssen Sie nicht. Jeder Grund, den Sie anführen, kann rein theoretisch vom Gegenüber entkräftet werden, und dann verwickeln Sie sich in ausufernde Diskussionen, noch mehr Rechtfertigungen – und am Ende sind Sie wieder beim Ja.

Die Intuition

Wie oft sagen wir trotz rational-realistischer Abwägung im Nachgang; »Ach, hätte ich doch besser auf meinen Bauch gehört!« Damit wären wir beim Thema Intuition. Es geht um die Frage, inwieweit man sich selbst darin vertrauen kann, dass man mit seiner spontanen Einschätzung richtigliegt. Inwieweit kann man dem Bauchgefühl trauen, ohne jede Kleinigkeit be- und durchdacht zu haben? Und wie kommt man dann ebenso selbstbewusst ins Handeln?

Ich behaupte, dass wir Projekte überwiegend in den Sand setzen, weil wir unbeantwortete Fragen und nicht gefällte Entscheidungen wie eine riesige Bugwelle vor uns herschieben. Wir rechtfertigen so manchen Entscheidungsstau damit, dass Entscheidungen in komplexen Verhältnissen nun einmal schwierig seien und dass wir deshalb (noch mehr) Zeit bräuchten. Wir suchen nach zusätzlichen Informationen und stichhaltigen Argumenten, wir diskutieren, erörtern und wägen ab. Fachleute werden gehört, Experten konsultiert, Ausschüsse diskutieren, Vorlagen machen die Runde. Doch machen all diese mitunter langwierigen Prozesse das Ergebnis wirklich besser?

Ich für meinen Teil wage zu bezweifeln, dass langatmige Entscheidungsprozesse und das methodische Abwägen immer Früchte tragen. Es stimmt nicht, dass möglichst viele Informationen und möglichst viel Zeit verbunden mit komplizierten Methoden und Berechnungen unsere Entscheidungen immer verbessern. Ganz im Gegenteil, manches Mal entwickeln sich bis zu einer Entscheidung die äußeren Bedingungen so sehr weiter, dass die fraglichen Entscheidungen schon längst überholt sind und stattdessen ganz andere Dinge einer Klärung bedürfen. Nehmen wir zum Beispiel die Rechtsprechung hinsichtlich der Digitalisierung: Bis Entscheidungen rechtsgültig getroffen sind, ist die Digitalisierung vermutlich schon so weit vorangeschritten, dass die fraglichen Entscheidungen längst nicht mehr zur Debatte stehen. In diesem und vielen anderen Bereichen hängen Entscheidungen der realistischen Entwicklung hinterher. Es werden Entscheidungen zu Sachverhalten gefällt, die längst nicht mehr existieren. Verstehen Sie mich nicht falsch: Wenn es um Rechtsfragen geht, reicht Intuition als Basis und Begründung natürlich nicht aus. Doch wie verhält es sich dort, wo keine Advokaten und Datenschützer am Werk sein müssen?

Kopf oder Bauch?

Häufig ist das Bauchgefühl der Kopfentscheidung überlegen – insbesondere wenn Experten auf ihrem Fachgebiet intuitiv entscheiden. Der Bauch gewinnt ebenfalls, wenn wir nur wenig Zeit haben, um eine Entscheidung zu treffen. Dann bleibt uns ja gar nichts anderes übrig, als in wenigen Augenblicken unseren ganzen Mut zusammenzunehmen und beherzt zu handeln. Wir folgen unserer Intuition. Doch manches Mal sagt der Bauch spontan Nein, dann aber schaltet sich der Kopf ein und leitet eine Argumentationskette ein, die gegen den ersten intuitiven Impuls arbeitet – was nicht immer vorteilhaft für uns ist. Vermutlich kennen Sie beide Szenarien aus eigener Erfahrung.

Grundsätzlich sind Urteile, die wir rasch aus dem Bauch heraus fällen, eine nähere Betrachtung wert. Blitzschnelle Entscheidungen ohne große Analyse sind womöglich von ungewissem Ausgang, doch wie einst ein Bergführer zu mir sagte: »Es gibt Momente, da hilft dir Erfahrung nichts.« Manchmal müssen wir es wagen, auf unser Gefühl zu vertrauen. Die Kunst besteht darin, Informationen zu ignorieren beziehungsweise auszublenden und sich auf das Wesentliche zu konzentrieren – der Grundgedanke der Heuristik.[21]

Die Qualität unserer Bauchentscheidung hängt sicherlich bis zu einem gewissen Grad davon ab, wie viel Erfahrung wir haben und wie geübt wir darin sind, regelmäßig Entscheidungen zu treffen. Ein erfahrener Kämpfer ist beispielsweise – ganz gleich in welcher Situation – weniger gestresst und schwerer aus der Ruhe zu bringen als ein Kämpfer ohne Erfahrung. Wenn die Umstände bekannt sind und vom Entscheidungsträger rasch erkannt werden, dann wird der Entschluss schnell, präzise, ohne Emotionen und an die Probleme angepasst getroffen. Die handelnde Person weiß intuitiv, wie man die Situation lösen kann, sodass das bestmögliche Ergebnis dabei herauskommt. Und sie traut sich, schnell, präzise und unmittelbar zu handeln.

Einen Chef, der eine unternehmerische Entscheidung mit seiner Intuition begründen würde, würde man vermutlich für einen Fantasten halten, für jemanden, der verantwortungslos und impulsiv handelt: »Wir schließen das Werk in Norddeutschland, weil ich so ein Bauchgefühl habe«, oder: »Wir nehmen dieses Produkt vom Markt, sagt mir meine Intuition« – unvorstellbar! Interessanterweise ist eher vorstellbar: »Wir bringen das Produkt auf den Markt, weil ich so ein gutes Bauchgefühl habe.« Erstaunlich, nicht wahr?

Ich glaube, dass die Intuition in unseren Entscheidungen eine wesentlich größere Rolle spielt, als uns bewusst ist. Ich glaube sogar, dass viele Entscheidungen auf Intuition beruhen und erst im Nachgang mit harten Zahlen, konkreten Daten

und Fakten, komplexen Analysen, Machbarkeits- und Markt-
studien untermauert und gerechtfertigt werden. Weil nur harte
Fakten unser Vertrauen genießen. Sie sind vermeintlich objek-
tiv und belastbar und daher vertrauenswürdig. Bisweilen sind
Unternehmer mit Bauchentscheidungen sehr erfolgreich. Steve
Jobs soll in weiten Teilen seiner Intuition gefolgt sein.[22]

Mut zur Entscheidung

Kennen Sie die historische Wurzel des Wortes »Entscheidung«?
Der Begriff stammt aus der Zeit, da man Schwerter führen durfte. Entscheiden bedeutet »der Moment, da ich das Schwert aus
der Scheide ziehe«. Wer das tat, signalisierte seinem Umfeld:
»Jetzt geht's los, ich weiß, was ich zu tun habe!« Nirgendwo auf
der Welt zog man sein Schwert leichtfertig und ohne triftigen
Grund. Es musste einen klaren Anlass geben. »Entschied« man
sich, so folgte die nächste Aktion auf dem Fuße. Spätestens jetzt
hatte man ein klares Ziel vor Augen, und jeder, der den Moment
des »Entscheidens« sah, war sofort über dieses Ziel informiert.

Das lehrt uns drei Dinge:

- **Derjenige, der entscheidet, muss ein Schwertträger
  sein.** Er muss sich sein Schwert verdient oder erworben
  haben und – noch wichtiger – er muss es auch führen
  dürfen als Grundvoraussetzung für das »Entscheiden«. In
  unserer heutigen Welt bedeutet das: Wer sich entscheiden will, sollte sich zunächst seiner Entscheidungsbefug-
  nis versichert haben, sonst bringt er sich und andere in
  Teufels Küche.
- **Wer sein Schwert zieht, muss auch den Streich durchführen.** Er steht unter Zugzwang, er muss handeln und

kann nicht mehr zurück. Deswegen muss er in der Lage sein, sich und seine Werkzeuge zu kontrollieren, und darf in seinem Mut nicht wanken. In unserer heutigen Welt bedeutet das: Wer A sagt, muss auch B sagen. Das heißt, wer entschieden hat, muss seinen Worten auch Taten folgen lassen. So handeln wir nicht nur mutig und entschlossen, sondern auch authentisch nach unserer Ankündigung.

- **Der Schwertführer gibt klar zu erkennen, dass er sich »entschieden« hat.** Er gibt seine Entscheidung klar, konsequent, direkt und offen zu erkennen. Das bedeutet: Wir machen unsere Entscheidungen öffentlich und exponieren uns dadurch. Auf diese Weise kann jeder unsere Prinzipientreue mitverfolgen und im Anschluss den Erfolg oder Misserfolg in Echtzeit erleben.

Wie viel innere Stärke hat jemand, der insgeheim weiß, dass er seiner Intuition folgt und die nachgeschobene, datenbasierte Entscheidungsgrundlage vor allem ein Rechtfertigungspapier ist? Intuition ist Strategie, Ratgeber und Risiko, aber auch eine ungleich größere Chance und bringt innovatives Unternehmertum hervor, das Bewunderung erfährt. Sperren Sie Ihre Intuition also nicht aus, weder im beruflichen Kontext noch im privaten.

Wer über Jahre hinweg die leise Stimme der Intuition weggesperrt hat, ist womöglich kaum noch in der Lage, sie zu hören. Doch das lässt sich ändern, wenn auch nicht von heute auf morgen. Nehmen Sie sich Zeit, hören Sie genau hin, halten Sie Zwiesprache mit sich selbst. Ratio und Intuition sind nicht immer Gegenspieler. Mit etwas Ruhe hören sie sich sogar gegenseitig gerne zu. In den chinesischen Kampfkünsten wird häufig die Teezeremonie als guter Zeitpunkt für ein Zwiegespräch mit der inneren Stimme gelehrt. Genauso gut geeignet ist die Meditation. Probieren Sie es einfach aus. Ihre Ratio hilft Ihnen dabei sogar, wollen wir wetten?

Die Macht der Liebe

Einer meiner Taekwondo-Trainer hat mich in jungen Jahren schwer beeindruckt, als er vermeintlich Laozi zitierte: »Geliebt zu werden, macht uns stark. Zu lieben, macht uns mutig.« In meiner Begeisterung für Asien sog ich diesen Satz regelrecht auf und sinnierte lange darüber. Man muss tatsächlich ein wenig interpretieren, um einen wirklichen Sinn für die Bedeutung dieser Aussage zu entwickeln.

Es gibt im Deutschen – und das ist nicht in allen Sprachen so – einen feinen, aber wichtigen Unterschied zwischen »Stärke« und »Mut«. Stärke ist unsere positiv ausgeprägte Persönlichkeitsstruktur, unsere psychische Kraft, also unser innerer Drache. Sie ist die Fähigkeit, etwas zu tun, beziehungsweise die Fähigkeit, etwas auszuhalten. Mut meint hingegen eher die Entscheidung, wirklich etwas zu tun. Anders ausgedrückt: Stärke ist, dazu in der Lage zu sein, etwas zu tun. Mut ist, es auch tun zu wollen. Geliebt zu werden, so wie wir sind oder vielleicht sogar weil wir so sind, wie wir sind, gibt uns Sicherheit, und aus dieser Sicherheit kann innere Stärke, aber auch Lebensmut entstehen. Zu lieben macht uns in der Regel aktiv. Wir wollen entweder altruistisch etwas für geliebte Menschen tun, für sie da sein, sie bereichern, ihr Leben verbessern, oder wir fordern egoistisch die Erwiderung unserer Gefühle ein, damit es unserem Ego besser geht. In beiden Fällen werden wir mutig, aktiv, angespornt.

> Stärke ist, dazu in der Lage zu sein, etwas zu tun. Mut ist, es auch tun zu wollen.

Womöglich ist die volle Bedeutung des Satzes von Laozi *lost in translation*, also der Übersetzung ins Deutsche zum Opfer gefallen. Aber ich kann mir auch vorstellen, dass ihm dieser Satz einfach angedichtet wurde. Liebe spielt im *Daodéjing*, dem Buch von Laozi, keine Rolle, wird von ihm meiner Meinung nach auch nicht erörtert. Nichtsdestotrotz möchte ich mich auf diese Aussage stützen. Denn ich habe auf meinen Reisen gelernt, dass in China die Familie den ultimativen Ort für Zusammenhalt und Geborgenheit darstellt und dass sie damit auch die Keimzelle für Mut und innere Stärke sein kann. Die Familie ist ein »großes Ich«. Sie ist die große Liebe, die ein Leben lang hält. In der Familie sammelt der Chinese seit konfuzianischen Zeiten seine Energie, seinen Mut und seine Zuversicht, um sich dann der Welt zu stellen.

Die Bedeutung des Schriftzeichens 爱 *(ài)* ist »lieben«, »beschützen«, »hegen«, »sich um jemanden kümmern«. Wenn man es genauer betrachtet, lässt sich sogar eine im Kontext dieses Buchs passende Interpretation herauslesen. Es besteht aus dem Schriftzeichen 爪 *(zhuǎ)* für »Kralle«, »Tatze«, »Pfote«, »Klaue« und 友 *(yǒu)* für »Freund«. Womöglich sollen wir uns mit unserem inneren Drachen – symbolisiert durch die Klaue – anfreunden, um zur wahren Form von Liebe zu gelangen? Obwohl mir diese erzwungene Logik unheimlichen Spaß bereitet, ist das natürlich meine persönliche, spielerische Interpretation. Nichtsdestotrotz ist der zentrale Aspekt von 爱 *(ài)* das Kümmern und Beschützen und nicht der Wunsch, die Sehnsucht oder gar die Anmaßung, geliebt werden zu wollen.

Wenn Sie hören oder lesen, dass Liebe uns mutiger werden lässt – was sind dann Ihre ersten Gedanken? Ich habe direkt das Bild vom edlen Ritter vor Augen, der seiner Liebe zu Hilfe eilt, natürlich im gestreckten Galopp. Er reitet auf den bösen Drachen zu. Er muss ihn besiegen, um die holde Maid zu retten. Er ist ein vorbildlicher Ritter ohne Furcht und Tadel. Doch um diese Heldentat zu vollbringen, muss er sich mit seinem inneren Drachen verbinden. Und ganz ohne Angst wäre er auch nicht mutig, nicht wahr? Er hat also bei seinem Vorhaben vermutlich eine Heidenangst, die er sich aber nicht anmerken lässt, und zieht es trotzdem durch. Warum? Weil er seine zukünftige Braut liebt, ist doch klar! In jeder guten Rittergeschichte muss der Held sogar eine ganze Reihe Abenteuer siegreich bestehen, bevor er die holde Maid heiraten darf – was ihm in all den Geschichten natürlich am Ende gelingt. Nüchtern betrachtet ist das aber alles andere als die wahre, bedingungslose Liebe, sondern eher ein Kuhhandel, eine »Wenn-dann-Belohnung«. Nichtsdestotrotz unterstelle ich dem in solchen Geschichten zumeist jungen Heroen neben einer gewissen Naivität, sich auf solche Deals einzulassen, eine aufrichtige und natürlich ewig während Liebe. Und ich glaube auch, dass die Liebe ihm wirklich eine unglaubliche innere Stärke verleiht, besonders wenn er auf die Erwiderung seiner Liebe hoffen darf. Auch Mahatma Gandhi war sich sicher: »Liebe ist die stärkste Kraft der Welt, und doch ist sie die demütigste, die man sich vorstellen kann.«

Allumfassende Liebe

Von meinem Meister habe ich einen eher buddhistischen Umgang mit der Liebe erfahren dürfen. Für ihn ist 爱 *(ài)* Liebe der Wunsch, dass andere glücklich sein mögen. Und wenn wir davon ausgehen, dass jedes Lebewesen glücklich sein möchte, dann wird Liebe zu etwas Universellem. Liebe erwartet keine Gegenleistung im Buddhismus. Buddhisten erachten sie als die größte Quelle von Glück. So weit die Lehre. Nach Ansicht meines Meisters wird Liebe jedoch oft von anderen Emotionen begleitet, wie der »Anhaftung«. Ich bin mir nicht sicher, ob er damit Eros meint, aber er empfindet Anhaftung als ungesund. In dieser ungesunden Anhaftung beginnen wir sprichwörtlich zu klammern und sind irritiert, wenn wir von anderen keine Aufmerksamkeit mehr bekommen. Im Buddhismus beinhaltet Liebe das Gefühl der Nähe zu anderen, aber sie ist nicht davon abhängig, ob sie erwidert wird, also ob andere uns »zurücklieben«. Sie ist von niemandem abhängig. Wenn sich Liebe mit Anhaftung und einem Gefühl der Abhängigkeit vermischt, verliert sie ihre Stabilität.

In der westlichen Welt, genauer: im griechischen Altertum, kannte man lange Zeit verschiedene Arten von Liebe, die *Eros*, *Philia* und *Agape* genannt wurden. Dabei steht Eros für die romantische Liebe, Philia für die freundschaftliche Liebe und Agape für die altruistische Liebe. Häufig werden neue, junge beziehungsweise frische Liebesbeziehungen von Eros dominiert. Irgendwann verschwindet allerdings die romantische Liebe und Philia beziehungsweise Agape werden wichtiger. Philia und Agape können wir pflegen oder gar üben, einer Tugend nicht ganz unähnlich.

Selbstliebe als Schlüssel

Mein Meister sagt: »Um reine oder allumfassende Liebe zu entwickeln, benötigen wir einen Aspekt, den wir häufig übersehen: Wir müssen uns selbst lieben lernen. Es zählt einzig und allein die Liebe, die du in jedem Moment in deinem Herzen trägst. Du kannst tausendfach verehrt, gelobt und geliebt werden – all das ist ohne Bedeutung. Liebe von außen kann nur kurzfristig deinem Ego schmeicheln, doch sie verpufft bedeutungslos, wenn du keine Selbstliebe besitzt.« Das heißt aber nicht, dass wir einfach unserem Begehren nachgehen und nach Vergnügungen und Amüsements lechzen, denn das wenige Glück, das uns durch solche Handlungen beschert wird, hält nie lange an. Das wiederum führt stets dazu, dass wir immer noch mehr davon wollen. Wir müssen uns vielmehr so akzeptieren, wie wir sind – vor allem hinsichtlich der Aspekte, die wir an uns nicht besonders mögen. Erst wenn wir uns selbst wirklich von Herzen lieben, können wir auch andere wirklich und wahrhaftig lieben.

> Erst wenn wir uns selbst wirklich von Herzen lieben, können wir auch andere wirklich und wahrhaftig lieben.

Ich teile weitere grundlegende Erkenntnisse meines Meisters zum Thema Liebe und möchte sie nun auch mit Ihnen teilen:

- Wir können Millionen von Menschen lieben, ohne dass wir weniger Liebe haben. Im Gegenteil: Je mehr Liebe wir aussenden, desto erfüllter sind wir selbst mit Liebe und desto mehr Liebe werden wir in der Folge anziehen.
- Mit Liebe dürfen und sollen wir verschwenderisch umgehen – nach innen wie nach außen.
- Die stärkste Liebe ist die, die keine Gegenleistung sucht.
- Angewandte Selbstliebe ist der Schlüssel zum Glück.

Die Kraft von Zielen

Sind wir stärker, mutiger und resilienter, wenn wir ein Ziel haben? Ein Ziel, das wir erreichen wollen oder erreichen müssen, hat sicherlich eine Strahlkraft oder zumindest eine gewisse Anziehung. Das kann uns durchaus helfen, die Dinge beherzt anzupacken, Zweifel abzustreifen und mutig loszulegen. Dabei können unsere Ziele ganz unterschiedlich sein, doch unser Lebensglück oder unseren Selbstwert sollten wir tunlichst nicht an deren Erreichung koppeln, denn das ist gefährlich.

Natürlich gibt es Ziele, für deren Erreichung wir selbst verantwortlich sind und auch die volle Kontrolle darüber haben: Wenn Sie jeden Tag den Handstand üben und währenddessen versuchen, einen Liegestütz zu machen, werden Sie ganz bestimmt eines Tages den Handstandliegestütz hinbekommen. Es gibt jedoch Aspekte, die völlig außerhalb unserer Kontrolle liegen. »Eine Bogenschützin«, so erklärte mein Meister einst, »hat die Kontrolle über vieles. Darüber, wie hart sie trainiert, welchen Bogen sie benutzt, welchen Pfeil sie wählt, welches Ziel sie aussucht und sogar welchen Winkel auf das Ziel sie bevorzugt. Sie kann beeinflussen, wie ruhig sie ist, und entscheiden, in welchem Moment sie bereit ist zu schießen. Doch in dem Augenblick, in dem sie den Pfeil loslässt, verliert sie die Kontrolle.« Die Bogenschützin ist demnach verantwortlich für den Prozess, nicht aber für das Ergebnis ihres Schusses.

Große Ziele

Sind also Ziele ein geeignetes Werkzeug für unsere Persönlichkeitsentwicklung? Prinzipiell schon. Allein durch die Lektüre dieses Buchs entstehen in Ihnen vielleicht ein paar konkrete Ziele oder eine gewisse Klarheit über den Prozess, der vor Ihnen liegt. Und das allein kann sich grundlegend positiv auf die Entwicklung Ihrer inneren Stärke auswirken.

Wenn ich von Zielen spreche, die uns helfen, unsere innere Stärke auszubauen, meine ich aber nicht die vielen Einträge auf der täglichen To-do-Liste, sondern die großen Ziele, die mit unseren Werten und Idealen verknüpft sind. Von ihnen ernährt sich unser innerer Drache maßgeblich. Ich glaube aber auch, dass wir uns heute in Hinblick auf solche Ziele sehr viel schwerer tun als früher. Was sind denn die guten und großen Ziele? Sie sind schwer zu finden und noch schwieriger in Worte zu fassen. Zumindest auf gesellschaftlicher Ebene vermisse ich klar formulierte Visionen von einem zu erreichenden Ziel. Wie sieht denn ein »gelungenes Europa« aus? Wie sieht eine digitalisierte Welt oder eine Smart City mit autonomem Verkehr, aber ohne überbordende Überwachung oder Einschränkung der Grundrechte aus? Wie können wir ganz konkret den Klimawandel stoppen? All diese Ziele übersteigen schnell das Fassungsvermögen des Einzelnen.

Jetzt könnte man sagen: Je weniger klar definiert die Ziele sind, desto höher der Spielraum für Kreativität, das ist doch wunderbar. Frei nach dem Motto »Intelligenz ist das, was wir einsetzen, wenn wir nicht wissen, was wir tun sollen«. Und Richard David Precht sagt in einer Abwandlung dessen: »Kreativität ist das, was man einsetzt, wenn man nicht weiß, was dabei rauskommen soll.«[23] Aber sind das Gedankengänge, die uns dabei helfen, unsere innere Stärke auszubauen? Was mir fehlt, sind der Wunsch und die Fähigkeit, ein Bild zu malen, von dem man sagt: Wenn wir es so und so und so machen, ist es am Ende gelungen. Ich habe eher das Gefühl, dass wir heute in Verhältnissen leben, in denen man nur noch auf Sicht fährt. Das sind Verhältnisse, in denen man keine oder nur kleine Ziele definiert. Man könnte sagen: Wir erleben im Augenblick den Triumph der Taktik über die Strategie. *Strategie* ist, sich etwas Gelungenes vorzustellen und sich dann zu überlegen, wie man dorthin gelangen kann. *Taktik* ist, in der jeweiligen Situation zu entscheiden, was im Augenblick am besten ist. Aber die Summe der Entscheidungen dessen, was im Augenblick am besten ist, kann in die falsche Richtung führen.

Mir fällt ein weiterer Grund ein, warum es für uns mitunter so schwierig ist, große Ziele zu entwickeln. Wenn wir uns nur um das kümmern, was heute ansteht, haben wir ein überschaubares Arbeitspensum. Wenn wir uns aber auf große, komplexe Ziele einlassen, sprengt das alle Maßstäbe. Mit anderen Worten: Das Utopie-Potenzial bei erwachsenen Menschen ist so gering, weil jede Utopie mit unglaublich viel Arbeit und Mühe verbunden ist. Und da wir in der Schule bereits darauf konditioniert werden, für unmittelbare, systemimmanente Belohnung zu arbeiten – nämlich erst für Zensuren und später für Geld –, versiegt unsere Motivation allzu schnell.

Wie bringen wir uns also dazu, uns ein großes Lebensziel zu stecken und dieses auch zu verfolgen? Welcher Antrieb funktioniert wohl am wahrscheinlichsten? Diese Frage überlasse ich gerne Ihnen zur Reflexion, denn es steht zu erwarten, dass die Antwort auf diese Frage sehr individuell ausfällt. Es gibt jedoch das psychologische Faktum der *Selbstwirksamkeit*: Nichts erfüllt mehr, als auf etwas Erfüllendes zurückzuschauen, und am besten auf etwas Erfüllendes, was man eigentlich gar nicht machen wollte – oder nicht für möglich gehalten hätte.[24]

Eine weitere wichtige Erkenntnis, die ich in den vergangenen Jahren gewonnen habe: Menschen tun das, was andere Menschen auch machen. Es ist erstaunlich, dass unbewusste Mechanismen dazu führen, dass wir uns so oft an der breiten Masse orientieren. Wenn unsere Freunde ständig hinausgehen und irgendwelche spannenden Projekte machen, ist die Wahrscheinlichkeit sehr hoch, dass wir nicht allein zu Hause sitzen bleiben, sondern mitmachen. In einem Umfeld, in dem niemand loslegt, fangen wir hingegen vermutlich erst gar nicht damit an.

Da der Mensch ein soziales Wesen ist, kann es also sein, dass er Ziele braucht, die zum Nutzen aller gereichen und damit weit über den Nutzen für das Individuum hinausgehen. Damit das funktioniert, brauchen wir eine Gesellschaft, die solche gruppendynamischen Prozesse aktiviert und in eine positive Richtung lenkt. Wir sind demnach aufgefordert, uns unser Umfeld ein Stück weit auszusuchen – oder uns von Zeit zu Zeit von einem hehren Ziel begeistern zu lassen.

Der wohlwollende Blick zurück – und in die Zukunft

Mir ist aufgefallen, dass wir Ziele oft nur in der Zukunft suchen, aber selten in der Vergangenheit betrachten. Mit anderen Worten: Wir vergessen, wo wir schon waren, und wir übersehen deswegen, welche Wegstrecken wir bereits geschafft und welche Ziele wir schon erreicht haben, auch wenn wir diese so vielleicht nie für uns formuliert haben.

Nehmen Sie sich etwas Zeit für einen Rückblick auf Ihre bisherige Lebensleistung: Wo standen Sie vor 10, 20 oder gar 30 Jahren? Wie ging es Ihnen in dem Alter jeweils? Was hatten Sie sich konkret vorgenommen? Welche Gelegenheiten haben sich Ihnen geboten – und welche haben Sie erfolgreich beim Schopf ergriffen?

Seien Sie stolz auf das, was Sie alles gemeistert haben, aber schämen Sie sich nicht für Dinge, die in Ihren Augen nicht optimal gelaufen sind. Denn Sie können ganz sicher sein: Sie haben zu jeder Zeit das Bestmögliche getan. Vielleicht nicht immer das Beste und vielleicht nicht immer erfolgreich, aber ich bin mir ganz sicher, dass jeder Mensch das Leben zu jeder Zeit so gut »meistert«, wie er eben gerade kann. Seien Sie versöhnlich und gnädig mit sich selbst – das ist ein Akt der angewandten Selbstliebe.

Nach Ihrem Blick zurück richten Sie den Blick auf die Gegenwart und auf Ihre Zukunft: Wo stehen Sie jetzt im Leben? Was wünschen Sie sich für die Zukunft und wie malen Sie sich Ihre restliche Lebenszeit aus? Machen Sie bewusst den Schritt aus der Vergangenheit in die Zukunft. Stellen Sie sich als Metapher einen Baum vor. Er holt aus den Wurzeln (der Vergangenheit) die Kraft für Gegenwart und Zukunft. Aber nicht ausschließlich. Auch in der Gegenwart kümmert er sich um Kraftquellen, etwa durch Fotosynthese. Und wenn er nicht gerade im Wachstum begriffen ist, hält er inne.

Es tut einfach gut, ab und zu innezuhalten und die Entwicklung zu betrachten, die uns an die Stelle gebracht hat, an der wir uns derzeit befinden. Die *Die erreichten Ziele der Vergangenheit dürfen uns stolz machen.* erreichten Ziele der Vergangenheit dürfen uns stolz machen. Sie stärken unser Selbstvertrauen und unsere innere Stärke und erhöhen damit die Wahrscheinlichkeit, auch am nächsten gesteckten Ziel festzuhalten und es zu erreichen.

江山易改本性难移

Jiāngshān yì gǎi, běnxìng nán yí
Es ist einfacher, einen Berg oder einen Fluss zu versetzen, als die grundlegende Natur eines Menschen zu ändern.

3 DIE SIEBEN SÄULEN DER INNEREN STÄRKE – DER SHAOLIN-FAKTOR

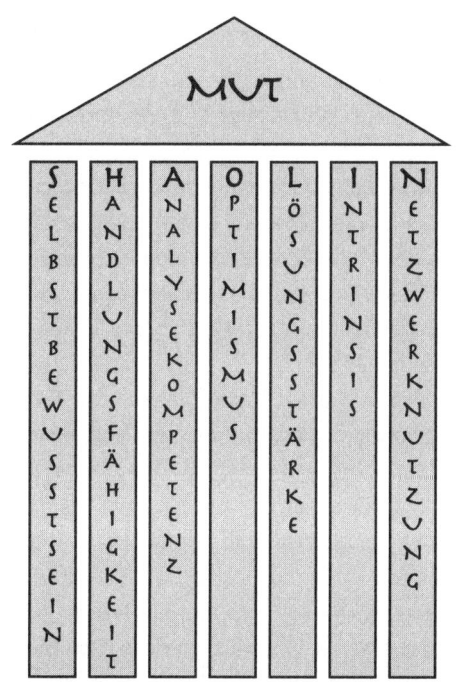

Inspiriert vom Akronym VUCA habe ich ebenfalls eine Merkhilfe kreiert, nämlich SHAOLIN. Das Gute daran: Dieses Wort gibt es schon, das erleichtert das Merken. Es ist – wenn man es ganz genau nimmt – aber gar kein Akronym, sondern ein Backronym, weil es seine Bedeutung erst nachträglich erhalten hat. Ich habe diesen Begriff gewählt, weil Shaolin-Kung-Fu maßgeblich zur Entwicklung meiner eigenen inneren Stärke beigetragen hat und man mit den Buchstaben dieses Wortes die sieben Säulen der inneren Stärke benennen kann.

Die unbewusste Verbindung mit dem inneren Drachen

Ich stand im Ring und wartete. Ich war aufgeregt. Mein Puls schoss in die Höhe, meine Hände waren kalt und schwitzig. Mich überkam der unbändige Drang, mich zu bewegen. Um mich herum nahm ich kaum etwas wahr, doch dann drang ein langsam anschwellendes Summen an mein Ohr. Ein Rufen und Klatschen. Eine Woge undefinierbarer Menschen. Dieser wogende Schwarm und diese Geräuschkulisse begleiteten meinen Gegner auf die Matte. Er stand mir gegenüber: groß und kräftig, mit funkelnden Augen und roten Handschuhen.

Normalerweise hat ein Kampf immer eine Phase des Abtastens: Boxer bewegen sich im Kreis und »jabben« ein wenig, Taekwondo-Kämpfer hüpfen ständig vor und zurück, und selbst Karateka zappeln ein bisschen herum. Hier nicht. Mein Gegner fackelte nicht lange und ging direkt zum Angriff über – und ich hatte keine Chance, meinen vorher ausgeklügelten Plan umzusetzen. Ich trat mit dem linken Bein nach ihm, um die Range, also den Kampfabstand, zu definieren. Doch als ich mein Bein wieder zurückzog, kam mein Gegner einfach mit! Damit hatte ich nicht gerechnet. Es dauerte nicht lange, bis seine erste Schlagkombination bei mir einschlug. Ich verlor die Deckung, und dann kamen seine Geraden unerbittlich durch. Links, rechts. Ein kurzes Zupfen an meiner Hüfte – und ich schlug hart auf dem Boden auf. War da ein Feger, ein Wurf im Spiel gewesen? Oder war ich nach dem Einschlag der rechten Geraden von allein zu Boden gegangen? Keine Ahnung. Egal, weiter. Ich stand auf, tänzelte ein wenig, schüttelte den Kopf, um wieder klar zu werden. Und vor allen Dingen tat ich so, als wäre gar nichts gewesen.

Also weiter. Knie hochziehen und einen Tritt antäuschen, über den Rücken drehen und einen Side-Kick abfeuern. Würde er nach dem ersten Kick wieder in mich hineinlaufen, könnte ich ihn mit einem Powertritt erwischen, überlegte ich. Doch wieder ging mein Tritt ins Leere und während ich mich nach dem Gegner umschaute, landete sein roter Handschuh in meinem Gesichtsfeld. Die Lektion war mir noch beim Niedergehen klar: »Dreh-Kicks sind keine gute Idee, wenn dein Gegner schneller ist als du.« Blitzschnell rappelte ich mich wieder auf.

»Was soll das denn?«, wunderte ich mich. »Das hier ist doch ein Showkampf!« Das Ziel sollte dabei eigentlich sein, dass wir als Kontrahenten ein sehenswertes Event für die Zuschauer kreierten, wobei wir die Kampfkunst und unsere Fertigkeiten darin präsentieren durften. Es ging nicht darum, den Gegner schnellstmöglich auszuschalten, sondern um einen möglichst hohen Unterhaltungswert. Mein Gegner bewegte sich aber wie ein verdammter Profi, der unerbittlich auf den Sieg aus war – nicht wie im Film mit ausladenden Gesten und Kung-Fu-Posen, sondern eher wie ein Kickboxer.

Ich merkte in dem Moment, dass so etwas wie Angst an mir nagte. Ich kämpfte eigentlich gerne und ich kämpfte auch gerne gegen Bessere, aber das hier war roh. So hart war ich noch nie zu Boden gegangen. Ich änderte meine Taktik. Nicht mehr treten, lieber die Deckung hoch und bloß nicht zu nah ran an den Mann. Nun ging es zumindest ein wenig hin und her, und ich schaffte es, ein paar seiner Schläge zu blocken und zu kontern. Plötzlich trat aber mein Gegner. Er machte einen Low Kick, der ausgerechnet die richtige Stelle an meinem Oberschenkel traf. Es war wie ein elektrischer Schlag, der meinen ganzen Körper durchzuckte und dem Muskel die Tätigkeit versagte. Ich sackte zu Boden. Das Schlimme an der

Sache war aber, dass ich nicht mehr hochkam. Mein Oberschenkel war komplett taub. Ich war regelrecht schockiert und erstarrt. Erstmals sah ich über meinen Gegner und die Kampfarena hinaus und nahm die Zuschauer wahr. Sie lachten sich kaputt. Ich blickte in Richtung der Meister. Sie lachten auch. Das beschämte mich. Verspottet zu werden, war einfach nur schrecklich! Ich gab mir einen Ruck, erhob mich und humpelte auf meinen Gegner zu. Ich nickte entschuldigend und berührte mit beiden Boxhandschuhen seine. Ich signalisierte:»Sorry, dass ich dir kein besserer Gegner bin. Du hast gewonnen.« Mein Kontrahent sah das offenbar anders, denn er nickte ebenfalls, nahm dann aber wieder die Kampfstellung ein und stürmte erneut auf mich los. Wieder prasselten Schläge auf mich ein und ich versuchte nur noch zu decken, zu verteidigen, zu verstehen, bis ich wieder auf dem Boden landete.

Jetzt hatte mich die Angst voll im Griff. Warum ging es denn noch weiter? Der Typ war nicht nur besser als ich, er war ein Profi. Der würde mich noch umbringen! Meine Angst schrie lauthals in mir:»Nichts wie weg hier!« Doch eine andere, ruhige Stimme in mir fragte:»Was kannst du jetzt tun?« Es war eine Erinnerung daran, meine Handlungsoptionen zu überdenken: wegrennen oder bleiben? Beides doof. Beim nächsten Knock-out einfach liegen bleiben? Kam gar nicht infrage. Den Gegner mit letzter Kraft und wilder Entschlossenheit doch noch übermannen? Aussichtslos! Konnte ich noch eine Runde durchhalten? Ja!

Ich stand also wieder auf, holte tief Luft und nahm Haltung an. Diesmal verneigte ich mich, bevor es weiterging, und ich ordnete meine Kleidung, zog sie straff. Wir alle wussten, was passieren würde. Die Zuschauer wussten es, mein Gegner wusste es. Und ich spürte, dass alle wahrnahmen, dass auch ich es wusste. Es dauerte nicht lange, bis ich wieder zu Boden ging. Ich wurde nicht verschont. Es ging mit unverminderter Härte weiter. Alles tat mir weh, mein Kopf dröhnte. Doch jedes Mal beantwortete ich meine unterbewusste Frage von Neuem:»Ja, einmal kann ich noch aufstehen!«

Ich stand auf, grüßte respektvoll – und ging erneut zu Boden. Irgendwann platzte meine Lippe auf. Als ich mir mit einer betont lässigen Handbewegung das Blut abwischte, kam ich mir wie ein Gladiator vor. Sollten die Zuschauer doch mal einen Europäer sehen, der hart im Nehmen war! Und wieder ging ich ganz cool in Kampfposition. Ich hatte einen Sinn in diesem Kampf für mich gefunden: Ich hatte mich entschieden, alles, was da kommen mochte, mit Würde zu akzeptieren. Beim nächsten Niedergang half ich sogar ein wenig mit. Ich ließ mich besonders dramatisch werfen und rappelte mich so schnell wieder auf, dass es zu keinem Nachschlagen oder Treten kommen konnte. Ich war sogar ein wenig stolz und fühlte mich, als wäre hinter mir die Tribüne des Colosseo in Rom. Ich grüßte mit chinesischer Geste (rechte Faust geschlossen, die linke Hand umfasst die Faust) mein Publikum, dann die Meister, dann meinen Gegner.

Als ich erneut zu Boden ging, wurde der Kampf – endlich! – beendet. Als ich wieder auf den Beinen war, sah ich, dass das Publikum meinen Gegner bejubelte und mir hämische Blicke zuwarf. Ich sah viel Feixen und Lachen. Nur als ich in Richtung der Meister blickte, wurde mein Blick jetzt erwidert. Sie hatten Haltung angenommen und standen da wie stolze Salzsäulen. Sie nickten unmerklich und wandten sich dann ab. Ich interpretierte das als Geste des Respekts aus der Perspektive eines Gegners. Ich ließ meinen Blick weiter schweifen, doch ich sah niemanden, der mich sah. Keinen meiner Ansprechpartner, keinen meiner Trainingskollegen, kein vertrautes, bekanntes oder freundliches Gesicht. Wie ein verprügelter Hund schlich ich durch die Stadt zurück zu meiner Unterkunft.

Dieser Kampf hat vor rund zwei Jahrzehnten stattgefunden. Ich durfte damals an einem Exhibition-Fight in Peking teilnehmen, genauer: an einem Showkampf in der Disziplin 散打 *Sanda* oder *Sanshou*. Das ist ein Faustkampf zwischen zwei Gegnern, der aus verschiedenen Angriffs- und Verteidigungstechniken besteht: Aus der Entfernung wird gekickt, auf mittlere Distanz geschlagen, und im Nahkampf wird versucht, sich gegenseitig niederzuringen. Ich hatte die Gelegenheit, als einziger Ausländer – sozusagen als Repräsentant Europas – mein Kung-Fu zu zeigen. Heutzutage trainieren in fast jeder asiatischen Kung-Fu-Schule auch Ausländer, aber damals war es selten. Deswegen waren auch in den Augen der chinesischen Schüler solche interkulturellen Interaktionen etwas Besonderes. Ich war schon ein wenig stolz gewesen, dabei sein zu dürfen. Selbstverständlich hatte ich mir im Vorfeld Gedanken gemacht, wie meine Chancen stünden, dort eine gute Show abzuliefern: Mit meinen knapp 185 Zentimetern würde ich einen Reichweitenvorteil haben. Meine Erfahrungen aus dem Taekwondo würden mir zusätzlich helfen, meinen Gegner mit Tritten in Schach zu halten – und vor allem auf Abstand. Außerdem sehen hohe Tritte immer ziemlich cool aus. Da es sich um einen Showkampf handelte, wäre das rein optisch eine gute Strategie. Ich würde also mit dem linken Bein für Abstand sorgen und mit dem rechten Bein die spektakulären Angriffe starten. Das hatte mich sehr optimistisch gestimmt. Das war mein Plan, der nicht einmal ansatzweise aufgegangen ist.

Rückblickend gibt es nur wenige Situationen in meinem Leben, die mir so viel innere Stärke abverlangt haben wie dieser Kampf. Oder besser formuliert: Ich erinnere mich an wenige Situationen, in denen *ich* mir mehr innere Stärke abverlangt habe. Niemand, der noch ganz bei Sinnen ist, lässt sich im Kampf zehnmal oder gar noch öfter brutal zu Boden strecken und steht dann wieder auf. Und doch habe ich es damals getan und mich immer wieder aufgerafft. Ich erzähle Ihnen diese Geschichte aber vor allem, weil ich erkannt habe, dass ich damals schon intuitiv das gemacht habe, was ich heute als »SHAOLIN-Faktor« bezeichne. Ich war selbstbewusst, handlungsorientiert, analytisch und optimistisch. An diesem Tag war ich – so würde ich es heute nennen – mit meinem inneren Drachen verbunden: Ich war zwar aufgeregt, aber auch innerlich ausgeglichen. Meine innere Haltung war ruhig und vorfreudig. Zur damaligen Zeit war mir jedoch das N für Netzwerknutzung aus dem SHAO-

LIN-Faktor noch wenig vertraut. Ich war es von klein auf gewohnt, andere Menschen hinter mir zu lassen. In meinem Leben hieß es zu jener Zeit: Kaum Beziehungen aufbauen und irgendwann alleine wieder weg. Heute tut mir das leid und ich frage mich: Hätte ich damals vielleicht die Gelegenheit nutzen sollen, mit meinem Gegner zu sprechen, mich den Meistern vorzustellen und vielleicht sogar die Größe zu zeigen, mit allen gemeinsam über mich zu lachen? Denn mittlerweile weiß ich: Innere Stärke bedeutet auch, nicht allein sein zu müssen.

> Innere Stärke bedeutet auch, nicht allein sein zu müssen.

Ich bin mir sicher, dass auch Sie sich an herausfordernde Situationen erinnern können, in denen Sie sich unbewusst mit der Kraft Ihres Drachen verbunden haben, um sie zu bewältigen. Vielleicht erkennen Sie rückblickend einige Strategien, die Ihnen geholfen haben, ohne dass Sie bewusst darüber nachdenken mussten. Sie haben es einfach getan und Ihre innere Stärke aktiviert. Ich wünsche mir sehr, dass Ihr innerer Drache Ihnen für den Rest Ihres Lebens dienlich sein möge!

Tatsächlich nutzen wir die Kraft unseres Drachen intuitiv ganz oft, oder zumindest einen Teil davon. Wir können diese Verbindung aber noch verstärken, indem wir uns einige Aspekte bewusster machen und unsere innere Stärke schulen. Nun kommt also der nächste Schritt: der *bewusste* Umgang mit den Werkzeugen zur inneren Stärke, die *bewusste* Verbindung mit der Kraft Ihres Drachen.

Selbstbewusstsein

Umgangssprachlich wird Selbstbewusstsein häufig als Synonym für Selbstvertrauen verwendet, manchmal bekommt es auch die Beigabe der Selbstsicherheit. Jemand, der Selbstbewusstsein hat, ist demnach von sich und seinem Tun überzeugt. So manches Mal schwingt aber durchaus eine negative Konnotation mit, wenn wir sagen: »Der oder die hat aber ein gut ausgeprägtes Selbstbewusstsein«. Ich begreife »Selbst-Bewusst-Sein« in der Ursprünglichkeit seiner zusammengesetzten Worte: sich seiner selbst bewusst zu sein – mit allen Stärken und allen Schwächen. Für mich entsteht Selbstbewusstsein demnach durch die Beobachtung und die Reflexion meiner selbst. Ich versuche, durch Denkvorgänge meine Persönlichkeit wahrzunehmen, zu erkennen und besser zu verstehen. Diese drei Vorgänge verschmelzen zu meiner Definition von Selbstbewusstsein.

Meine Lieblingsübungen zum Selbstbewusstsein und dessen Stärkung stammen aus den Shaolin-Wu-Dé, den Kampfkunsttugenden, die ich schon in *Alles ist schwer, bevor es leicht wird* thematisiert habe, und sind von meinen persönlichen Erfahrungen abgeleitet. Ich kann Ihnen nur empfehlen: Achten Sie täglich auf sich und transformieren Sie Ihre Beobachtungen in »Selbst-Bewusst-Sein«. Ich kann Ihnen versichern, dass Ihnen diese Form des Selbstbewusstseins eine natürliche, authentische Ausstrahlung verleiht, die andere vielleicht sogar als Charisma bezeichnen werden.

Zuversichtliche Anspannung

Als der indische Mönch Bodhidharma im Jahr 527 in das Songshan Shaolin-Kloster kam, war er sehr verwundert über die schlaffe Körperhaltung der meditierenden Mönche. Egal ob im Stehen oder im Sitzen, ihre Muskeln waren schwach und trotzdem verspannt, ihre Körper befanden sich in einer schlechten Haltung und es fehlte ihnen an Energie und Konzentration. Kommt Ihnen das irgendwie bekannt vor?

Machen Sie es sich zur Regel, das zu verändern. Wann immer es Ihnen möglich ist (also quasi immer!), straffen Sie Ihren Körper, nehmen Sie eine aufrechte Haltung an und bringen Sie die Wirbelsäule möglichst in eine Gerade. Mein Meister nennt das »die Knochen stapeln«. Nun ziehen Sie den Kopf am Kinn zurück. Der Kopf hängt häufig vor dem Körper, sollte aber möglichst mittig auf ihm sitzen. Dann drücken Sie aktiv Ihre Schultern nach unten und erlauben sich, diese zu entspannen. Unsere Schultern wandern, wenn wir uns auf etwas konzentrieren oder angespannt sind, oft Richtung Ohren und sollten regelmäßig wieder zum Sinken gebracht werden.

Richten Sie Ihren Körper so aus, dass Sie eine straffe, aber entspannte Haltung einnehmen. Mein Meister sagt gerne: »In einem zuversichtlich angespannten Körper nisten sich nicht so leicht traurige Gedanken ein.« In der Tat ist es so, dass man sich viel schlechter fühlt, wenn man in sich zusammenfällt und die Haltung der Niedergeschlagenheit einnimmt. Lassen Sie es nicht so weit kommen: Kopf hoch, Brust raus, Selbstbewusstsein an!

Schonungslose Ehrlichkeit

Bitte beantworten Sie für sich die folgenden Fragen: Macht Ihnen Ihr Job Spaß? Leben Sie in einer schönen Wohnung oder Umgebung? Haben Sie eine erfüllende Beziehung? Seien Sie dabei schonungslos ehrlich zu sich – in diesen und vielen anderen grundlegenden Fragen – und analysieren Sie genau, wie Sie derzeit leben, arbeiten, lieben et cetera. Es ist gar nicht schlimm, wenn nicht alles rundläuft. So erkennen Sie Bereiche, in denen Sie sich etwas anderes wünschen. Nehmen Sie sich Zeit, um Pläne zu schmieden, die zu einer positiven Veränderung in Ihrem Leben führen können.

Innerliche Verneigung

Diese Übung entspringt meinen Erfahrungen in Japan und China. Eine Verbeugung ist ein Zeichen des Respekts, der Achtsamkeit, der Bewusstheit. Es ist auch ein Signal der Kontaktaufnahme und ein Signal, dass jetzt gleich etwas beginnt. Die Verbeugung kennzeichnet, dass man bewusst in einen neuen Zustand geht. Ich verbeuge mich innerlich, wenn ich einen Raum betrete. Das signalisiert mir: »Sei achtsam, ein neuer Raum erfordert unter Umständen neue Regeln, ein neues Verhalten, eine andere innere Haltung, eine neue Form der Interaktion.« Ich verbeuge mich auch vor meinem Kampfkunstbruder vor jedem Kampf oder jeder Interaktion. Das Verbeugen gibt mir Zeit, mich mit meiner Wahrnehmung auf eine neue Situation vorzubereiten. Wahrnehmung schärfen, innere Haltung korrigieren, loslegen.

Machen Sie es sich zur Angewohnheit, sich innerlich vor jeder neuen Aufgabe zu verneigen, egal, ob es sich um das Beantworten einer E-Mail handelt, um das Betreten eines Meetingraums, das Öffnen der Waschmaschinentür oder das Losketten eines Einkaufswagens im Supermarkt. Sie kommen dadurch mehr ins »Selbst-Bewusst-Sein«, ins Hier und Jetzt, stärken Ihre Wahrnehmung und gelangen so zu einem adäquaten Handeln.

Tägliche Reflexion

Ich bin ein bekennender Freund des Schreibens auf Papier. In Bezug auf Selbstbewusstsein lege ich Ihnen ans Herz, Tagebuch zu führen: ein Tagebuch der Dankbarkeit. Es muss auch nicht auf Papier sein. Schreiben Sie auf, was passiert ist und/oder wofür Sie dankbar sind. Ich wünsche Ihnen, dass Sie an jedem Tag Ihres Lebens mindestens ein solches Ereignis festhalten können.

Jedem Tag etwas Positives abzuringen, ist eine besondere Fähigkeit, die geübt werden will. Falls sich an einem besonders unangenehmen oder traurigen Tag auf Anhieb nichts finden lässt, was in Ihnen eine dankbare Verbundenheit mit dem Leben entstehen lässt, tragen Sie ein Erfolgserlebnis – und sei es auch noch so klein und scheinbar bedeutungslos – in Ihre Liste der Dankbarkeit ein. Es geht bei dieser Übung darum, sich täglich auf positive Dinge zu konzentrieren und einzelne Geschehnisse des Tages nochmals »selbst-bewusst« wahrzunehmen.

Distanzierte Organisation

Organisieren Sie etwas von mittlerer Komplexität. Das kann Ihr eigener Tag sein oder der Tagesablauf anderer. Was soll das bringen? Ganz einfach: Organisieren und Planen hilft Ihnen, eine Vogelperspektive einzunehmen. Teilen Sie Ihr Planungsziel in kleine Zwischenschritte und nehmen Sie diese bewusst wahr. Das Besondere daran ist, dass Sie – vor allem wenn Sie etwas für andere tun – keine direkte emotionale Beteiligung spüren. Sie sind nicht mittendrin im Kuddelmuddel, sondern betrachten alles aus einer nüchternen, objektiven Distanz. Das gibt Ihnen die Gelegenheit, sich selbst beim Denken und Handeln zu beobachten. Egal, wie Sie sich fühlen, nutzen Sie solche Situationen, um sich selbst bewusst zu betrachten.

Bewusstes Einkleiden

Selbst die einfachste Robe kann durch die innere Haltung, mit der sie getragen wird, eine große Strahlkraft bekommen. Im Shaolin-Tempel gehört Gewandung zu den wenigen Besitztümern eines Mönchs. Sie wird 袈裟 *jiasha* (japanisch: *kesa*) genannt und symbolisiert das bescheidene Leben in Askese. Die Kleidung soll lediglich den Körper wärmen, kühlen, vor den Elementen schützen und die Scham bedecken. In allen asiatischen Kampfkünsten soll die Kleidung ein jeweils einheitliches Erscheinungsbild aller Übenden zeigen. Herkunft, Stand, Dünkel oder übertriebener Fokus auf das Ego, die Individualität – sie haben in der Kampfkunst keinen Platz. Auf dem 道 *dao* (Weg) sind alle gleich. Passenderweise nennt sich das koreanische Kleidungsstück für den Kampfkünstler 道服 *dobok* – »Kleidung für den Weg (Dao)«. Trotzdem folgt das An- und Entkleiden einem gewissen Ritual, das es bewusst durchzuführen gilt. Beim Ankleiden wurde zu meiner Zeit noch gefaltet, gerollt und geknotet – heutzutage hat der Siegeszug des Gummibunds auch dort flächendeckend Einzug erhalten. Dennoch gibt sich jeder Mühe, sein gepflegtes Erscheinungsbild zu komplettieren, indem Hände und Füße vor dem Training gewaschen werden, die Finger und Zehennägel kurz geschnitten und Schmuck oder Uhren abgelegt sind.

Was ich Ihnen damit sagen will? Geben Sie sich Mühe. Wählen Sie bewusst Kleidungsstücke aus, die Sie heute tragen wollen, und formulieren Sie dazu ein Warum. Es macht einen Unterschied, wenn wir uns bewusst entscheiden. Von der Socke bis zum Sakko, vom Innen zum Außen.

Grundlegende Höflichkeit

Oft scheint mir, dass das Potenzial der Höflichkeit völlig unterschätzt wird. Heutzutage ist es hip, cool zu sein statt höflich. Schlechte Manieren sind allerdings Ausdruck von mangelnder Selbstkontrolle und unzulänglichem Bewusstsein für sich selbst und andere.

Ich bin der Meinung: Von allen Shaolin-Tugenden ist Höflichkeit diejenige, die sich am leichtesten umsetzen lässt und die sich sofort auszahlt. Diese Tugend gilt es so schnell wie möglich zu habitualisieren, also zu einer Gewohnheit zu machen. Höflichkeit ist sowohl Ausdruck von Sympathie und Mitgefühl für andere als auch von natürlicher Anmut und bestechender Gelassenheit. Höflichkeit ist ein wenig wie Ritterlichkeit, das heißt: kein Gespräch unterbrechen, Türen aufhalten, grüßen, das Gegenüber ansehen, unaufgefordert mithelfen und so weiter.

Seien Sie freundlich zu Ihren Mitmenschen. Gehen Sie mit einer herzlichen und zugewandten inneren Haltung durchs Leben und versuchen Sie, sich anderen Menschen zuzuwenden. Machen Sie das Gleiche mit sich selbst: Verzichten Sie auf negative Gedanken. Schalten Sie Ihren inneren Kritiker aus.

Respektvolles Verhalten

Für mich ist Respekt eine Form der Wertschätzung, die dadurch entsteht, dass ich mich und andere achte. In den Kampfkünsten lernt man Respekt auf eine besondere Weise. Zum einen gibt es ritualisierte Handlungen wie das Verbeugen, Zunicken, Händereichen und die kleinen gegenseitigen Hilfestellungen. Zum anderen gilt es, sich selbst und den anderen jederzeit (!) zu achten und zu ehren. Ungeachtet der äußeren Umstände, unge-

achtet der eigenen Emotionen. Fairness gehört in den Kampfkünsten ebenfalls zum Respekt. Übrigens ist die einfachste Art,
jemanden zu respektieren, höflich zu sein. Und ich füge noch
eine weitere Tugend hinzu: Pünktlichkeit. Respektieren Sie Ihr
Gegenüber mit Höflichkeit und Pünktlichkeit, dann haben Sie
jeden Tag Gelegenheit zum Üben.

Handlungsfähigkeit

Ein zentraler Aspekt der inneren Stärke ist die Handlungsfähigkeit, also das selbstständige Planen, Durchführen und Kontrollieren unserer Handlungen. Dafür sind bestimmte Fertigkeiten und Kenntnisse vonnöten. Für mich stellt die Säule der
Handlungsfähigkeit eine Verschmelzung aus drei elementaren
Bereichen der Selbstdisziplin dar: Handlungskontrolle, Emoti-
onskontrolle und Leistungskontrolle. Wenn Sie sich darin üben
wollen, Ihr volles Handlungspotenzial zu erschließen, müssen
Sie die Bereiche kennenlernen, die es dafür zu meistern gilt:
Gedanken, Gefühle, Bedürfnisse, Impulse.

Kontrolle der Kämpfer

Im Shaolin-Kung-Fu geht man davon aus, dass jede Handlung
ihren Ursprung im Geist hat. Um sich sein Handlungspotenzial
erschließen zu können, muss man also zunächst die Kontrolle
über seine Gedanken erlangen. Für einen Shaolin beginnt die
Handlungskontrolle mit der Fähigkeit des Fokussierens. Der
erste Schritt ist also die Aufmerksamkeitskontrolle. Es geht um
die Fähigkeit, Informationen und Impulse auszublenden, die
uns davon ablenken können, unser gestecktes Ziel zu erreichen.
Der zweite Schritt ist, die Handlung einzuleiten und dabei ei-

nen Teil der geistigen Energie darauf zu verwenden, die Moral aufrechtzuerhalten beziehungsweise die Motivation zu steigern. Auf der Handlungsebene bedeutet das, sich der Handlungsoptionen und der getätigten Handlungen stets bewusst zu sein und diese selbstbestimmt zu kontrollieren.

Auch wenn ein Shaolin Handlungen beherrscht, die bei seinem Gegenüber zu einem raschen Tod führen könnten, setzt er diese niemals – oder zumindest niemals unkontrolliert – zum Schaden des anderen ein. Er überwacht seine Emotionen. Um handlungsfähig zu bleiben, braucht er die Fähigkeit, seine Gefühle zu beeinflussen. Dabei versucht er zum einen, Emotionen zu fördern, die seinen Zielen dienlich sind – gute Laune beispielsweise –, und zum anderen negative Emotionen wie Ärger, Wut oder Frust in Schach zu halten. Außerdem versucht ein Shaolin, einen Teil seiner Aufmerksamkeit auf seine Umgebung zu richten und, wenn möglich, die äußeren Umstände für die Realisierung seiner Absichten zu nutzen. Es geht dabei nicht um die Kontrolle der Umwelt, aber eine Einflussnahme auf sie.

Kontrolle der eigenen Handlungen

Die Leistungskontrolle beschreibt einen weiteren Aspekt unserer Handlungsfähigkeit. Das ist der Bereich in Ihnen, der ständig analysiert, wie gut Sie sich selbst »managen«. Wenn Sie mithilfe Ihrer Selbstdisziplin diesen Punkt bewusster steuern, bringen Sie mehr Handlungsfähigkeit in jeden Lebensbereich. Wenn Sie zum Beispiel ein Ziel vor Augen und eine Strategie zum Erreichen dieses Ziels entwickelt haben, konzentrieren Sie sich auf die Aufgabe und bleiben selbst dann am Ball, wenn die Motivation nachlässt und Sie eigentlich keine Lust mehr haben.

Die Kontrolle der eigenen Leistung verläuft sowohl bewusst als auch unbewusst.

- **Bewusst** bedeutet, dass Ihnen zu jeder Zeit klar ist, wie viel Energie Sie investieren, ob es gerade 90 Prozent sind oder vielleicht 70 Prozent.
- **Unbewusst** meldet sich die Leistungskontrolle in Form des schlechten Gewissens und gibt Ihnen den Impuls, sich bewusst zu werden, dass es vielleicht gerade nicht so läuft, wie es erwartet wird – von Ihnen oder von anderen.

Um mit Wandel besser umzugehen, sollten wir Folgendes üben: die Fähigkeit, agil und strategisch sowie reaktionsfähig Veränderungen nachzuvollziehen. Vielleicht sogar noch besser, diese zu antizipieren. Aber was bedeutet das für uns in einer nicht klösterlichen Umgebung? Für mich bedeutet Handlungsfähigkeit in erster Linie, die volle Verantwortung zu übernehmen für mein Handeln, also für alle Dinge, die ich tue. Und eben auch für alle Dinge, die ich *nicht* tue. Das bedeutet, mich vor, während und nach einer Handlung aufmerksam zu beobachten und zielfördernd regulierend einzugreifen.

Zum Übernehmen voller Verantwortung gehört auch etwas, das mit der inneren Haltung zu tun hat, nämlich das Motto »Raus aus der Opferrolle«. Leicht kann sich das Gefühl einstellen, das Opfer von äußeren Umständen oder unliebsamen Mitmenschen zu sein. Die Opferrolle ist ein Schritt raus aus der Verantwortung, raus aus dem Leben, raus aus der inneren Kraft und raus aus der Handlungsfähigkeit. Opfer sind passiv, sie handeln nicht selbst. Die Opferrolle raubt uns zudem Kraft, Eigenständigkeit und

Selbstwert. Und sie schubst uns in den Jammermodus. Bisweilen ist es nur das Gefühl des Müssens, sprich etwas tun zu müssen, irgendwo sein zu müssen, irgendetwas erfüllen zu müssen, das uns ins Jammern abgleiten lässt.

Jeder verstrickt sich mal in solche Gedanken; das ist auch gar nicht dramatisch und per se nicht das Problem. Der erste Schritt ist, dass wir uns dessen bewusst werden. Der zweite Schritt ist, uns bewusst gegen die Opferrolle und für die Handlungsfähigkeit zu entscheiden. Denn Handlungsoptionen und Handlungskompetenzen haben wir immer!

Analysekompetenz

Es ist eine wunderbare Aufgabe, sich die Fähigkeiten des Handelns zu erschließen – ein wertvoller, stärkender Prozess, der persönlichen Gewinn bringt. Doch Handeln allein, womöglich planlos und unstrukturiert, bringt es noch nicht. Wenn Sie ein Ziel vor Augen haben, rennen Sie ja in der Regel nicht blindlings los, sondern Sie schauen sich die Route an, planen den Weg und vielleicht Etappen, schätzen Ihre Erfolgschancen ein und den Zeithorizont bis zum Erreichen des Ziels. Sie steigern Ihre Erfolgschancen, indem Sie strukturiert und reflektiert mit intellektuellen Fähigkeiten vorgehen. Das steigert die Erfolgswahrscheinlichkcit.

Gefragt ist also zusätzlich die Analysefähigkeit beziehungsweise Analysekompetenz. Nur mit ihrer Hilfe können wir Herausforderungen als Chancen sehen statt als Bedrohung. Notwendig ist dafür eine neue Art zu denken, die eine höhere Toleranz für den Umgang mit Unsicherheit und Komplexität zulässt. Es geht um die Fähigkeit, in einem Zustand der Unsicherheit voller Informationsdefizite zu entscheiden und trotz

Komplexität handlungsfähig zu bleiben. Ich halte diese Fähigkeit für eine der Schlüsselkompetenzen unserer Zeit.

Analytische Kompetenz ist die Fähigkeit, eine komplexe Situation systematisch in ihre einzelnen Anforderungen und Aspekte zu zerlegen. Dadurch wird die ihr innewohnende Struktur und Ordnung – oder die bereits andernorts besprochenen Muster – sichtbar. Das hilft dabei, Klarheit zu bekommen, und es hilft dabei, Situationen mit weniger Anstrengung zu lösen. Sie sollten in Ihrer Analyse davon ausgehen, dass die einzelnen Elemente einer Situation in einem Zusammenhang stehen und auch aufeinander einwirken. Sobald Sie die Zusammenhänge durchschaut haben, können Sie diejenigen Aspekte wirkungsvoll beeinflussen, die mit höchster Wahrscheinlichkeit zum Erfolg beitragen.

Im Management bedeutet Analysekompetenz: die Fähigkeit, komplexe Situationen zu verstehen, Lösungsmodelle zu entwickeln, zu verbessern, anzuwenden und zu strukturieren. Die analytische Kompetenz hat zudem durchaus eine psychologische Komponente, in die sowohl Erfahrung, aber auch Heuristik und Intuition hineinspielen.

Analysekompetenz lässt sich mit vier Kerneigenschaften beschreiben:

- **Schnelligkeit:** Analytisch kompetente Menschen erfassen komplexe Sachverhalte rasch.
- **Tiefgang:** Analytisch kompetente Menschen dringen weit unter die Oberfläche eines Themas vor und sehen viele Variablen und Details gleichzeitig.
- **Strukturiertheit:** Analytisch kompetente Menschen können Probleme in klare Ursache- und Wirkungsketten gliedern.

- **Fruchtbarkeit:** Analytisch kompetente Menschen ziehen aus den Ergebnissen ihrer Analyse etwas Fruchtbares: nämlich nützliche Erklärungsmodelle, Strukturen und Handlungsoptionen.

Einen Teilbereich der analytischen Kompetenz können Sie besonders gut durch Lernen und Üben und Ausprobieren ausprägen: die Strukturiertheit. Modelle und Methoden und Strukturen werden entworfen oder erlernt, dann geübt und erprobt, so lange, bis sie schließlich immer versierter angewandt werden können. Es ist Ihre Strukturiertheit, mit der Sie zeigen, wie Sie mit einem Problem oder einer Herausforderung umgehen.

Das Angenehme ist: Im Gegensatz zur Intuition lässt sich analytische Kompetenz erlernen! Nicht dass ich Ihnen die Intuition ausreden wollte. Unser Bauchgefühl ist beim Entscheiden durchaus wichtig, aber eben nicht bei der reinen Analyse. Wer gut analysieren kann, hilft bei der Auswahl, Konzeption, Strukturierung und Realisierung von sinnvollen Lösungsstrategien. Das ist schon alles. Es ist also eine aktivitäts- und umsetzungsorientierte Expertise.

Vor diesem Hintergrund hat zum Beispiel Gareth Southgate, der Trainer der englischen Fußballnationalmannschaft, im Finale der EM 2021 gegen Italien alles richtig gemacht und sich bei der Einwechslung der Spieler auf seine Analysekompetenz verlassen. Sprich: Er hat die Spieler eingewechselt, die die beste Torstatistik hatten und damit – ganz rational betrachtet – die besten Chancen auf Erfolg. Das war eine rein datenbasierte Entscheidungshilfe, die jedoch in diesem Fall zu einer schlechten Entscheidung führte. Er handelte gegen seine Erfahrung und sein Bauchgefühl und vertraute stattdessen auf die Welt der Wahrscheinlichkeitsrechnung. Mit einem ernüchternden

Ergebnis: England verlor und Gareth Southgate entschuldigte sich am nächsten Tag öffentlich für seine Fehlentscheidung. Hätte er sich mal lieber auf sein Bauchgefühl verlassen.

Ganz so einfach ist es aber nicht: Die Kombination der beiden hätte meiner Ansicht nach am ehesten zum Erfolg geführt. Ein Profi mit Kenntnis und Erfahrung sollte auch auf sein Bauchgefühl hören; die Statistik unterstützt seine Ersteinschätzung vermutlich. Sollten Ihre Entscheidungen zunächst ausschließlich auf Intuition und Erfahrung basieren, ist es unbedingt sinnvoll oder gar notwendig, rationale und möglichst gering subjektive Quellen zu berücksichtigen, um die Wahrscheinlichkeit zu erhöhen, Ziele zu erreichen.

Datenanalyse

Die Datenanalyse ist im Grunde nichts anderes als der Versuch, in verschiedenen Datenquellen Muster zu finden, zum Beispiel des eigenen Verhaltens oder auch des Ablaufs einer Standardsituation. Aus diesen Mustern lassen sich Erkenntnisse gewinnen und weitere Schlussfolgerungen ziehen. Die Nutzung und Analyse von Daten bietet mindestens vier Vorteile:

- **Objektivität:** Eine datenbasierte Entscheidungsfindung ist objektiv. Sie stützt sich auf quantitative Daten und Statistiken.
- **Bewertung:** Eine datengesteuerte Entscheidung kann im Nachgang leicht bewertet werden.
- **Kontrolle:** Eine datengesteuerte Entscheidung ermöglicht eine bessere Kontrolle, weil objektive Daten, konkrete Beweise und Ergebnisse effektiv gemessen werden können.

- **Transparenz:** Je objektiver die Entscheidungsfindung ist, desto größer ist die Transparenz im Entscheidungsprozess.

Wann immer Sie im Büro auf einen Anruf warten, im Supermarkt Schlange stehen oder mit dem Zug pendeln, üben Sie sich darin, in verschiedenen Datenquellen um Sie herum Muster zu finden. Wenn Sie erst einmal immer wiederkehrende Muster in den Abläufen bemerkt haben, üben Sie sich darin, daraus weitere Erkenntnisse und Schlussfolgerungen zu ziehen. Beobachten Sie beim Einkaufen, welche Schlange an der Kasse schneller ist – die mit den vielen Kunden mit wenigen Produkten oder die mit weniger Kunden, aber vollen Einkaufswagen? Finden Sie Gemeinsamkeiten zwischen Menschen oder Gegensätze. Scannen Sie die Welt nach Wenn-dann-Konstellationen, die sich wiederholen. Diese einfache Übung können Sie immer dann machen, wenn Sie gerade nichts Besseres zu tun haben. Sie kann Ihnen dabei helfen, sich in vielen Lebensbereichen und Entscheidungssituationen etwas »datengesteuerter« und damit analytischer zu verhalten.

Entscheidungsblaupause

Wann immer Sie künftig vor eine Entscheidung gestellt werden, sei es geschäftlicher oder privater Natur, können Sie sich für folgendes Vorgehen entscheiden:

- Sie vermeiden, als Erstes Ihr Bauchgefühl zu Wort kommen zu lassen. Zu diesem Zeitpunkt wäre es nicht ratsam, sich für eine Handlung aufgrund Ihres Bauchgefühls oder Ihrer bisherigen Erfahrungen zu entscheiden.

- Sie üben sich stattdessen ganz bewusst im analytischen, mustererkennenden Denken.
- Erst im Nachgang überprüfen Sie, wie sich die Entscheidung anfühlt.

Das können Sie zunächst in Situationen üben, in denen es um nichts geht, beispielsweise bei der Wahl eines Menüs im Restaurant, bei der Entscheidung für eine Kassenschlange im Supermarkt oder Ähnliches. Fragen Sie sich also als Erstes, welche Daten Ihnen zur Verfügung stehen und wie Sie diese für Ihre Entscheidung nutzen können. Sobald Sie Daten gesammelt haben, analysieren, ordnen und interpretieren Sie diese. Wir haben ja bereits über Mustererkennung gesprochen – üben Sie wann und wo immer es für Sie Sinn macht. Nach einer Weile wird es Ihnen gelingen, die Datenanalyse zu einem selbstverständlichen Bestandteil Ihres Entscheidungsprozesses zu machen.

Wenn man sich von vornherein und ausschließlich auf sein Bauchgefühl verlässt, läuft man Gefahr, voreingenommen zu sein. Wir neigen dazu, in unbewusste Denk- und Verhaltensmuster abzudriften, unabhängig davon, wie gerechtfertigt deren Strategie auch sein mag. Klar, Ihre Erfahrung spielt mit hinein und will Ihnen dabei helfen, den besten Weg zu wählen. In Kombination mit Daten und Ihrer Analyse wird der Entscheidungsprozess aber systematischer, rationaler und objektiver. Zahlen, Daten und Fakten zeigen, was wirklich geschieht, unabhängig davon, welche Wahrnehmungsverzerrung womöglich gerade in Ihnen wirkt. Langfristig ist man mit beidem – Bauchgefühl plus Analyse – in einem guten Mischungsverhältnis erfolgreicher.

Optimismus

Sie kennen bestimmt das Phänomen der sich selbst erfüllenden Prophezeiung. Meistens erleben wir sie im Zusammenhang mit einer negativen Aussage: »Das klappt doch eh nicht!« Der psychische Mechanismus hat aber auch umgekehrt eine Wirkung: Vorhaben gelingen besser, wenn man erwartet, dass sie gelingen: »Das klappt!« Doch bevor ich für den Optimismus eine Lanze breche, möchte ich ihn von »Positivität« und »positivem Denken« abgrenzen. Für mich sind das drei unterschiedliche Paar Schuhe, die allzu oft synonym verwendet werden.

Positives Denken ist eine gern genommene Losung, um mit den Widrigkeiten des Lebens umzugehen: »Sei doch mal positiv!« Es gibt dazu jede Menge Literatur. Meistens wird die richtige Idee vermittelt, nämlich dass das Denken das Fühlen beeinflussen kann. Allerdings hat das positive Denken einige Tücken. Positives Denken meint die Beeinflussung unserer Gedanken durch Affirmationen und Visualisierung. Dem liegt der Gedanke zugrunde, dass die Dinge, die wir für wahr halten, auch irgendwann wahr werden, wenn wir uns diese durch Mantras oder Affirmationen ständig vorsagen. Positives Denken gibt negativen Aspekten keinen Raum und lässt diese bewusst außen vor. Meiner Meinung nach kann das aber zu Schwierigkeiten führen.

Positivität ist dagegen eine Denkart, die bewusst die Aufmerksamkeit immer wieder gezielt auf das Positive richtet. Im Gegensatz zum positiven Denken ist allerdings dieses Positive nicht ausschließlich in Ihrem Kopf, sondern es geht um reale Erlebnisse im gelebten Alltag. Negatives hat eine Berechtigung im Leben – die Frage ist nur, wie viel Aufmerksamkeit das Negative bekommen soll.

Für mich zeigt sich der Unterschied zwischen den beiden Konzepten in der bekannten Metapher vom halb vollen Glas. Bruce Lee soll gesagt haben: »Es spielt keine Rolle, ob das Glas halb voll oder halb leer ist, solange es deinen Durst stillt.« Positivität geht demnach davon aus, dass auch ein halb volles Glas geeignet ist, den Durst zu stillen.

Vielleicht gelingt mir ein noch eingängigeres Beispiel: Wenn ich morgens aufstehe und in den Spiegel sehe, bin ich nicht selten erschrocken. Entweder waren des Nachts die Kinder am Schreien oder ich bin noch die halbe Nacht nach einer Veranstaltung nach Hause gefahren – was auch immer, ich bin völlig fertig. Augenringe, bleiche Haut, unregelmäßiger Bartwuchs und irgendwie aufgedunsen. Dazu kommt dieser müde, leere Gesichtsausdruck, der leicht dümmlich wirkt. Kurzum: fürchterlich! Ein unverstellter Blick in den Spiegel löst an solchen Tagen den Gedanken in mir aus: »Ich mag dich nicht, aber ich wasch dich trotzdem!«

Mit dem Ansatz des positiven Denkens würde ich nun versuchen, das Positive zu forcieren. Ich würde meine ganze Wohnung mit Haftnotizzetteln vollkleben, auf denen steht: »Du bist schön!«, »Du bist wunderschön!«, »Du bist von innen heraus schön!«, »Alle Menschen finden dich schön!«. Ich würde es auch an den Spiegel schreiben. Und ich würde es unzählige Male als Mantra wiederholen: »Ich bin schön!« Dann würde ich in den Spiegel sehen und hätte vermutlich das ungute Gefühl, dass ich versuche, mir etwas einzureden.

Ganz anders bei der Positivität: Ich akzeptiere, dass ich objektiv aussehe, als sei ich letzte Nacht ungeschützt der Witterung ausgesetzt gewesen. Dann überlege ich mir, wie viel gedankliche Zeit ich diesem Umstand widmen möchte – wohl wissend, dass ein Mehr an Grübeleien über mein Aussehen sicher nicht verschönernd wirken wird. Sobald ich zu dem Schluss gekommen bin, dass mir Selbstmitleid nur Zeit und Energie raubt, kann ich meine Aufmerksamkeit auf andere Dinge richten. Was ist in meiner Umgebung gerade positiv? Die Kinder sind morgens zuckersüß. Die Kaffeemaschine ist bereits warmgelaufen und ich freue mich auf die erste Tasse Cappuccino. Meine Frau schenkt mir einen liebevollen Blick, obwohl ich im Gegensatz zu ihr nicht blendend aussehe. Dann fällt mir auf, dass es mir im Großen und Ganzen richtig gut geht. Ich lächele. Und ein Lächeln macht schön – oder wenigstens schöner.

Positivität unterscheidet sich also vom positiven Denken dahingehend, dass ich meine positiven Emotionen, meine positive Sichtweise nicht im Kopf kreiere. Das Positive ist real. Mein fürchterliches äußeres Erscheinungsbild ist zwar auch real, verliert aber aufgrund meiner bewussten Aufmerksamkeitsentscheidung an Bedeutung und Relevanz.

Optimismus ist eine innere Haltung, die einen positiven Ausgang eines Unterfangens prinzipiell für möglich hält, ihn sogar erwartet. Er ist wie ein voreingestellter Filter auf unserer Wahrnehmung. Ich wünsche mir für den Aufbau und Erhalt meiner inneren Stärke einen Optimismus mit Positivität. Außerdem besteht mein Optimismus aus drei weiteren Denkwerkzeugen: Er ist realistisch, pragmatisch und fatalistisch.

- Eine Situation sollte zumindest die Möglichkeit aufweisen, sich in meinem Sinne positiv entwickeln zu können. Das meine ich mit »realistisch«. Ich trete bei keiner Prüfung, keinem Wettkampf an, wenn ich absehen kann, dass ich mit sehr hoher Wahrscheinlichkeit durchfallen oder verlieren werde. Dann setze ich lieber eine Runde aus und bereite mich besser vor.

- Wenn ein Vorhaben sich nicht meinen Wünschen und Erwartungen entsprechend entwickelt, versuche ich es mit pragmatischem Optimismus: Ich suche aktiv nach dem Positiven in der Situation. Manchmal steckt eine Lektion in der Situation, und wenn man hartnäckig genug analysiert, findet man sie und ist nächstes Mal etwas klüger. Ich weigere mich allerdings strikt, mich zu dem folgenden Satz hinreißen zu lassen: »Für irgendetwas wird es schon gut sein.« Ich brauche keine Plattitüden, sondern etwas Pragmatisches, etwas, das ich verstehen und umsetzen kann.

- Die letzte Anforderung an meinen Optimismus ist eine Form von Fatalismus. Das klingt jetzt schräg, aber in ganz besonders schrecklichen Situationen sage ich mir: »Halte durch, selbst das Schlechte dauert nicht ewig.« Was soll ich sagen, es hilft mir! Wenn schon Glück nicht ewig währt, dann gilt das auch für Tage, die durch und durch entbehrlich sind. Ich begegne dem Elend an solchen Tagen mit einem grimmigen Lächeln. Ich nutze dann meinen Körper, um meinem Geist eine optimistische Haltung aufzuzwingen. Innen und Außen beeinflussen sich gegenseitig. Nicht zuletzt deswegen sieht man Shaolin so häufig lächeln. Ein Lächeln im Außen überträgt sich auf die Stimmung im Inneren. Ein äußerliches mechanisches Lächeln beeinflusst die Stimmung positiv. Dabei werden die relevanten Muskeln aktiviert, und das sagt dem Hirn nach einer Weile: Lächeln = gute Laune.

Letztlich geht es mir allerdings um Folgendes. Unser Glaube an die Wirksamkeit eines logischen Gedankenmodells ist oft der Grund für die Wirksamkeit desselben. Das bedeutet: Unsere eigenen Suggestionen und unser Optimismus (bitte nicht mit positivem Denken verwechseln!) vermögen tatsächlich Großartiges zu leisten. Wir injizieren durch eine positive Grundeinstellung jede Menge Energie in unser System und machen uns auf diese Weise leistungsfähiger. Wir erwarten, dass unsere Vorhaben von Erfolg gekrönt sein werden, und eliminieren nagende, zehrende und somit hinderliche Zweifel. Sorgen, Bedenken, Konflikte und Stress saugen uns Willenskraft ab. Mit Optimismus kommen wir ins Handeln, statt uns über ein mögliches Scheitern den Kopf zu zerbrechen. Wir bewahren also essenzielle Ressourcen zur Umsetzung unseres Aktionsplans. Außerdem entfalten wir eine positive Grundstimmung, Zufriedenheit und Charisma. Das empfinden Menschen in unserem Umfeld als angenehm und anziehend. Ganz nebenbei steigt dadurch womöglich sogar ihre Bereitschaft, uns bei unserem Vorhaben zu unterstützen.

Es hat in jedem Fall mehr Vorteile, positive Gedanken zu denken, als missmutig durchs Leben zu schreiten. Um es mit den Worten des unsterblichen Mark Aurel zu sagen: »Mit der Zeit bekommt die Seele die Farben der Gedanken.«

Reine Spekulation

Um unsere Komfortzone zu verlassen, brauchen wir Klarheit, Neugier, Experimentierfreude und Mut – Eigenschaften, von denen ich glaube, dass sie unser innerer Drache besitzt und die essenziell sind für einen aktiven Weg zur inneren Stärke. Eine Vision, ein großes Ziel, eine Utopie oder zumindest ein positives Bild von der Zukunft helfen dabei, die nötige Motivation aufzubringen. Anders ausgedrückt: Wir brauchen Hoffnung. Wenn Ihr Leben heute super läuft, ist nicht sicher, dass das auch in naher oder ferner Zukunft, in 14 Tagen oder den nächsten 20 Jahren, so sein wird. Mit diesen Unwägbarkeiten müssen wir leben lernen. Wer zu viel Angst hat, ist mit angezogener Handbremse unterwegs. Wer mutig ist, denkt sich für die Zukunft bereits heute ein paar Optionen aus. Hoffnung kann also die Handbremse lösen.

Realistische Optionen kann man sich aber nur dann ausdenken, wenn man sensibel für den Zeitgeist ist und messerscharf kombinieren kann. Es steht und fällt mit den bekannten Fragen: Welche Gefahren werden künftig drohen? Welche Chancen werden sich vielleicht daraus entwickeln? Doch selbst wer messerscharf kombiniert und sensibel auf Signale im Leben und auf dem Markt reagiert, kann seine Entscheidungen für die Zukunft selten auf Tatsachen stützen. Wir müssen uns zum Großteil auf Vermutungen, auf reine Spekulationen einlassen.

Eine positive Grundeinstellung zu Veränderungen ist unglaublich wichtig. Sie ist eine der zentralen Eigenschaften, die uns stark sein lässt. Wenn wir Angst vor Veränderungen haben, frieren wir oft ein, werden phlegmatisch und trauen uns nicht, Pläne zu schmieden. Dann lassen wir uns auch nicht rechtzeitig von Experten beraten, sondern verschließen unsere Augen vor den Herausforderungen, vor denen wir stehen, und verhalten uns eher wie der Vogel Strauß, der den Kopf in den Sand steckt, bis es – was auch immer – vorbei ist. Das fühlt sich kurzfristig vielleicht gut an, aber Sie alle kennen das Sprichwort »Wer lange genug den Kopf in den Sand steckt, knirscht irgendwann mit den Zähnen«.

Im Prinzip geht es um Folgendes: Wir sollten mit einer positiven inneren Haltung das Risiko des Scheiterns akzeptieren und ein Scheitern nicht gleich als persönliches Versagen interpretieren. Denn genau das Scheitern beweist: Im Gegensatz zu vielen Mitmenschen haben wir es zumindest versucht. Warum also keinen zweiten Versuch wagen?

Das Wunder der Hoffnung

Lange Zeit habe ich geglaubt, dass das die Patentlösung wäre: eine optimistische Grundeinstellung, Vertrauen in die eigenen Fähigkeiten und Vertrauen in die Menschen im eigenen Umfeld. Meine Großmutter hat mit Engelsgeduld versucht, mir den Blick für drei weitere mentale Werkzeuge zu öffnen, die sie die »drei christlichen Tugenden« nannte: Glaube, Liebe und Hoffnung. Sie glaubte, dass in diesen dreien ein unerschöpflicher Quell an Kraft liege. Bei dieser Diskussion hatte es Oma nicht gerade leicht mit mir, dem Agnostiker. Ich weiß nicht, wie tief mein Glaube an Religionen geht. Ich glaube vielmehr an das Gute im Menschen. Und selbst dieser Glaube ist situativ leicht zu erschüttern.

Eines aber weiß ich sicher: Ich mag Hoffnung allein nicht! Diese Form des Optimismus ist mir eindeutig zu passiv. Diese Erwartungshaltung, dass sich das Gewünschte schon einstellen wird: »Es wird alles gut«, »Ich vertraue auf mein Schicksal«, »Ich vertraue dem lieben Gott« oder »Die Hoffnung stirbt zuletzt«. Es gab eine Zeit, da ich diese Haltung mit größtmöglicher Verachtung gestraft habe. Meine Priorität galt stets dem aktiven Handeln, dem Grundsatz, mein Schicksal selbst gestalten oder zumindest beeinflussen zu wollen. Aber ich habe gelernt: Hoffen schließt Handeln nicht aus. Und irgendwann ist mir klar geworden, dass Hoffnung auch mit innerer Stärke zu tun haben muss.

Irrationale Beharrlichkeit

Bei meiner Arbeit mit Führungskräften treffe ich in der Regel auf sehr leistungsbereite Menschen voller Disziplin und eisernem Willen. Viele von ihnen hoffen aber darauf, dass sie irgendwann »erkannt« werden, dass sich ihr Einsatz irgendwann auszahlt, dass der Karrieresprung zwangsläufig irgendwann kommen wird. Wie oft höre ich dann Sätze wie:»Ich gebe die Hoffnung niemals auf!«, »Ich werde bis zum Ende kämpfen!«, «Ich werde es schaffen, und wenn es das Letzte ist, was ich tue!«. Die schiere Hoffnung scheint sie mit immer mehr Kraft zu versorgen und anzutreiben, aber letztlich leider in eine Sackgasse zu manövrieren. Viele von ihnen scheitern, weil sie zu lange den falschen Zielen hinterherrennen oder einfach auf das falsche Pferd gesetzt haben. Doch irgendwann haben sie so viel Zeit, Energie oder Geld investiert und sind nicht mehr bereit loszulassen, eine Niederlage anzuerkennen und sich schlichtweg neu zu orientieren.

Hoffnung und das Festhalten an ihr ist in manchen Situationen hilfreich. Aber mindestens genauso oft geht das nach hinten los. Diese irrationale Beharrlichkeit nennt man auch *Sunk Cost Effect*: Man hat schon so viel investiert und macht weiter, sonst wäre doch alles umsonst gewesen. Daher wirft man gutes Geld dem schlechten hinterher.[25] Ich muss bei dem Begriff immer an den Berliner Flughafen oder die Hamburger Elbphilharmonie denken. Irgendwann verlegt man sich eben aufs Hoffen.

Wer sich in Gesprächen mit mir zu sehr aufs Hoffen verlegte, den holte ich früher gerne auf den Boden der Tatsachen zurück, natürlich mit Logik, Argumenten und Wahrscheinlichkeitsrechnung. Mit Fakten eben. Wie wenig habe ich damals die Kraft der Hoffnung verstanden! Hoffnung bemisst sich nämlich gar nicht daran, wie *realistisch* etwas ist. Das habe ich inzwischen kapiert. Nichtsdestotrotz betrachte ich mich als Realist und als solcher suche ich stets nach Gewissheiten. Wer Gewissheit hat, braucht die Hoffnung nicht mehr – er weiß ja Bescheid.

Doch als selbst ernannter Realist tappe ich nicht selten in einen Denkfehler, der mich viel Kraft kostet: Ich sehe um mich herum Missstände und beginne, mich über Furchtbarkeiten unserer Zeit auszulassen. In einer solchen Stimmung bin ich kein guter Gesprächspartner für einen Optimisten. Im Gegenteil! Wer mir in Zeiten von Pandemie, Globalisierung, Entfremdung, Nationalismus, existenzieller Unsicherheit und Angst mit dem Prinzip Hoffnung kam, den fragte ich genervt, ob er die Fakten nicht kenne, die Zusammenhänge nicht verstehe, nicht selbst zu denken gewohnt sei. Dabei erkannte ich gar nicht, dass ich es war, der sich gerade selbst sämtliche Energie abgrub, weil ich mir alle Facetten des drohenden Untergangs in den düstersten Farben ausmalte. Das ist nicht clever und hat geradezu masochistische Züge. Es bedeutet im Grunde, die innere Stärke zu opfern, also den inneren Drachen zur Schlachtbank zu führen. Sollte man also nicht besser die Fakten akzeptieren und trotzdem weiterhin auf eine Lösung hoffen, die sich früher oder später »ergeben« wird? Mit dieser Beobachtung will ich keine Kehrtwende in meinem Denken ankündigen. Ich will kein Plädoyer halten, das Schlechte schönzureden. Ich will keine Verantwortung abgeben und auch nicht große oder komplexe Probleme bagatellisieren. Ich will keinen billigen Optimismus.

Worauf ich hinauswill, ist eine kleine, aber wichtige Veränderung in meiner Definition von Hoffnung: Hoffnung muss nicht die Überzeugung sein, dass etwas auf jeden Fall gut aus-

Hoffnung ist das Vertrauen, dass etwas Sinn hat – ohne Rücksicht darauf, wie es ausgeht! gehen wird. Sondern: Hoffnung ist das Vertrauen, dass etwas Sinn hat – ohne Rücksicht darauf, wie es ausgeht! Und: Hoffnung darf gerne mit dem eigenen Tun beginnen. Damit meine ich nicht, dass man Hoffnung trainieren kann. Das geht nicht. Aber ich habe einmal gehört, die Schwester der Hoffnung sei die Geduld. Das hat mir gut gefallen, denn in Geduld kann man sich üben! Sie hilft uns, Dinge zu ertragen, ja auch einfach nur mitzutragen – besonders die eigentlich unerträglichen. Darauf sollten wir uns besinnen, wenn die Gedanken an eine düstere Zukunft uns den Mut rauben wollen.

Ich habe das Konzept der Hoffnung von meiner Mutter gelernt. Nicht durch Nachdenken, sondern durch Erleben. Meine Mutter war Krebspatientin und der mental stärkste Mensch, den ich jemals kennengelernt habe. Nach dem niederschmetternden Befund – Krebs mit Metastasen in verschiedenen Organen – begann meine Mutter zu hoffen. Sie hoffte ohne Zweifel zunächst auf eine komplette Heilung. Doch sie handelte auch: von strikter Ernährungsumstellung über psychologische Begleitung zur feinstofflichen Behandlung bis hin zu natürlich medizinischen Therapien wie Chemotherapie.

Nach einem harten, disziplinierten und unerbittlichen Kampf gab sie den Gedanken an komplette Heilung auf und hoffte stattdessen auf den Erhalt des Status quo. Danach hoffte sie auf »kleines Glück«, wie eine Nacht ohne Schmerzen oder einen Sonnentag mit der Familie. Als ich sie das letzte Mal sah, hoffte sie auf den nächsten Atemzug und auf einen baldigen Übergang in ein neues Abenteuer. Ich habe sie nie zaudernd, zögernd, verzagend oder mutlos erlebt. Stets hat ihr die Hoffnung Kraft gegeben – und Lebensmut. Durch die Hoffnung hat sie jede noch so schlimme Situation »veredelt«.

Lösungsstärke

Lösungsstärke, Lösungskompetenz, Lösungsorientierung – in diesen drei Wörtern steckt bereits der Fokus auf die Lösung. Und das ist tatsächlich bereits der wichtigste Tipp! Ich erlebe mich selbst und andere häufig in einem Zustand zwischen Problembewusstsein und Problemverliebtheit. Man ist sich des Problems bewusst, beginnt, ihm die höchste Priorität einzuräumen und es zu »überanalysieren«. Nicht selten lasse ich mich wie ein Kaninchen vor der Schlange von einem komplexen Problem regelrecht hypnotisieren. Dann sitze ich da, bin phlegmatisch, und es passiert nichts – gar nichts. Vielleicht – wenn ich ganz ehrlich bin – manchmal auch, weil es im Jammertal ganz gemütlich ist. Um es zu verlassen, müsste ich ja etwas tun.

Facetten der Lösungsstärke

Im zwischenmenschlichen Bereich kommt Ihre Lösungsstärke am besten so zum Ausdruck: Sie lassen sich nicht zu sehr auf die negativen Emotionen und Beschwerden Ihres Gegenübers ein. Aber Sie signalisieren durchaus Verständnis, nehmen das Problem ernst, um dann gemeinsam nach einer Klärung zu suchen. Wenn keine Lösung gefunden werden kann, wenn sich kein Konsens herstellen lässt – was ja durchaus vorkommen kann –, bedeutet lösungsorientiertes Verhalten, pragmatisch nach einem Ausweg aus der Situation zu suchen. Das gebietet Ihr Selbstschutz.

Lösungsorientierte Menschen überprüfen oft ihre Lebensmotive und ihre Kernwerte. Sei es, um persönliche Fragen zu klären oder um tiefgreifende Entscheidungen zu fällen. Es geht darum, sich übergeordnete Orientierungshilfen zu schaffen.

Aus der Nähe betrachtet, scheint es für eine Situation vielleicht zu viele Herangehensweisen zu geben – wer aber die Vogelperspektive einnehmen und seine möglichen Handlungsoptionen im Hinblick auf ein übergeordnetes Ziel oder einen übergeordneten Wert beurteilen kann, für den wird eine Lösung oft schneller sichtbar.

Im beruflichen Kontext ist Lösungsstärke vor allem zur Aufgabenbewältigung wichtig. Am Arbeitsplatz ist man ständig mit Situationen konfrontiert, die Lösungen erfordern. Leider haben diese sehr oft eine unklare und komplexe Ausgangslage. Für mich stellt das Arbeiten nach der Scrum-Methode einen klugen, lösungsorientierten Ansatz dar: Nach jedem kleinen Schritt werden Feedbackschleifen gedreht, in denen rekapituliert wird, was funktioniert, ob das Vorgehen noch den Zielen entspricht oder ob die Ziele angepasst werden müssen. Scrum kommt aus dem Projekt- und Produktmanagement, ist aber meiner Meinung nach eine in vielen Bereichen sehr kluge und agile Methode. Durch dieses Vorgehen liegt der Fokus auf den Fortschritten im Projekt, die funktionieren, und auf neuen Chancen und Alternativen, die sich aus den Fortschritten ergeben.[26]

Lösungsorientiertes Vorgehen auf der Beziehungsebene ist im Unternehmen zudem unerlässlich, damit die Zusammenarbeit funktioniert. Auch hier gilt: Es ist für alle Beteiligten leichter, Lösungen zu finden, wenn es einen übergeordneten Orientierungsrahmen für Handlungsmöglichkeiten gibt. Neben dem individuellen Wertekodex existieren auch in Unternehmen gemeinsame Werte, die im besten Fall in den Unternehmensleitlinien oder als Wertekompass festgehalten sind. Es lohnt sich, sich bei der Problembehandlung auf diese Metaebene zurückzuziehen und aus ihr pragmatische Impulse zu generieren.

Tun Sie sich selbst einen großen Gefallen und bauen Sie Ihre Lösungsstärke aus! Probleme gibt es schließlich zur Genüge, Sie haben also jeden Tag viele Gelegenheiten dazu, bei sich selbst oder bei Problemen anderer in Ihrem Umfeld. Aber fragen Sie bitte Ihre Mitmenschen vorher, ob Sie sich mit Lösungsvorschlägen einbringen dürfen. Denn Ratschläge können auch Schläge sein. Klären Sie also, ob Ihre Gedanken erwünscht sind. Ansonsten behalten Sie Ihre Lösungsvorschläge für die Probleme anderer für sich – aber darüber nachdenken können Sie ja trotzdem. Zu Übungszwecken.

Fokus auf Lösungen

Üben Sie sich im Fokussieren auf Lösungen. Statt »Ich würde ja gerne, aber …« sagen Sie sich: »Ich setze Prioritäten und gehe Hürden aktiv an. Ich setze meine Kraft zum Erkennen und Umsetzen möglicher Lösungen ein.« Damit werden Probleme zu Chancen Ihrer Weiterentwicklung im analytischen Denken, aber wichtiger noch: Sie stärken eine wichtige Säule Ihrer inneren Stärke. Schaffen Sie sich dafür ein detailliertes Zielbild: *If you can dream it, you can do it.* – Was Sie träumen können, können Sie auch erreichen. Doch Vorsicht mit diesem Spruch von Walt Disney, er soll nur Ihr Denkspektrum erweitern. Wenn man nämlich in der Problemanalyse stecken bleibt, weiß man meist ganz genau, was man alles *nicht* möchte, gewinnt aber keine positive Lösungsschau.

Lösungsstark zu denken bedeutet, das Bild von einer Lösung im Kopf zu entwerfen. *Dream it!* Manchmal hilft dabei ein Blick in die Zukunft. Stellen Sie sich also das gelöste Problem vor und arbeiten Sie sich dann rückwärts in die Gegenwart. Der kreative Teil in Ihnen spuckt nun vielleicht ein paar Lösungsansätze aus, auf die Sie andersherum gar nicht gekommen wären. Außerdem ist die Fähigkeit, sich in den Zustand des »gelösten Problems« versetzen zu können, ein Quell für Ihre intrinsische Motivation. Davon auszugehen, dass das Problem bereits gelöst ist, setzt Kraft und Zuversicht frei – ein Potenzial, das nun genutzt werden möchte. Kreative Ideen zur Problembehandlung sind also ausdrücklich erwünscht.

Probieren Sie es aus! Nehmen Sie dazu ein Blatt Papier und zeichnen Sie drei Spalten ein. In die erste Spalte notieren Sie als Überschrift »Probleme« und listen untereinander drei (oder auch gerne mehr) alltägliche Punkte auf, die Ihnen Probleme bereiten, zum Beispiel: »Kinder lassen sich nicht anziehen«, »Zu viele Zoom-Meetings pro Tag«, »Zu wenig Zeit für mich«. In die zweite Spalte schreiben Sie nun Ihre Veränderungswünsche: »Kinder ziehen sich selbst an«, »Weniger Zoom-Meetings pro Tag«, »Mehr Zeit für mich«.

Jetzt nehmen Sie eine Schere – und schneiden die erste Spalte ab. Ja, Sie haben richtig gelesen! Übrig bleiben Ihre Veränderungswünsche und eine leere Spalte. Darin halten Sie alle Möglichkeiten fest, die Sie Ihrem Ziel näherbringen können. Sie werden feststellen, dass Ihnen dieser kleine mentale Trick andere Denkmuster erlaubt. Es fühlt sich besser an, wenn die Probleme offensichtlich schon mal weg sind – und Sie sich voll und ganz auf die Lösungen konzentrieren können.

Fokus auf Handlungsmöglichkeiten

Auf das Verhalten der anderen haben wir meist keinen Einfluss. Die Umstände – das Außen – lassen sich genauso selten in unserem Sinne verändern. Hier gilt der Ansatz, die Dinge zu akzeptieren, die wir nicht ändern können, und uns auf unsere persönlichen Handlungsmöglichkeiten zu konzentrieren. An dieser Stelle wird die Frage »Was kann ich hier und jetzt konkret tun?« zum Schwert, an dem Sie Ihr Denken ausrichten. Diese Klinge trennt das Unmögliche vom Möglichen.

Doch Probleme erzeugen Stress, Sorgen, Ängste. Damit reduziert sich unsere Fähigkeit zum lösungsorientierten Denken beträchtlich. Das ist der Grund, weshalb wir ausgerechnet in Stresssituationen viele Handlungsmöglichkeiten nicht sehen. Schlimmstenfalls kann Angst lähmend wirken, und wir tun gar nichts mehr. Es gibt Situationen, in denen ist die ideale Lösung nicht umsetzbar. Jammern wäre zwar möglich, aber eine Option, die viel Kraft kostet und Sie trotzdem nicht weiterbringt. Mein Meister würde sagen: »Wer nach dem Ideal strebt, bleibt oft stecken.« Konzentrieren Sie sich daher lieber auf das konkret Machbare. Das gibt Ihnen eine andere Schlüsselfrage an die Hand: »Was ist in dieser Situation die beste *machbare* Lösung?«

Eine kreative Idee, die Starre zu lösen und wieder ins Denken zu kommen, ist die Liste der zehn Handlungsalternativen. Also, wenn Sie mal bei einem Problem feststecken, nehmen Sie ein Blatt Papier zur Hand und notieren Sie sich zehn alternative Handlungsoptionen. Diese dürfen kreativ, humorvoll und auch absurd sein, sollten aber beim Thema bleiben. Nehmen wir das Beispiel »Die Kinder lassen sich nicht anziehen«, das in meinem Alltag so manches Mal auftritt. So könnte meine Liste mit zehn Handlungsalternativen aussehen:

1. Sie bleiben einfach im Schlafanzug.
2. Ich frage den Nachbarn, ob er sie anziehen kann.
3. Statt sie anzuziehen, male ich sie an.
4. Ich drohe ihnen mit Essensentzug, wenn sie sich nicht anziehen lassen.

5. Ich verspreche ihnen mehr Essen oder Eis, wenn sie sich anziehen lassen.
6. Ich rufe die Weltmeisterschaften im Anziehen aus – wer zuerst fertig ist, gewinnt!
7. Für jedes Teil, dass sie sich anziehen lassen, ziehe ich eins aus.
8. Ich behaupte, dass die Kleider total traurig sind, wenn sie nicht mitdürfen und im Schrank hängen bleiben müssen.
9. Ich lasse die Kinder selbst ihre Kleider aussuchen und begründen, warum sie diese heute tragen wollen.
10. Ich lasse die Kleidungsstücke wie im Puppentheater mit meiner Stimme zu den Kindern sprechen und sie betteln: »Zieh mich bitte, bitte an!«

Wie ich mein Problem gelöst habe, verrate ich Ihnen an dieser Stelle nicht, aber es stand definitiv auf der Liste. Probieren Sie es einfach einmal selbst aus! Auf jeden Fall initiieren Sie mit so einer Liste einen kreativen Prozess. Die Wahrscheinlichkeit, dass sich daraus eine Handlungsmöglichkeit ergibt, die Sie tatsächlich umsetzen können, ist jedenfalls höher, als wenn Sie gar nichts tun oder nur das Problem wälzen.

Fokus auf Fortschritte

»Die meisten Menschen wenden mehr Zeit und Kraft daran, um die Probleme herumzureden, als sie anzupacken«, sagte schon Henry Ford. Ich sehe es genauso: Jedes Handeln – und sei es auch ein noch so kleiner Schritt – ist besser, als nur über das Problem nachzudenken. Dazu passt auch ein bekanntes Zitat von Konfuzius: »Es ist besser, ein einzelnes Licht anzuzünden, als die Dunkelheit zu verfluchen.«

Jeder Weg beginnt mit einem ersten Schritt. Definieren Sie als Erstes die Schwere Ihres Problems auf einer Skala von 1 bis 10. Bei 10 ist es ein richtig großes Problem, eine Krise, bei 1 ist es fast lächerlich klein. Fragen Sie sich dann: »Was ist in dieser Situation der nächste Schritt, den ich gehen kann?«

Überlegen Sie auch, woran Sie erkennen könnten, dass Sie einen Schritt in die richtige Richtung weitergekommen sind: Welche Indikatoren zeigen, dass Sie bei der Lösung oder zumindest der Linderung des Problems auf einem guten Weg sind? Achten Sie im Folgenden bewusst auf diese Indikatoren und auf sonstige Anzeichen für Fortschritt – und freuen Sie sich darüber!

Intrinsis

Ja, ich weiß, das Wort »Intrinsis« gibt es nicht wirklich – außer vielleicht als abstrakten Unternehmensnamen. Jedenfalls noch nicht. Aber ich finde, es sollte als eigenständiger Begriff schnellstens in die Wörterbücher aufgenommen werden. Ich leite es vom Adjektiv »intrinsisch« aus dem Lateinischen ab: *intrinsecus* (»inwendig, von innen her kommend«). *Intrinsische Motivation* heißt, dass allein die Ausführung einer Handlung belohnend ist. Die Motive für die Handlung sind beispielsweise Erkenntnis, Übung, Neugier, Spaß und Interesse. *Extrinsische Motivation* bedeutet, dass an eine Handlung Belohnungen oder auch Bestrafungen geknüpft sind. Ich formuliere es gerne als Merksatz: Intrinsische Motivation entsteht aus Freude – extrinsische Motivation entsteht aus Zielen. Die beiden Arten der Motivation schließen sich dabei aber nicht gegenseitig aus. Wir können von beidem geleitet sein.

> Intrinsische Motivation entsteht aus Freude – extrinsische Motivation entsteht aus Zielen.

Der Vorteil bei der intrinsischen Motivation ist allerdings eindeutig: Sie läuft ohne innere Widerstände ab.

Natürlich stellt sich jetzt die Frage: Wie können wir uns intrinsisch, aus uns selbst heraus, motivieren? Wir können schließlich nicht nur noch Sachen machen, die uns Freude bereiten, oder? Die intrinsische Motivation muss tatsächlich ein paar Bedingungen im Tun erfüllen:

- Es muss Ihnen Spaß machen.
- Es muss sich für Sie gut anfühlen.
- Es muss Ihr Interesse wecken.
- Es sollte sich um eine positive, machbare Herausforderung handeln.
- Es sollte keinem anderen Zweck als der Tätigkeit selbst dienen.
- Es sollte für Sie Sinn ergeben.
- Es sollte von Ihnen ausgehen.
- Es sollte zu Ihrem Selbstbild passen.

Nutzen Sie die folgenden Tipps als Vorschläge, von denen Sie für sich einsetzbare Werkzeuge ableiten. Mit einigen davon fühle ich mich persönlich wohler als mit anderen, und auch Sie werden beim Lesen Ihre eigenen Präferenzen wahrnehmen.

Grundsätzlich gute Laune

Es ist offensichtlich, dass gute Laune Ihre Bereitschaft deutlich steigert, irgendetwas zu tun. Meiner persönlichen Erfahrung nach steigert gute Laune außerdem die Produktivität. Bringen Sie sich also selbst in Stimmung, indem Sie die Rahmenbedingungen um sich herum positiv verändern: ein sauberes oder geordnetes Umfeld, schönes Licht, mitreißende Musik, ein humorvoller Pep-Talk, ein Witzebuch oder lustige Videos, eine kleine Meditation, eine Tai-Chi-Übung, 20 bis 60 Liegestützen, wertiges Arbeitsmaterial et cetera. Ihrer Fantasie sind keine Grenzen gesetzt. Erlaubt ist, was gefällt und Laune macht!

Spaß und Kreativität

Auch hier gilt: Alles, was uns Spaß macht, macht uns gute Laune. Mir geht es jetzt allerdings um die Kombination zweier Tätigkeiten: Singen Sie beim Geschirrspülen, tanzen Sie beim Putzen, machen Sie aus einer eher langweiligen oder unliebsamen Tätigkeit ein Spiel (Stichwort: Gamifikation), um sie aufzupeppen, oder tun Sie sich mit anderen zusammen, mit denen sogar öde Dinge viel Spaß machen.

Es gibt zu diesem Ansatz wunderbare experimentelle Beispiele: In Stockholm gibt es eine Treppe in Form und Funktion von Klaviertasten, die bei jeder Stufe einen Ton von sich gibt. Das Ergebnis: Mehr Menschen nehmen die Treppe, statt den Aufzug oder die Rolltreppe zu nutzen.[27] In Moskau gibt es einen Fahrkartenautomaten, vor dem die Nutzer der dortigen Metro Sport machen: Für 30 Kniebeugen spuckt der Automat nämlich eine Freifahrkarte aus.[28] Ich glaube, Sie verstehen, worauf ich hinauswill. Seien Sie kreativ!

Während Langeweile ein echter Motivationskiller sein kann, ist Neugierde ein Motivations-Booster. Was wäre, wenn Sie die Dinge mal auf eine völlig andere Weise als sonst erledigen würden? Womit ließe sich eine Tätigkeit kombinieren? Könnte man vielleicht einen lustigen Wettkampf daraus machen? Geben Sie sich selbst die Erlaubnis zum Experimentieren. Stellen Sie sich vor, Sie seien eine lustige und verrückte Version von

Albert Einstein – kreativ und genauso kompetent! Vorstellen darf man sich schließlich alles!

Fokus auf das Schöne

Stellen Sie sich bei einer Tätigkeit die einfache Frage: Was an dieser Aufgabe gefällt mir? Vielleicht können Sie etwas berechnen oder Rechnen üben? Vielleicht können Sie ein Work-out daraus machen? Gefällt Ihnen vielleicht zumindest das Ergebnis? Oder mögen Sie einfach nur das Klappern der Tasten unter Ihren Fingern oder den geschmeidigen Anschlag Ihrer schicken Tastatur? Egal, was es ist, es lohnt sich immer, das Schöne, Wahre und Gute an einer Aufgabe zu finden und sich darauf zu fokussieren.

Sinnhaftigkeit des Handelns

Geben Sie Ihrer Tätigkeit weit über das zu Erledigende hinaus einen Sinn. Zugegeben, das ist ein wenig verwirrend und vermutlich ungewohnt. Aber es ist machbar und vielleicht ist es für Sie hilfreich. Ich zum Beispiel liebe Kung-Fu. Es gibt kaum etwas, was sich für mich schöner anfühlt. Ich mache Kung-Fu also grundsätzlich zweckfrei, weil es mir einfach Spaß macht. Gleichzeitig ist es aber für mich auch sehr sinnvoll, weil es meinen Körper gesund hält. Außerdem ist es sinnvoll, weil ich mit Gleichgesinnten zusammenkommen und interagieren kann. Dazu kommt, dass ich ständig etwas Neues lerne und mich verbessere et cetera. Fragen Sie sich also: Warum ergibt diese Tätigkeit für Sie richtig Sinn?

Dankbarkeit und Lob

Es gibt viele Möglichkeiten, das zu tun: Seien Sie dankbar, dass Sie körperlich in der Lage sind, diese Aufgabe zu bewältigen, dass Sie rundum gesund sind und geistig fit. Loben Sie sich nach dem Tun gerne selbst – sonst tut es vielleicht mal wieder keiner und Sie dürfen sich selbst Wertschätzung entgegenbringen. Lächeln Sie gnädig über Ihre Missgeschicke und lachen Sie herzlich über kleinere Fehler oder Rückschläge. Ist doch alles halb so wild.

Verbindung mit dem Selbst(bild)

Ihr Selbstbild hat großen Einfluss auf Sie und Ihr Verhalten. Sie können eine Verknüpfung mit Ihrem Selbstbild herstellen, indem Sie sich fragen: »Warum machen ›Menschen wie ich‹ so etwas? Warum passt diese Tätigkeit zu mir? Wie würde ich diese Tätigkeit eigentlich gerne machen? Gibt es vielleicht noch eine bessere oder andere Art, diese Aufgabe zu erledigen?« Kleiner Tipp: Sie dürfen beim Selbstbild auch ein wenig mogeln.

Ein Kung-Fu-Lehrer machte mit uns Schülern ein sehr interessantes Selbstexperiment. Es ging um die Haltung 馬步 *Ma Bu,* die tiefe Reiterstellung. Verkürzt dargestellt, hält man mitten in einer Kniebeuge inne und hält diese Position. Wir sollten so lange in dieser kraftzehrenden Haltung bleiben wie nur irgend möglich.

Nachdem alle zusammengebrochen waren, lachte der Lehrer und sagte: »Noch mal! Aber nun stellt ihr euch vor, ihr wäret richtig gute Kung-Fu-Kämpfer.«

Nach ein paar Minuten brach er die Übung ab und sagte: »Gleich noch mal! Aber jetzt stellt ihr euch vor, ihr wäret der Meister, und all das hier wäre euer Eigentum.«

Wieder vergingen ein paar Minuten, bevor wir kurz entspannen durften. Dann forderte er uns auf: »Und ein letztes Mal: Diesmal stellt ihr euch vor, ihr wäret Buddha persönlich, und mit jedem Atemzug würdet ihr reine Kraft aus dem Kosmos einatmen.«

Wir durften in dieser Übung also drei verschiedene Selbstbilder ausprobieren. Was soll ich sagen? Ich verfluche diesen Tag rückblickend noch immer, denn es war sehr anstrengend und äußerst schmerzhaft. Aber ich muss zugeben, dass dieser psychologische Trick unfassbar gut funktioniert hat: Wir sind in unserer Leistung weit über uns hinausgewachsen. Wenn ich heutzutage Vorträge vor vielen Menschen halten muss und extrem nervös bin, stelle ich mir gerne vor, ich sei der Gastgeber und verantwortlich für das Wohl aller Anwesenden. Obwohl das eine Überhöhung und Anmaßung ist, hilft es mir, meine Funktion als Dienstleister besser zu begreifen und – unabhängig von meinem Ego – wirklich für mein Publikum da zu sein.

Netzwerknutzung

Da ich als Kind sehr häufig umziehen musste, war ich früher, wie schon angedeutet, nie auf besonders tiefe Bindungen aus. Nach wenigen Jahren würde ich mich wegen eines neuerlichen Umzugs ohnehin wieder verabschieden müssen. Warum also Kontakte pflegen oder Beziehungen vertiefen? Wäre ich in der heutigen Zeit, als Digital Native, aufgewachsen, wäre es für mich vielleicht leichter gewesen, auch über größere Distanzen dauerhaft in Kontakt zu bleiben – ich glaube allerdings, dass irgendwann die schiere Quantität meiner Lebenswelten zu einer Überforderung geführt hätte.

Mittlerweile ist das Thema Netzwerken für mich von besonderer Bedeutung. Ich finde, dass ein gutes Netzwerk eine wertvolle und überaus tragfähige Säule für unsere innere Stärke bildet. Die Bezeichnung »Netzwerk« finde ich allerdings etwas technisch und sie ist für meinen Geschmack auch ziemlich sperrig. Für mich funktioniert das Netzwerk als Bild wie ein Sicherheitsnetz: Es kann mich halten, wenn ich abstürze – es kann mir aber auch vorher helfen, sodass es gar nicht erst zum Absturz kommt. Obwohl ich beruflich ein Einzelkämpfer bin, bin ich absoluter Nähe-Mensch und sehr bindungsorientiert. Mein soziales Umfeld ist mir wichtiger als jeder berufliche Erfolg. Allerdings ist es mir auch wichtig, in meinem beruflichen Lebensbereich ein tragfähiges, leistungsstarkes, menschliches und harmonisches Netzwerk zu erhalten. Mit der Zeit habe ich gelernt: Das eine schließt das andere nicht aus!

Strategisches Netzwerken

An dieser Stelle sollte ich Ihnen eigentlich Ratschläge geben, die Sie Ihren Zielen näherbringen, indem Sie logisch, effizient und produktiv ein Netzwerk aufbauen und pflegen, das Ihnen nützlich ist. Doch das kann ich so nicht. Würde ich Ihnen an dieser Stelle den Rat geben, nur Leute in Ihr Netzwerk zu lassen, die Ihnen »nützlich« sind, würde ich mich dafür schämen. Wenn ich sagte, Sie sollten Ihr Netzwerk mit Experten der für Sie wichtigen Lebensbereiche »bestücken«, also mit einem Arzt, einem Automechaniker, einem Anwalt, einem Steuerberater ... – ich würde mich wie ein kalter, berechnender Egoist fühlen. Als Gipfel der Frechheit empfinde ich den Rat, der tatsächlich von einigen Coaches gegeben wird: »Sage dich von Leuten los, die dir nichts bringen!«

Was ich damit sagen will: Es gibt sicherlich strategische Überlegungen beim Aufbau von Netzwerken. Ich bin für diese Art von Überlegungen jedoch der falsche Ansprechpartner. Stattdessen gebe ich mir Mühe, Sie in meine Reflexionen in puncto Miteinander einzubeziehen, und vielleicht gefallen Ihnen meine Ansätze für den Aufbau eines leistungsstarken und unterstützenden Netzwerks.

Harmonisches Miteinander

Beim Aufbau eines Netzwerks geht es um die Harmonie zwischen Geben und Nehmen. Zuneigung ist dabei nicht unbedingt eine zentrale Voraussetzung. Es geht grundlegend um die Kraft, die vom Wir ausgeht. So ein Miteinander zu schaffen und zu erhalten, ist für meinen Meister eine Selbstverständlichkeit, ein Muss, ein Imperativ. In Asien hinterlässt man keine Beziehung im Ungleichgewicht. Man sorgt stets für einen Ausgleich, eine Harmonie, einen offenen Kommunikationskanal. So kann man Beziehungen selbst nach Jahren wieder aktivieren und auf dem letzten Stand anknüpfen.

Ich bin mir sicher: Je komplexer unsere Gesellschaft wird, desto weniger können wir als Individuen alleine den zu erwartenden Herausforderungen gerecht werden. Dort, wo man als Einzelkämpfer an die Grenzen seiner Expertise, seines Horizonts und seiner Leistungsfähigkeit stößt, können uns die richtigen Beziehungen aus der Not retten. Wir sind also immer mehr auf Zusammenarbeit angewiesen und müssen Kooperation organisieren. Das bedeutet zum einen, dass man für bestimmte Aufgaben Leute finden muss, die richtigen, qualifizierten Leute. In meiner Welt bedeutet »richtig« vor allen Dingen zuverlässig und loyal. Ich bin mir nicht sicher, ob andere den Kostenpunkt als Grundlage für jede Zusammenarbeit priorisieren – ich tue das jedenfalls nicht. Wenn ich Zuverlässigkeit und

Loyalität will, muss ich die Leute kennen, das heißt, ich muss mich mit ihnen in einer vertrauensbasierten Beziehung befinden, und zwar bevor der konkrete »Auftrag« kommt.

Gemeinsam geht vieles, im Grunde genommen fast alles, leichter. Wir müssen ein Problem selten alleine schultern. Aus dieser Erkenntnis heraus wären wir gut beraten, uns in der Fähigkeit zu schulen, Verbündete zu suchen und zu finden. Das können wir aber nur, wenn wir willens und in der Lage sind, über unsere Bedürfnisse mit anderen Menschen zu kommunizieren und mit ihnen bei Bedarf Kompromisse zu schließen. Wenn uns das gelingt, können wir mehr geistige und kreative Ressourcen nutzen. Eine solche Gemeinschaft verbindet Erfahrung und Experiment, sie nimmt vorhandenes Know-how und verknüpft es mit neuen Fragen, neuen Bedürfnissen. Sie ermöglicht einen interessanten Prozess, der auf Kooperation und Gemeinsamkeiten, auf Austausch und Konsens beruht. Wie ist das bei Ihnen? Befinden Sie sich schon in einem solchen Umfeld?

Jeder von uns hat mehr oder weniger viele flüchtige Kontakte, Kollegen, Bekannte, Freunde, Familienmitglieder. Wenn Not am Mann ist, fangen viele an, hektisch herumzutelefonieren, erreichen alle und jeden unvorbereitet, bewirken nichts und hören dann letztlich resigniert damit auf. Kaum jemand entwickelt seine Kontakte systematisch. Doch damit Netzwerke auch in Krisensituationen verlässlich sind, müssen diese Beziehungen gepflegt werden. Unsere zwischenmenschlichen Beziehungen gedeihen durch Aufmerksamkeit, Zuwendung und gemeinsam verbrachte Zeit. Kümmern Sie sich darum und seien Sie einfallsreich, authentisch und achtsam bei Ihrer Beziehungspflege. Suchen und finden Sie Hilfe und Unterstützung. Wenden Sie sich an Ihre Freunde und aktivieren Sie Ihr Netzwerk. Manchmal lohnt es sich auch, professionelle Experten zurate zu ziehen.

Grober Überblick

Setzen Sie sich in Ruhe hin und schreiben Sie alle Leute auf, die Sie kennen. Es kommt erst einmal nicht darauf an, wie gut Sie jemanden kennen, schreiben Sie einfach alle untereinander. Ich wette, Sie werden mächtig beeindruckt sein, auf wie viele Personen Sie aus dem Stegreif kommen! Schauen Sie auch in Ihre Social-Media-Accounts, wer sich da so alles tummelt: alte Bekannte aus der Schulzeit oder dem Studium, aus Vereinen, Urlaubsbekanntschaften et cetera. Vielleicht haben Sie spontan Lust, ein paar Kontaktanfragen zu versenden und in Erinnerungen zu schwelgen.

Wenn das erledigt ist, beginnt das Selektieren und Sortieren. Ich empfehle drei Kategorien:

- **Kontakte:** Wie der Name schon sagt, hatten Sie mit diesen Personen Kontakt, aber sonst keine Verbindung.
- **Bekannte:** Das sind Menschen, mit denen Sie lose verknüpft sind und die Sie nicht sonderlich gut kennen. Aber Sie wissen schon ein paar Details voneinander, auch wenn die Informationen bruchstückhaft sind. Möglicherweise haben Sie länger nicht mit diesen Personen gesprochen, haben aber Gemeinsames erlebt oder gemeinsame Interessen.
- **Freunde:** Das sind Menschen, denen Sie vertrauen, mit denen Sie etwas verbindet, die für Sie durch dick und dünn gehen würden und umgekehrt.

Auch wenn es vielleicht im ersten Moment nicht so wirkt: Sie haben gerade wichtige Arbeit geleistet und einen Grundstein für bewusstes Netzwerken gelegt.

Allgemeine Kontaktfreude

All Ihre Kontakte haben das Potenzial, dass mehr aus ihnen entstehen kann: eine Bekanntschaft, ein gemeinsames Projekt, eine Freundschaft oder gar eine Partnerschaft. Egal, wie lang Ihre Kontaktliste bereits ist, es dürfen immer noch ein paar mehr sein. Überall, wo sich Menschen treffen, haben Sie Gelegenheit, neue Kontakte zu knüpfen. Auf Events, bei Sportveranstaltungen, auf privaten Feiern, beim Elternabend, sogar an der Supermarktkasse. Sie können nach einem netten Plausch Ihrem Gegenüber Ihre Kontaktdaten geben oder selbst höflich nach denen des anderen fragen. Mir gelingt das nur, wenn ich dabei absichtslos bin. Ich frage in so einem Moment also nicht nach einem strategischen Nutzen, sonst würde ich mich dafür verachten. Und offen gestanden setze ich immer eine gewisse Sympathie voraus. Wie Sie das für sich lösen, bleibt Ihnen überlassen. Tun Sie das, was sich für Sie stimmig anfühlt.

Gemeinsamer Nenner

Der Begriff des Ankers kommt aus dem NLP (neurolinguistisches Programmieren) und bedeutet natürlich nicht, dass Sie einem Ihrer Kontakte ein Gewicht an die Füße binden sollen, um ihn oder sie in einem Gewässer zu versenken und dadurch aus Ihrer Liste zu entfernen. Es bedeutet, einen Moment der Erinnerung, des Wiederanknüpfens zu schaffen. Sie könnten sich etwa zu Ihrem Kontakt das letzte Gesprächsthema notieren, die Marke der Handtasche, die Ihnen so gut gefallen hat, den Geburtstag des Kindes – was auch immer sich aus Ihrem letzten Austausch ergeben hat. Sie können diesen Anker nutzen, um bei der nächsten Begegnung wieder ins Gespräch zu kommen. Es ist für beide Parteien angenehmer, an spezifische Informationen anknüpfen zu können. Das hebt den Kontakt gefühlt auf eine andere Ebene – weg vom komplett austauschbaren Small Talk über das Wetter.

Experten nennen das »einen Kontakt entwickeln«. Ich muss gestehen, dass ich den Nutzen zwar verstanden habe, mich allerdings dieser Technik nicht bedienen mag. Professionelle Netzwerker pflegen eine Datenbank, in der auch die weitere Entwicklung des Kontakts beziehungsweise der Bekanntschaft bis hin zur Freundschaft hinterlegt wird. Solange es sich um professionelle Beziehungen im beruflichen Kontext handelt, ist das eine smarte und logische Technik – schließlich kann sich niemand all die Fakten merken, die im Laufe des Netzwerkens zusammenkommen. Sobald allerdings eine Freundschaft entsteht, ist so eine Datenbank meiner Meinung nach nicht mehr opportun.

Authentische Interaktion

Netzwerke wollen gepflegt werden, und das gelingt vor allem durch Kommunikation. Ich gehe davon aus, dass Sie wissen, wie wichtig es ist, dass Sie selbst mit den Mitgliedern Ihres Netzwerkes in einem regen persönlichen Austausch stehen. Und natürlich ist auch klar, dass das Grenzen hat. Niemand kann jeden Tag mit all seinen Kontakten stundenlang telefonieren oder sich mit anderen treffen. Aber in regelmäßigen, von Ihnen bestimmten Abständen sollten Sie sich positiv in Erinnerung bringen. Im beruflichen Kontext sind hier Informationen zu interessanten Themen ein super Aufhänger. Aber auch Freunden und Bekannten sollten wir regelmäßig Informationen schicken, über alltägliche Erlebnisse oder für uns besondere Ereignisse. Dazu lassen sich ganz wunderbar die sozialen Medien und Messenger nutzen.

Wer es zur Meisterschaft im Netzwerken bringen will, dem gelingt die Kunst, für einen regen Austausch zwischen den einzelnen Mitgliedern seines Netzwerks zu sorgen. Sie können spannende Themen aufwerfen (Sie wissen ja, wie gerne die Leute Stellung nehmen). Sie können Treffen organisieren, bei denen vor allem untereinander »genetzwerkt« wird. Das Tolle daran ist – Sie selbst müssen auf diese Weise gar nicht im Mittelpunkt stehen. Die Faustregel hierfür lautet: Je emotional und kognitiv intensiver dieser Austausch zwischen den Mitgliedern Ihres Netzwerks ist, desto enger werden die Bindungen. Auf dieser Basis wachsen sowohl gegenseitiges Verständnis als auch die Bereitschaft, sich gegenseitig zu unterstützen. Ich kenne aber nur wenige Menschen, die diese Kunstform beherrschen und dabei eine für alle Beteiligten angenehme Atmosphäre schaffen.

Vertrauensvolles Fundament

Gute Gespräche sind die Basis dafür, dass innerhalb einer Gemeinschaft das Vertrauen wächst. Für den Aufbau von Vertrauen zwischen Menschen möchte ich Ihnen drei wichtige Prinzipien ans Herz legen:

1. Sorgen Sie dafür, dass Ihre Gesprächspartner sich in Ihrer Gegenwart wohlfühlen.

2. Geben Sie einen Vertrauensvorschuss – nach dem Gesetz der Reziprozität bekommen Sie es zurück.
3. Sprechen Sie über das Vertrauen, das sich in der Gruppe aufbaut, und betonen Sie die positive Wirkung für alle Beteiligten.

Die Grundlage für das Entstehen von Vertrauen in Ihrer Gemeinschaft ist Ihre innere Haltung gegenüber Ihrem Umfeld. Wenn Sie ehrlich an den Menschen interessiert sind, ohne vordergründige Absichten wirtschaftlicher Natur, dann wird langfristig und dauerhaft Vertrauen entstehen. Sie müssen dazu gar nicht mit Ihren Fähigkeiten oder Ihrem Wissen werben, Sie müssen nur Klarheit in Ihrer Kommunikation üben: Womit können sie im Umgang mit Ihnen rechnen? Zeigen Sie Ihren Mitmenschen authentisch, woran sie bei Ihnen sind. Dann werden Ihre Beziehungen stabil und somit auch in schwierigen Situationen belastbar. Wenn Sie so ein Netzwerk mit Vertrauen als Fundament aufbauen wollen, lege ich Ihnen Leo Martin als Fachmann für das vertrauensvolle Kommunizieren ans Herz. Er ist der beste Netzwerker, den ich kenne.[29]

Selbstverständlich wird für Sie, aber auch für alle anderen Netzwerker ein Nutzen aus der Netzwerkkonstellation entstehen. Aber – und hier kommen vielleicht meine romantischen Vorstellungen durch: Nicht Ihr persönlicher Vorteil steht im Zentrum, sondern der kollektive Nutzen für alle Teilnehmer. Ein solches Netzwerk wird über die Zeit zu einer tragfähigen Säule Ihrer inneren Stärke.

独
木
不
成
林

Dú mù bùchéng lín
Ein einzelner Baum macht noch keinen Wald.
Oder: Einer allein kann nicht viel bewirken.

4 GEGNER UND VERBÜNDETE DES DRACHEN

»Kampf ist das Reiben zweier Kräfte aneinander mit dem Ziel der Versöhnung«, sagte mein Meister einmal zu mir. Diese Worte beeindruckten mich nicht nur, sie veränderten meine Wahrnehmung, mein Denken und mein Verhalten grundlegend. Bis dato hatte ich geglaubt, im Kampf ginge es ausschließlich darum, den Gegner »auszuschalten«, also ihn auf die Matte zu schicken. Dass es beim Kampf um Lernen, Wachstum oder gar um Versöhnung gehen könnte, war mir fremd. Doch dann erkannte ich: Wenn mich ein Gegner im Kampf traf, bedeutete dies, dass meine Deckung nicht gut genug war. Er zeigte mir Defizite, an denen ich arbeiten musste. Und das war in erster Linie ein Geschenk, denn dadurch konnte ich besser werden. Seither verstehe ich Kämpfe und Auseinandersetzungen als zielführend. Denn selbst wenn ich unterliege, kann ich dabei wertvolle Lektionen lernen.

Auch in der Arbeitswelt und im Privaten kämpfen wir oft. Wir ringen miteinander – mit Argumenten und Gegenargumenten, manchmal mit Vorwürfen und Schuldzuweisungen. So manches Mal kämpfen wir mit harten Bandagen, doch das erklärte Ziel sollte dabei immer sein, letztlich in Harmonie zu kommen. Es geht also darum, gemeinsam eine Wahrheit zu finden und in diesem Prozess dazuzulernen – auf beiden Seiten.

Selbst in unserem Inneren haben wir nicht selten Kämpfe auszutragen. Unsere »Gegner« sind dabei wir selbst, oder besser gesagt: unsere Emotionen, die über unsere imaginäre innere Stimme mit uns in Kontakt treten. Auch sie wollen uns in der Regel nichts Böses, sondern machen uns auf mögliche Probleme oder Defizite aufmerksam. Um unseren inneren Drachen zu stärken, ist es mehr als lohnenswert, im Kampf mit diesen Sparringspartnern zu lernen und zu wachsen.

Sparringspartner Stress

Ich habe meinen Meister bei mehr als einer Gelegenheit nach einer Definition von Stress gefragt. Diese Gespräche mündeten in einem unterschiedlichen Grad an Verwirrung – auf beiden Seiten. Zur Erklärung: In der westlichen Welt tauchte das Wort »Stress« erst in der zweiten Hälfte des vergangenen Jahrhunderts vermehrt auf; in Japan, Korea und China ist es teilweise noch immer nicht sonderlich gebräuchlich. Ich wurde in Japan Anfang 2000 mit dem Wort 過労死 *(karoshi)* vertraut gemacht. Es ist zwar eine fatale Folge von Stress, definiert jedoch keine Ursache. Es bedeutet »plötzlicher Arbeitstod«. Dabei steht das erste Schriftzeichen für »es passiert«, das zweite heißt »Arbeit« und das dritte »Tod«. Wenn also jemand plötzlich bei der Arbeit zusammenbricht und stirbt, nennt man es Karoshi, schüttelt den Kopf und macht weiter (sofern man nicht selbst betroffen ist). In Südkorea kennt man dasselbe Phänomen unter dem Namen 과로사 *(kwarosa)*, in China wird es als 过劳死 *(guòláosǐ)* bezeichnet.

Ich war viele Jahre der Meinung, dass man in Asien Stress keine Beachtung schenkte, weil er entweder so selten auftrat, dass es kein richtiges Wort dafür gab, oder weil die Asiaten die Stärke ihrer Drachen so sehr verinnerlicht und trainiert hatten, dass sie nahezu jeder Belastung standhalten konnten. Doch da die meisten meiner Begegnungen in Asien mit den Kampfkünsten zu tun hatten – und die Spezies der Kampfkünstler trainiert innere Stärke nun mal täglich –, bin ich bei dieser Einschätzung möglicherweise in einen Confirmation Bias (Bestätigungsfehler) getappt und habe von meinem Mikrokosmos der Shaolin auf ganz Asien geschlossen. Erschwerend kommt hinzu, dass die Kommunikation in meinem Mischmasch aus Chinesisch, Japanisch und English nicht immer leicht war und in so manchen Situationen für Missverständnisse sorgte.

Als ich meinen Meister das erste Mal nach Stress fragte, benutzte ich den englischen Begriff *stress*. Doch er interpretierte ihn in einer anderen Wortbedeutung und glaubte, ich wolle über die Betonung (»*stress*« kann auch »betonen« heißen) sprechen. Daraus ergab sich eine hinreißende Lektion über meine schlechte Betonung des Chinesischen, im Verlauf derer wir beide über meine kläglichen Töne so lachen mussten, dass wir bald beschlossen, es sei Zeit, essen zu gehen. Zu Tisch bemühte ich mich noch einmal, mein Anliegen in andere Worte zu kleiden. Einem Chinesen die lateinische Ableitung des Begriffs »Stress«, von *strictus* (»angespannt«) kommend, zu erklären, machte die Sache aber nicht besser. Also holte ich weiter aus und erklärte: »Menschen brauchen nützliche Vorhersagen für zukünftige Ereignisse, um geeignete Maßnahmen zur Erreichung ihrer Ziele ergreifen zu können. Hilfreich ist dabei Wissen: Das Wissen einer Person über sich und ihre Umwelt hilft dabei, diese zu bewerten und zu interpretieren. Das Ziel ist es dann, ein Vorhersagesystem auf diesem Wissen aufzubauen und dieses weiter zu verbessern. So weit die Theorie – wenn dann aber Ereignisse eintreten, die außerhalb des Analysekonstrukts sind, kann dieses Unvermögen der Vorhersagbarkeit zu einem Gefühl von Angst und Panik werden, und das ist dann Stress!«

Ich kann mich noch genau an das Gefühl tiefer Verzweiflung erinnern, das in mir aufstieg, als ich nach meiner ausführlichen Erläuterung in das verständnislose Gesicht meines Meisters blickte. Ich hatte wieder nicht die richtigen Worte gefunden!

Wir einigten uns irgendwann auf den Vergleich, dass man Druck auf ein Material ausüben kann, bis es bricht. Und genau so kann man Druck auf einen Menschen ausüben. In dem Fall sogar auf zwei Ebenen: Wir können den Körper eines Menschen belasten, bis er zusammenbricht. Dabei können wir sogar ziemlich genau die Art der Belastung messen sowie die Zeit, die bis zum Zusammenbruch vergeht. Dasselbe können wir auch auf der mentalen Ebene tun: Es ist möglich, einen Menschen psychisch so lange zu belasten, bis er nicht mehr kann.

> Stress ist eine Überlastungserscheinung auf körperlicher und/oder psychischer Ebene, die in fast allen Lebensbereichen auftreten kann.

Also können wir als Definition festhalten: Stress ist eine Überlastungserscheinung auf körperlicher und/oder psychischer Ebene, die in fast allen Lebensbereichen auftreten kann.

Sichtweisen auf Stress

Stress – das Wort allein peitscht phonetisch durch die Stille und zerschneidet die Luft. Obwohl der Begriff in den vergangenen Jahrzehnten eine immer größer werdende Verbreitung erfahren hat, herrscht selbst für Muttersprachler immer noch eine gewisse Begriffsverwirrung. Wir kennen heutzutage eine Vielzahl von Stressvarianten, je nachdem, mit welchem anderen Substantiv wir den Stress kombinieren: Familien-, Erziehungs-, Behörden-, Prüfungs-, Alltagsstress und so weiter. Doch egal, wie man es nennt, es ist eine Belastung für Körper und Seele.

Hierzulande haben sich meiner Wahrnehmung nach zwei Lager gebildet, die unterschiedlicher nicht sein könnten. Es gibt diejenigen, die Stress als eine Art Statussymbol verstehen. So etwas wie gesellschaftlich anerkannte Orden oder Schulterklappen, die man sich selbst verleihen darf, vorausgesetzt, man hat genug Stress. Auf der anderen Seite gibt es diejenigen, die nicht mit Stress angeben, sondern sich bei jeder passenden und unpassenden Gelegenheit über ihn beschweren. Diese Menschen klagen schon über Stress, da sind sie noch gar nicht aufgestanden – so kommt es mir zumindest manchmal vor.

Beide Lager scheinen mir in etwa gleich groß zu sein, und obwohl ich meine Scherze mit beiden treibe, besorgt mich die Lage. Beiden geht es nicht gut. Beide leiden. Wäre es in diesem Zusammenhang nicht gut, wenn man Stress sichtbar oder messbar machen könnte? Dann könnte man bei sich und anderen eine objektive Pegelstandmessung vornehmen und sagen: »Pass mal auf, du musst dich echt schonen!« Oder vielleicht: »Hör auf zu jammern, da geht noch was.«

Eine kurze Geschichte der Stressforschung

Nicht ohne Grund wurde Stress vor einigen Jahren von der Weltgesundheitsbehörde (WHO) zu einer der größten Gesundheitsgefahren des 21. Jahrhunderts erklärt.[30] Schon seit vielen Jahren wird dazu intensiv geforscht. Der US-amerikanische Psychologe Walter Cannon beschrieb im Jahr 1925 die körperliche Reaktion auf einen Stress auslösenden Reiz erstmals als

Fight-or-Flight-Response (Kampf-oder-Flucht-Reaktion). Stress ist bei Cannon immer verknüpft mit starken Emotionen wie Angst oder Aggression. Die Ausgangsbasis seiner wissenschaftlichen Auseinandersetzung mit dem Thema bildeten die häufig auftretenden posttraumatischen Belastungsstörungen von Soldaten während und nach dem Ersten Weltkrieg. Der Forscher entdeckte, dass durch emotionalen Stress verschiedene Prozesse im Gehirn ausgelöst wurden: Das Gehirn musste in kürzester Zeit eine Situation einschätzen, um Entscheidungen bezüglich möglicher oder notwendiger Reaktionen auf die Situation treffen zu können. Dabei gab es seiner Meinung nach zwei Möglichkeiten: Kampf oder Flucht.[31]

Cannon entdeckte aber nicht nur, dass es im Gehirn einen Entscheidungsprozess gab, sondern auch, dass die Aktivierung des Stammhirns, des limbischen Systems, und die vermehrte Ausschüttung von Adrenalin und Noradrenalin körperliche Extremleistungen wie Kampf oder Flucht überhaupt erst möglich machten. Er fand heraus, dass Adrenalin im menschlichen Organismus zu einer Erhöhung des Herzschlags, stärkerer Durchblutung und der Blockierung des Verdauungssystems führt.[32]

Jeffrey Alan Gray, ein britischer Psychologe und Philosoph, vertiefte diese Erkenntnisse. Er war der Meinung, dass Cannon unbedingt recht habe, dass es aber noch weitere Reaktionsmöglichkeiten gebe. Seit 1988 wird daher eine weitere mögliche Sequenz wissenschaftlich diskutiert: *freeze, flight, fight or fright.*[33] Die Freeze-Reaktion – das Einfrieren – kommt laut Gray dadurch zustande, dass man im Stresszustand seine Aufmerksamkeit auf alle einkommenden Sinnesreize gleichzeitig zu richten versucht. Diesen Zustand der erhöhten Aufmerksamkeit nennt man auch *Hypervigilanz.* Wenn man aber übermäßig mit dem Wahrnehmen beschäftigt ist, bleibt kein Fokus mehr für eine körperliche Reaktion. Das Resultat ist Bewegungslosigkeit. Wir erstarren. Ein weiterer Grund für Bewegungslosigkeit könnte die Hoffnung sein, vom Stressor oder Aggressor übersehen zu werden – zum Beispiel von einem Raubtier, da dessen Augen am ehesten auf Bewegungsreize anspringen. Falls Flucht oder Kampf aussichtslos erscheinen, kommt es zur Fright-Reaktion, dem Erstarren des Muskeltonus. Wir stellen uns aus Angst tot.[34]

Ich habe die Freeze-Phase beim Kampf mit sehr schnellen und agilen Gegnern am eigenen Leib erfahren: Meine Aufmerksamkeit verdichtete sich in diesen Situationen. Gerade weil alles so schnell ging, wollte ich mir nichts entgehen lassen. Ich versuchte, alles zu erfassen, zu analysieren, meinen Konter in Gedanken bis ins Kleinste zu planen – und kam dadurch nicht in Bewegung. Ich erstarrte. Und dann prasselten die Schläge erbarmungslos auf mich ein.

Sich im Kampf aus einem Freeze-Stadium zu befreien, ist nicht einfach. Es bedarf einer bewussten Willensanstrengung, sich aus diesem lähmenden, hypnotischen Zustand zu lösen. Wenn ein Kämpfer dem Zustand der Lähmung zu lange ausgesetzt ist, erhält er meistens einige Wirkungstreffer vom Gegner, die es körperlich und mental zu verarbeiten gilt. Neben einem körperlichen Knock-out kann es zu zwei schwierigen psychischen Reaktionen kommen:

- Wer viele Schläge einstecken muss, wird nicht selten von den Hieben benebelt und verliert so Teile seiner Handlungskompetenz.
- Genauso kann es zum Phänomen der *Combat-Fatigue* kommen. Das ist ein militärischer Begriff für eine akute Reaktion auf den Kampfstress, die häufig mit Müdigkeit, verlangsamter Reaktionszeit, Unentschlossenheit und anderen Symptomen einhergeht.

Ich kann mich an Situationen erinnern, in denen ich diese Unentschlossenheit, Müdigkeit, depressive Stimmungslage im Kampf erfahren habe. Ich hätte mich gerne »totgestellt«, in der Hoffnung, der Gegner würde dann endlich von mir ablassen. Ich habe es nie getan, obwohl die Simulation eines Knock-outs gereicht hätte, um den Kampf zu beenden.

Es gibt laut Forschung eine weitere Verhaltensreaktion bei Stress: die *Tend-and-befriend-Reaktion*.[35] Sie verweist auf die Suche nach Unterstützung und soziale Hilfestellung statt auf Kampf und Flucht. *Tend* bedeutet in diesem Zusammenhang den Versuch, die Schwächeren zu schützen, sich um die Kinder zu kümmern et cetera. Es wird noch analysiert, getestet, geforscht und argumentiert, ob es hierbei einen Unterschied zwischen Frauen und Männern gibt.[36]

Stresstheorie nach Selye

Spannend für das Thema innere Stärke wird die Stressforschung vor allem durch die Arbeit von Hans Selye, den man nicht zu Unrecht auch den »Vater des Stresses« nennt. Er gilt als der Pionier der Stressforschung, unter anderem weil er ein Modell geschaffen hat, das sich auch auf mittel- und langfristige Folgen von Stress bezieht. Darin beschreibt er Stress als Reaktion auf jede Art von Anforderung. Er bezieht ihn also nicht nur auf schädliche, gefährliche Reize, sondern differenziert zwischen gutem Stress *(Eustress)* und schlechtem Stress *(Distress)*. Außerdem beschreibt Selye mit seinem *allgemeinen Adaptionssyndrom* drei Phasen von Stress:[37]

1. **Alarmphase:** Hier führt die Ausschüttung von Hormonen zu einer gesteigerten Leistungsfähigkeit des Körpers.
2. **Widerstandsphase:** Hier werden Stresshormone abgebaut, um eine Entkräftung des Körpers zu verhindern.
3. **Ausgleichsphase:** Hier kommt der Körper auf sein normales Erregungsniveau zurück.

Daraus ergibt sich der logische Schluss, dass die körperlichen Folgen schädlich sein können, wenn sich ein Individuum entweder zu lange in einem Stresszustand befindet oder vor dem nächsten Stress nicht genug Zeit für die Widerstands- und Ausgleichsphase hat, um wieder auf ein normales Erregungsniveau zu kommen.

Außerdem beobachteten die Forscher ein psychologisches Phänomen: Es gibt individuelle Unterschiede beim Umgang mit Stress. Ein Reiz löst demnach nicht unbedingt dann Stress aus, wenn er einen bestimmte Schwellenwert übertritt, sondern wenn das Individuum diesen Reiz subjektiv als stressig bewertet. Daraus folgt, dass man den Stress durch die Beziehung der Person zu ihrer Umwelt betrachten muss und nicht nur durch die reinen Stressreaktionsmuster. Diese Erkenntnis ist für das Thema innere Stärke interessant. Fallen Ihnen auch Beispiele ein, in denen Sie, einem Reiz ausgesetzt, ganz cool geblieben sind, während andere um Sie herum schon gestresst waren? Wahrscheinlich erinnern Sie sich im Gegenzug auch an Situationen, in denen Sie beim kleinsten Reiz in ein Stressmuster verfallen sind und sich wünschten, Sie wären etwas gelassener geblieben. Die Frage ist nun: Was wird wie und warum von wem als Stress wahrgenommen?

Subjektive Auslöser für Stress

Wenn das nächste Mal ein Reiz (Stressor) auf Sie zukommt, nehmen Sie als Erstes folgende Bewertung vor: Ist der Reiz neutral, positiv oder stressig? Wenn Sie den Reiz als stressig bewerten, fragen Sie sich, ob Sie diese Bewertung uminterpretieren könnten. Sie bauen also einen Zwischenschritt ein, der Ihnen Zeit gibt, Ihre spontane Bewertung zu reflektieren. Sollten Sie immer noch der Meinung sein, es sei ein Stress auslösender Reiz, kategorisieren Sie ihn in »eingetroffener Schaden«, »Bedrohung« oder »Herausforderung«. Durch diese Reflexion gewinnen Sie Zeit, um zu überlegen, ob Sie genug Ressourcen haben, um mit der Situation fertigzuwerden. Wenn Sie zum Beispiel vor einer herausfordernden Prüfung stehen, können Sie sich darauf besinnen, dass Sie bereits schwierigere Prüfungen bestanden haben. Dann wird aus einer möglichen »Bedrohung« eine »Herausforderung«, die mit gesteigerter Motivation und Eustress einhergehen kann. Wenn aber die geforderte Leistung subjektiv als Überforderung gewertet wird, wird dies zu negativem Stress führen.

Wir ziehen einen großen Teil unseres Selbstkonzepts und damit unseres Selbstwerts aus unserer kognitiven Leistungsfähigkeit. Doch ausgerechnet die Fähigkeit zum lösungsorientierten Denken wird unter Stress in Mitleidenschaft gezogen und verringert sich proportional zur Stressbelastung. Das kann im beruflichen Umfeld schnell zum Problem werden, da der Beruf in der heutigen Gesellschaft einen sehr hohen Stellenwert hat. Er ist nicht nur wichtig zur Existenzsicherung, sondern auch für die Identitätsbildung. Nun hat sich die Arbeit in den vergangenen Jahrzehnten stark verändert. Digitalisierung, Globalisierung, Privatisierung und härterer Wettbewerb verstärken zunehmend den Druck auf Arbeitnehmer und Selbstständige. Welche extremen Folgen diese Veränderungen auf die psychische und physische Gesundheit haben können, zeigt das Beispiel von Japan: Die Zahl der Toten durch Überarbeitung *(karoshi)* oder durch Freitod aufgrund von Arbeitsstress *(karojisatsu)* beläuft sich jährlich auf Tausende.[38] Die Arbeit nimmt immer mehr Zeit in Anspruch und die Leistungsanforderungen steigen stetig.

Spezifische Stressoren, also »Gründe für Stress«, am Arbeitsplatz sind vor allem Arbeitsüberlastung, mangelnde Belohnungen, Verlust von Kollegialität, Kontrollverluste und unfaire Behandlungen wie zum Beispiel Mobbing. Mobbing am Arbeitsplatz und fehlende Kollegialität fallen unter die Kategorie der sozialen Stressoren. Und genau diese spielen eine wichtige Rolle bei der Entstehung alltäglicher und immer wiederkehrender Stresssituationen. Darunter fallen unter anderem unausgesprochener Streit, Konflikte, starke Änderungen der gewohnten Lebensverhältnisse (Umzug, Schulwechsel, Jobwechsel, Homeschooling und Homeoffice) oder traumatische Lebensereignisse wie beispielsweise der Tod eines Familienmitgliedes oder guten Freundes.

Halten wir fest: Stress ist Stress, wenn jemand eine Situation subjektiv als stressig bewertet. Ich behaupte: Je größer unsere innere Stärke ist, desto weniger bewerten wir Situationen als stressig. Außerdem glaube ich, dass uns die Arbeit an der inneren Stärke einige Vorteile verschafft:

> Stress ist Stress, wenn jemand eine Situation subjektiv als stressig bewertet.

- Wir erkennen Stress früher.
- Wir verschaffen uns durch eine strategische Analyse psychologische Erleichterung.

- Wir halten körperlichen und psychischen Belastungen besser stand.
- Wir erholen uns nach einer stressigen Situation schneller.

Stresshormone – Bösewichte oder Helfer?

Wenn wir einen genaueren Blick auf die Stresshormone werfen, zeigt sich: Sie genießen allgemein keinen allzu guten Ruf. Zu Unrecht: Die Hormone sind sogar lebensnotwendig! In akuten Belastungssituationen, wenn etwa eine Prüfung ansteht oder wenn Sie körperlich hart trainieren, schüttet die Nebenniere Stresshormone aus. Diese signalisieren dem Gehirn, Glukose als Energiequelle bereitzustellen. Der Blutdruck steigt, das Herz pumpt schneller, der Fettstoffwechsel wird aktiviert und Entzündungsreaktionen im Körper werden gehemmt. Wir werden »kampfbereit«, erleben eine gesteigerte Konzentration und fühlen uns leistungsfähiger.[39]

Ist die Belastung allerdings nicht akut, sondern ein Dauerzustand – etwa weil wir seit Wochen unter körperlicher oder emotionaler Anspannung stehen –, kann die gesteigerte Hormonausschüttung zum Problem werden. Wenn kontinuierlich Stresshormone freigesetzt werden, können physische und psychische Beschwerden die Folge sein. Häufig werden Herzerkrankungen und Bluthochdruck mit einem erhöhten Stresshormonspiegel in Verbindung gebracht, ebenso Konzentrationsschwierigkeiten, Gedächtnisschwäche, verminderte Schlafqualität und verminderte Regenerationsfähigkeit (Rekonvaleszenz).[40]

Wenn Ihr Körper einmal mit Stresshormonen vollgepumpt ist, hilft innere Stärke nur noch bedingt. Sie können zwar mit mentalen Techniken den Abbau von Stresshormonen beschleunigen, dazu zähle ich Atmung, Meditation und Schlaf. Sie sollten aber auch auf der körperlichen Ebene dafür sorgen, dass die Stresshormone in Schach gehalten werden. Dafür eignen sich Regeneration, Bewegung, Ernährung und Qigong.

Stressabbau durch Regeneration

Wie lange braucht man, um sich von Stress zu erholen? Das ist wahrscheinlich von einer Vielzahl an Faktoren abhängig. Angenommen, Sie sind randvoll mit Stresshormonen, kurz vor dem Zusammenbruch, und Sie entscheiden sich, die Sache einfach »auszusitzen«. Dann würden Sie sich ganz ohne Sport, ohne Ernährungsumstellung, ohne Zutun anderer regenerieren. Irgendwann werden die Stresshormone aus Ihrem Körper ausgeschieden, resorbiert, umgewandelt oder auseinandergenommen worden sein.

Ich habe einmal auf einem Augenärzte-Kongress sprechen dürfen und dabei einer interessanten Debatte beigewohnt. Es ging um die Frage, ob man durch emotionale Tränen – also Weinen vor Freude oder Leid – Hormone aus dem Körper ausschwemmen könne. Ich fand die Diskussion hochinteressant. Wenn man seinen negativen Emotionen auf diese Weise Ausdruck verleihen könnte, würde man zwei Fliegen mit einer Klappe schlagen: Die emotionale Erleichterung nach dem Weinen, die Katharsis (seelische Reinigung) während des Weinens und das Ausscheiden belastender Hormone mit dem Weinen. Die befragten Wissenschaftler nahmen in dieser Debatte allerdings die Position ein, dass das zwar eine interessante Theorie sei, man allerdings noch nie Stresshormone wie Adrenalin, Noradrenalin, Dopamin oder Adrenocorticotropin (ACTH) in der Flüssigkeit »emotionaler Tränen« habe finden können. Schade, es wäre so schön gewesen.

Von diesem Kongress nahm ich noch eine weitere wichtige Information mit: Stresshormone werden in der Nebenniere gebildet, in der Leber abgebaut und über den Urin ausgeschieden. Das bedeutet, der Abbau beziehungsweise die Ausleitung geht von selbst, vorausgesetzt, man wartet in Ruhe ab und verhindert die Ausschüttung neuer Stresshormone. Am besten funktionieren die Regenerationsmaßnahmen des Körpers, wenn der Parasympathikus am aktivsten ist, und das ist er im Schlaf. Ein erholsamer Schlaf ist also nicht nur der Jungbrunnen des Körpers, sondern er heilt, repariert, regeneriert und reguliert sämtliche Baustellen.

Das klingt doch eigentlich ganz gut, oder? Selbst wenn wir nichts aktiv zum Abbau von Stress tun, regeneriert sich unser Körper von selbst, sofern wir ihm eine Auszeit gönnen, ausreichend schlafen und aufs Töpfchen gehen. Doch leider ist Stress nicht ganz so einfach in den Griff zu bekommen. Deswegen rate ich Ihnen, sich Verhaltensweisen anzugewöhnen, die Ihnen helfen, Stress etwas schneller loszuwerden und in Zukunft Ihren Stresspegel im Alltag niedriger zu halten.

Stressabbau durch Bewegung und Sport

Es gilt heute als erwiesen, dass sich Bewegung positiv auf die körperliche und geistige Gesundheit auswirkt. Allerdings ist noch relativ unerforscht, welche Mechanismen dahinterliegen. Viele Studien, die ich gelesen habe, widersprechen sich in wesentlichen Punkten. Und was man in den einschlägigen Fitness-, Sport- und Freizeitmagazinen liest, scheint ähnlich wie die neuesten Diäten immer neuen Trends unterworfen zu sein. Ich möchte hier deswegen keine angelesenen Weisheiten von mir geben, die in kürzester Zeit widerlegt sein werden, sondern

Ihnen meine Gedankengänge und persönlichen Erfahrungen als Reflexionsangebot anbieten.

Meine persönlichen Erfahrungen der vergangenen 20 Jahre haben gezeigt, dass Sport nur positiv auf die Stressregulation wirken kann, wenn die sportliche Betätigung selbst nicht als Stress wahrgenommen wird. Das gilt sowohl auf mentaler als auch auf physischer Ebene. Ich habe gerade in Führungskräfteseminaren ehrgeizige Manager erlebt, die ausgerechnet in Stressphasen ihr Laufpensum hochgeschraubt haben. Das Problem dabei ist, dass Sport, wenn er im Grenzbereich der körperlichen Leistungsfähigkeit betrieben wird, zur vermehrten Ausschüttung von Stresshormonen beiträgt. Das bedeutet: Man glaubt, Stress abzubauen, obwohl man ihn tatsächlich verstärkt.

Ich habe eine wunderbare Metapher von meinem Meister gelernt: »Der Geist steigt wie ein Drachen.« Damit meinte er allerdings nicht den inneren Drachen und auch nicht das Fabelwesen, sondern das Spielzeug, das man an windigen Tagen in den Himmel aufsteigen lässt. In diesem Bild schwebt der Geist irgendwann so weit oben, dass er sich wunderbar fühlt – weg von den Sorgen, mit klarem Blick auf die Dinge, irgendwie eins mit der Natur. In diesem Zustand sind wir im wahrsten Sinne des Wortes nur noch über einen dünnen Faden mit unserem Körper am Boden verbunden. Das bedeutet allerdings, dass uns unter Umständen entgeht, wenn sich der Körper dort unten über seinem Leistungslimit bewegt, weil der Geist sich zwar oben wohlfühlt, der Körper unten aber Stresshormone ausschüttet.

Verzichten Sie darauf, sich nach Feierabend noch schnell einen Adrenalinkick beim Wettkampfsport zu holen oder sich mit dem Mountainbike bei Höchstgeschwindigkeit einen Berg hinabzustürzen. Selbst Joggen kann nach hinten losgehen:

Maßvolles Laufen ist sehr entspannend und gesundheitsför-
dernd – Hauptsache, Sie generieren dabei nicht noch mehr
Stress! Hier gilt es, achtsam mit sich und dem eigenen Körper
umzugehen. Gehen Sie in stressigen Zeiten also lieber ins Fit-
nessstudio und machen Sie bei absolutem Ruhepuls Übungen,
die Ihre großen Muskelgruppen leeren. Hauptsache, Sie schüt-
ten kein Adrenalin oder Cortisol aus. Genauso gut können Sie
Kniebeugen oder Klimmzüge bei sich zu Hause oder im Hotel machen. »Die Muskeln sind unser emotionalstes Organ«,
sagt auch der Gesundheitspapst Professor Ingo Froböse von der
Sporthochschule Köln.[41] Seiner Meinung nach sind Muskeln
die Stimmungsmacher unserer Seele: Sie fressen Stress und wirken wie Antidepressiva. Der Sportwissenschaftler betont, dass
man vor lauter Ausdauer-Hype in den vergangenen Jahren die
Kraft vernachlässigt habe.[42]

Erinnern Sie sich noch an das Computerspiel *Pac-Man* aus
den 1980er-Jahren? Mit der Spielfigur Pac-Man musste man
Punkte in einem Labyrinth fressen. Dabei wurde man von Gespenstern verfolgt. Fraß man eine Kraftpille, konnte man für
eine gewisse Zeit selbst die nun blau eingefärbten Gespenster
verfolgen und fressen. Ich stelle mir gerne vor, wie nach dem
Krafttraining ein kleiner Pac-Man durch meinen Körper läuft
und Stresshormone auffrisst.

Stressabbau durch Ernährung

Wo wir gerade über Pac-Man sprechen, lohnt es sich, einen
kurzen Blick auf unsere Ernährung im Stresszustand zu werfen.
Generell gilt: Wer sich ausgewogen ernährt, ist auch im Alltag mehr in Balance – und hat damit einen guten Puffer gegen
Stress. In der chinesischen Kultur gibt es nach meiner Erfah-

rung kaum ein zentraleres Thema als Essen. Sich über Speisen und deren Zubereitung zu unterhalten, Vorfreude auf das nächste Mahl zu generieren, Tipps und Tricks auszutauschen – das gehört einfach dazu. Wissen Sie, wie man sich unter Chinesen begrüßt? Sooft es geht, benutzt man als Begrüßungsformel 你吃饱了吗 *(Ni chi fan le ma)*? Das bedeutet so viel wie: »Hast du schon gegessen?« Die Frage nach dem Essen schwingt also bereits bei der Begrüßung mit.

Also, was für eine Art von Essen könnte uns beim Abbau von Stresshormonen helfen? Mein Meister würde Ähnliches wie die meisten europäischen Ärzte sagen: Verzichten Sie in akuten Stressphasen auf Zucker, Alkohol, Kaffee, Chips und Pommes frites. Warum? Nun ja, Süßigkeiten sorgen dafür, dass Ihr Insulinspiegel durch die Decke schießt. Transfette steigern Ihren Cholesterinspiegel. Beides zusammen sorgt für einen Steuerbefehl an die Nebennierenrinde, Stresshormone zur Regulierung zu produzieren. Auch Koffein bringt die Nebenniere dazu, dass diese vermehrt Cortisol freisetzt.[43] Außerdem würde Ihnen mein Meister zu Ginseng raten. Es stärkt das Immunsystem, erhöht die körpereigenen Widerstandskräfte und hilft bei der Reduktion von Stresshormonen. Ginseng wird in China und Korea seit über tausend Jahren dafür verwendet.

Meine Tipps, um den Verzicht zu erleichtern und Stress zu reduzieren: Setzen Sie Ihre weißen Zuckerwürfel ab. Probieren Sie süße Alternativen wie Stevia oder Birkenzucker und trinken Sie ab und zu einen grünen Tee statt Kaffee. Tee hat stressreduzierende Eigenschaften. Im schwarzen Tee ist Theanin enthalten, das dabei hilft, erhöhte Stresshormonlevel zu reduzieren. Theanin hilft dabei den Geist zu beruhigen und den Körper anzuregen. Grüner Tee enthält Antioxidantien, die ebenfalls eine beruhigende und entspannende Wirkung auf Geist und Körper haben. Aber auch Kräutertees wie Kamille und Rosmarin helfen dabei, eine Entspannungsphase einzuleiten, die erholsamen Schlaf fördert.

Das sind im Grunde meine Ratschläge zur Ernährung bei Stress. Ich erhebe nicht den Anspruch der Vollständigkeit und verweise Sie liebend gern an kompetente Ernährungsberater, Ärzte, Biochemiker, Köche oder Journalisten, deren Stoffsammlungen in diesem Bereich bereits ganze Bibliotheken füllen. Eines wissen Sie aber bereits ganz ohne Rat eines Experten: Niemand hat Sie jemals gezwungen all den – pardon – Scheiß zu fressen. Noch nie hat Ihnen jemand eine Tafel Schokolade in den Schlund gestopft und Sie mit ein paar Shots Jägermeister nachgurgeln lassen. Sie allein treffen die Entscheidung, was Sie zu sich nehmen. Seien Sie diszipliniert und konsequent – nicht immer, aber wenn es darauf ankommt!

Stressabbau durch Qigong

Haben Sie sich schon einmal mit Qigong auseinandergesetzt? Die wörtliche Übersetzung gibt bereits einen Einblick, worum es grundsätzlich geht: »Arbeit mit Energie«. Qigong-Übungen sind gesundheitsfördernde Bewegungen, Atem- und Konzentrationstechniken, die sich durch Leichtigkeit und geschmeidige Übungsabläufe auszeichnen. Ziel ist es, durch ein Mehr an Lebensenergie und ein Weniger an Stress in ein gesundes Gleichgewicht, in Harmonie, zu gelangen.

Qigong ist ein Teil der jahrtausendealten Traditionellen Chinesischen Medizin (TCM), die den Menschen ganzheitlich behandelt. Gleichzeitig ist Qigong auch die Basis der TCM. Das Erhalten und Pflegen der Gesundheit, Gelassenheit und Lebensfreude sowie das innere Lächeln haben dabei höchsten

Stellenwert.[44] Ich habe im Laufe der Zeit über 30 Qigong-Arten kennengelernt, teilweise selbst ausprobiert, teilweise dazu weiterrecherchiert, und erlaube mir, für dieses Buch Qigong in drei Kategorien zu unterteilen: medizinisch, meditativ und kampfbezogen.

Medizinisches Qigong

Die erste Kategorie nenne ich »medizinisches Qigong«. Was ich damit meine, ist ein Fokus der inneren und äußeren Energiearbeit auf eine messbare, körperliche Ebene. Die Arten von Qigong, die ich in dieser Rubrik zusammenfassen möchte, können den Blutdruck senken, Schmerzen lindern, den Kreislauf stärken, Stress abbauen und die Konzentrationsfähigkeit steigern. Das medizinisch orientierte Qigong kann vorbeugend gegen Stress eingesetzt werden, es kann Ausgeglichenheit, Konzentration und Koordination fördern. Es wechseln Anspannungs- mit Entspannungs- und Atemübungen ab. Durch Bewegung, muskuläre Aktivierung, Konzentration und Atmung ist mit dieser Art von Qigong ein vergleichbares Resultat wie beim Sporttreiben möglich, also ein aktives Abbauen der Stresshormone.

Die Qigong-Arten dieser Kategorie reichen von »einfach und ohne Vorkenntnisse erlernbar« über »sehr komplex und fortgeschritten« bis hin zu »geheim« und nur für auserwählte Schüler/Meistergrade zugänglich.

Meditatives Qigong

Meditatives Qigong kann bewegt oder still sein. Die meisten meditativen Qigong-Übungen finden sich allerdings im unbewegten, also stillen Qigong: Man sitzt im Schneidersitz, im

Fersensitz oder auf einem Stuhl. Auch auf einer Matte oder im Bett zu liegen, ist möglich. Das Qi wird bei diesen Übungen durch ständige geistige Konzentration, Visualisierung oder bestimmte Atemtechniken »bewegt«, gesteuert und kontrolliert. Das Ziel solcher Meditationen kann unterschiedlich sein. Meistens geht es darum, die Lebensenergie in einen harmonischen Fluss zu bringen. In vielen Kampfkunstschulen, die sich stark daoistisch ausgerichtet haben, geht es mehr um das Kultivieren von Jing (Essenz), Qi (Energie) und Shen (Vitalgeister) als um die kämpferischen Aspekte.

Meditatives Qigong kann man als äußerlich, passiv (*yin*), und innerlich, aktiv (*yang*), betrachten. Der Körper bleibt regungslos, der Geist ist wach und konzentriert sich aktiv auf die Bewegungen des Qi. Es ist eine spezielle Art der Meditation und kann das aktive, medizinische Qigong in Bewegung sehr gut unterstützen.

Wenn wir in Ruhe und ohne Bewegung sitzen, können wir die Vorgänge in unserem Körper viel besser wahrnehmen. Diese Übungen in einem Status der erhöhten Sensibilität wirken sich dann wiederum positiv auf das bewegte, medizinische Qigong aus, auch wenn es für den Verstand schwierig sein kann, für einige Minuten völlig regungslos zu verharren. Aber durch den inneren Widerstand gibt es doch »Reibung« und damit Futter für den Geist. Der Geist bekommt die Aufgabe, sich auf verschiedene Vorgänge im Körper zu konzentrieren, und das ist im Allgemeinen einfacher, als – wie bei anderen Meditationsübungen – nur dazusitzen und auf die Stille zu lauschen.

Solche Meditationen sind für den Anfänger ein harter Brocken und werden mit zunehmender Erfahrung sehr wertvoll. Das Geheimnis ist: Zeit investieren und einfach machen, sich den Übungen hingeben.

Kampfbezogenes Qigong

Die dritte Kategorie sind Qigong-Übungen, in denen neben der Arbeit mit dem Qi noch ein weiterer Aspekt vermittelt wird: Kampf beziehungsweise Selbstverteidigung. Ein berühmter Vertreter dieser Kategorie ist Tai-Chi. Tai-Chi unterteilt sich wiederum in verschiedene Stile, wie Yang-Stil, Chen-Stil, Wudang-Stil und andere. Sie werden meist unter dem Begriff »innere Stile« zusammengefasst. Sie stellen für alle Übenden einen langen und entdeckungsreichen Weg dar. Auch wenn fast alle Bewegungen in zeitlupenartigem Tempo durchgeführt werden, sind sie körperlich eine wahre Herausforderung mit einem hohen gymnastischen Anteil.

Beim Üben soll der Körper entspannt sein. Das bedeutet, dass nur die für eine spezielle Bewegung oder Stellung wirklich benötigten Muskeln angespannt werden, während die übrigen Muskelgruppen im Ruhetonus bleiben. Das bedeutet, nicht »schlaff« zu werden. Es geht um die Ausprägung der sogenannten Jin-Kraft (勁力/劲力, *jìnlì* – »Explosivkraft«), die aus dem Ruhetonus kommt. Während man diese Kraft aufbaut, muss der gesamte Körper koordiniert werden und sollte keinen hemmenden Spannungen unterliegen, sonst können Energieblockaden entstehen. Der Atem soll natürlich fließen und dabei tief sein. Allerdings gehen verschiedene Stile mit dem Atem unterschiedlich um, sodass ich keine verallgemeinernden Aussagen treffen möchte.

Die Bewegungen im Taijiquan sollen fokussiert und achtsam ausgeführt werden. Dabei wird aber nicht nur die Konzentration auf die Vorgänge im eigenen Körper gefordert, sondern sie soll sich gleichmäßig zwischen der Wahrnehmung der eigenen Bewegungen und der Umwelt aufteilen.

Yang Chengfu, der bekannteste Vertreter der sogenannten weichen oder inneren Kampfkunst, hat zehn Grundregeln formuliert, die beschreiben, welche Körper- und Geisteshaltung der Übende anstreben sollte:[45]

1. Den Kopf entspannt aufrichten.
2. Die Brust herausstrecken und den Rücken gerade dehnen.
3. Das Kreuz/die Taille locker lassen.
4. Das Gewicht richtig verteilen.
5. Die Schultern und die Ellenbogen hängen lassen.
6. Das 意 *(yi)* – Absicht, Intention – und nicht das 力 *(li)* – Gewaltkraft, Muskelkraft – anwenden.
7. Die Koordination von oben und unten.
8. Die Harmonie zwischen innen und außen.
9. Der ununterbrochene Fluss (die Bewegungen sollen fließen).
10. In der Bewegung ruhig bleiben.

Ziel des Übens ist das Mehren des Qi im Körper. Der Übende soll lernen, das Qi wahrzunehmen und schließlich zu kontrollieren. Richtig ausgeführt, fühlt es sich wie eine Art Energiefluss an, den man im Körper zirkulieren lassen und gezielt an bestimmte Körperstellen senden kann. Einerseits soll es nach Meinung meiner Meister Körperkontrolle und Gesundheit dienen und andererseits im Kampf anwendbar sein.[46]

Schutzschild gegen Stress

Jetzt haben wir einige Techniken beleuchtet, die uns helfen, mit Stress umzugehen. Trotzdem bleibt es die Aufgabe unserer inneren Stärke, einen Schutzschild aufzubauen, der uns hilft, einen Großteil des auf uns zukommenden Stresses »abperlen« zu lassen, zu puffern oder umzuwandeln. Denn wenn der Stress uns einmal im Griff hat, sind wir bereits in Bedrängnis und haben nicht mehr die Möglichkeit, alle Handlungsoptionen auszuspielen. Wir sind mit Reagieren beschäftigt. Immer in der Defensive bleiben zu müssen, ist keine gute Ausgangsposition, wenn man einen Kampf gewinnen oder wenigstens die Oberhand behalten möchte.

Vielleicht haben Sie Lust, an ein paar kurzen Übungen teilzunehmen, zu denen ich Sie jetzt einlade. Es handelt sich um Achtsamkeitsübungen, die eine Auswirkung auf Ihre Energiebilanz haben können. Vielleicht erfüllen sie damit schon die Kriterien für Qigong – ansonsten sind sie ein erster Schritt auf einem spannenden Weg. Also, setzen Sie sich aufrecht hin, atmen Sie tief durch, entspannen Sie sich, lesen Sie weiter und machen Sie direkt mit!

Die Wirkung dieser drei Achtsamkeitsübungen werden Sie nicht durch das Lesen allein erleben. Es ist unbedingt notwendig, sie auszuführen und mehrmals zu wiederholen. Ihr Gewinn liegt darin, Stress, Nervosität und Angst besser zu spüren, zu kontrollieren und sich zu fokussieren. Ich halte diese aufeinander aufbauenden Übungen für mentale Werkzeuge, die jeder beherrschen sollte.

Gedanken wahrnehmen

Lenken Sie Ihre Aufmerksamkeit als Erstes auf Ihre Gedanken. Setzen Sie sich dazu an einen ruhigen Ort, in Stille und Abgeschiedenheit. Stellen Sie einen Timer auf 20 Minuten. Sie können auch mit weniger anfangen, mindestens sollten es aber fünf Minuten sein.

Schließen Sie die Augen, atmen Sie in den Bauch, entspannen Sie sich und beobachten Sie sich selbst beim Denken. Akzeptieren Sie alle Gedanken, Gefühle, Bilder und Emotionen, die in Ihnen entstehen. Lassen Sie alles wertfrei zu.

Situation simulieren

Diese Übung ist ein wenig anspruchsvoller, denn es geht um die Kunst des Visualisierens. Während Sie in der ersten Übung Ihrem Unbewussten lediglich eine Projektionsfläche geboten haben, versuchen Sie in dieser Übung, selbst etwas zu gestalten. Mein Tipp: Bleiben Sie dabei stets ruhig und entspannt, gehen Sie nicht verbissen an die Sache heran.

Stellen Sie sich eine schwierige oder brenzlige Situation vor Ihrem geistigen Auge vor – so realitätsnah und intensiv wie möglich. Vertiefen Sie anschließend Ihre Visualisierung: Welche Farben sehen Sie? Welche Töne können Sie hören? Welche Gefühle kommen in Ihnen hoch? Was können Sie riechen? Was schmecken Sie? Tauchen Sie nun nochmals tief in die Szene ein und lassen Sie die Bilder und Gefühle entstehen.

Tasten Sie sich in mehreren Versuchen langsam und vorsichtig immer näher an die unangenehme, brenzlige, vielleicht sogar angsteinflößende Situation heran, Schritt für Schritt. Achten Sie darauf, wie Ihr Körper reagiert. Vielleicht mit Mus-

kelanspannung? Mit einem Kloß im Hals? Mit einem trocke-
nen Mund oder einem kalten Schauer über den Rücken? Lassen
Sie diese unangenehmen Gefühle unbedingt zu.

Mentale Bilder reduzieren

In Ihrer beklemmenden Situation bewegen Sie sich in der drit-
ten Übung nun gedanklich auf der Zeitachse in Richtung Zukunft. Malen Sie sich die zukünftige Situation aus, wie sie sich
optimal entwickeln könnte – in den buntesten und schillernds-
ten Farben: Wie sehen Sie sich jetzt? Welche Geräusche oder
Töne, Gerüche und Bilder nehmen Sie jetzt wahr? Erleben Sie
das Bild der optimalen Situation und verweilen Sie darin. Diese
Übung wiederholen Sie so lange, bis Sie ein gutes Gefühl dabei
haben.

Sparringspartner Sorgen

Ich möchte Ihnen nun einen Gegner der Kraft des Drachen
vorstellen, der im besten Fall ein Leichtgewicht ist, der aber im
schlechtesten Fall Ihre Tage dominieren kann: Sorgen.

Sorgen können aktiv sein oder passiv. Sie können uns helfen,
aber sie können uns auch schaden. Ich habe mittlerweile die
Vermutung, dass manche Menschen absichtlich gerne und viel
von Sorgen sprechen, um Aufmerksamkeit zu erregen. Interessant ist dabei: Wer seine Angst äußert, ist ein Weichei, eine
Memme, ein Schwächling, ein Waschlappen. Wer aber seine
Sorge kundtut, wird als weitsichtig, besonnen und klug wahrgenommen. Es könnte sein, dass Menschen manchmal unbewusst diesen Mechanismus nutzen, um auf perfide Art und
Weise ihren Selbstwert zu steigern.

Vorausschauende Sorgen

Sich zu sorgen, kann eine vorausschauende Qualität haben. Sorge tragen, sich um jemanden sorgen, etwas aus Fürsorge erledigen, sorgfältig sein – all das sind positive, wohlmeinende Ansätze, die mir folgendes Argument erleichtern: Sorgen können uns helfen, uns auf zukünftige Ereignisse einzustellen und vorzubereiten. Wer sich sorgt, entwickelt ein Problembewusstsein und kann schwierige, stressige oder angsteinflößende Ereignisse informierter und produktiver bewältigen. Wenn Menschen Dinge tun, um negative Konsequenzen zu verhindern, spricht man auch vom Sorgen: vorsorglich zum Arzt gehen, Muttermale kontrollieren lassen, einem beschwipsten Freund den Autoschlüssel wegnehmen, Sonnencreme benutzen oder sich auf den nächsten Geschäftstermin vorbereiten.

All diese Szenarien haben eines gemeinsam: Mehr Sorge führt zu mehr Planung – und das führt zu weniger Sorgen. Sorgen können Sie also zum Weltmeister in Sachen Planung machen. Selbst wenn das Ereignis nicht so eintritt, wie Sie es vorausgedacht haben, und selbst wenn die Resultate nicht so sind, wie Sie es sich gewünscht haben: Sie waren zumindest super vorbereitet. Ich habe für komplexe Szenarien eine Art »Schutzpessimismus« entwickelt frei nach dem Motto »Erwarte das Schlimmste und hoffe auf das Beste«. Ich habe mir also angewöhnt, mich zumindest mental auf Schwierigkeiten vorzubereiten. Dort, wo ich vorausschauend planen oder handeln kann, schwinden dadurch meine Bedenken und Sorgen.

Katastrophenszenarien und Weltuntergangsstimmung im Kopf

Große Themen wie Gesundheit, Karriere, Weltwirtschaft, Klimawandel, auf die wir wenig Einfluss haben, die ungewiss und unplanbar sind, können genau deshalb in puncto Sorgen schwierig werden. Ich persönlich gehe damit um, indem ich eine fatalistische Haltung einnehme. Ich kenne Menschen, die der Ungewissheit in diesen Bereichen stattdessen mit einem Lächeln entgegensehen. Sie freuen sich auf das, was kommt, und gehen mit Zuversicht in Richtung Zukunft. Für viele andere Menschen sind wiederum genau diese komplexen und unsicheren Bereiche Auslöser, sich in allen nur erdenklichen Risiko-, Bedrohungs- und Katastrophenszenarien zu verlieren.

Manchmal werden aus Sorgen mehr oder minder konkrete Ängste. Ich möchte Ihnen ein – zugegeben triviales – Beispiel aus meiner eigenen verrückten Erlebniswelt geben, das schön die Dynamik des Sorgens veranschaulicht.

Einer meiner Schüler hatte sich zum Training angemeldet, aber er erschien nicht zum vereinbarten Zeitpunkt am vereinbarten Ort. Telefonisch war er nicht erreichbar. Ich dachte, dass er bestimmt die Tram verpasst hatte und vermutlich in fünf Minuten da sein würde. War er aber nicht. Dann dachte ich mir: »Ach, wahrscheinlich spielt der Münchner Verkehrsverbund mal wieder verrückt. Irgendwo hat es bestimmt eine Verschiebung im Zeitplan gegeben, eine Verkettung unglücklicher Umstände.« Nach zehn Minuten überlegte ich, dass meine Schüler doch eigentlich wussten, wie wichtig mir Pünktlichkeit war – eine Tugend, die es gerade beim Training unbedingt zu respektieren galt. Demnach konnte nur ein Unfall schuld an seiner Verspätung sein. Nach einer Viertelstunde war ich mir bereits ziemlich sicher, dass mein Schüler in einen schweren Unfall verwickelt gewesen sein musste, sonst wäre er erreichbar oder hätte sich bei mir gemeldet. Als fast eine halbe Stunde vergangen war, »wusste« ich: Ihm war etwas ganz Schreckliches zugestoßen. Er brauchte dringend meine Hilfe! Doch was sollte, was konnte ich tun? In meiner Sorge erreichte ich irgendwann den Punkt, an dem rationale Gedanken weniger wichtig, weniger zahlreich und vor allen Dingen weniger wirksam wurden. Aus einer Lappalie wurde ein Katastrophenszenario, die sprichwörtliche Mücke, die zum Elefanten mutierte.

Nur zu Ihrer Beruhigung: Meinem Schüler war tatsächlich nichts zugestoßen. Er war kopflos zu einem Freund in Not gefahren, um diesem zu helfen. Darüber hatte er das Training vollkommen vergessen. Noch dazu hatte der Akku seines Telefons schlappgemacht, weswegen er eine ganze Zeit lang nicht erreichbar war.

Ja, ich weiß bereits aus Erfahrung, dass ich im Sorgenteufelskreis irrationale Gedankenkonstrukte baue – und trotzdem bin ich oftmals nicht in der Lage, rechtzeitig auszusteigen. Nichtsdestotrotz reagiere ich mit Ungeduld auf meine Frau, wenn sie sich beispielsweise Sorgen wegen des Kindergartenplatzes eines unserer Kinder macht. Obwohl ich ganz genau weiß, dass ich in Sachen Sorgen keinen Deut besser bin, erwische ich mich selbst bei dem sinnlosen Spruch: »Schatz, hör doch auf, dir Sorgen zu machen!« Dieser Satz ist nicht nur sinnlos, sondern auch in mehrfacher Hinsicht kontraproduktiv. Er wirkt ähnlich deeskalierend wie die Aufforderung »Jetzt entspann dich doch mal!«.

Das Waffenarsenal der Sorgen

Was soll ich Ihnen sagen? Der Umgang mit Sorgen ist nicht einfach, sie können tatsächlich zu einem ganz perfiden Gegner werden, der ein Meister darin ist, eine Eigendynamik zu entwickeln. Ich liste Ihnen kurz die wichtigsten Waffen der Sorgen auf:

- Sie bemächtigen sich Ihrer Ängste und verursachen enormen Stress.
- Sie bilden Endlosschleifen in Ihrem Denken.
- Sie führen zu sinnlosem Grübeln.
- Sie übernehmen Teile Ihres rationalen Denkens und blockieren diese.
- Sie zwingen Ihnen Gefühle auf, gegen die Sie machtlos sind.
- Sie beschädigen Ihre Zukunft und Gegenwart.
- Sie können Ihr Leben dominieren.
- Sie können ein Hinweis auf Risiken sein.

Diese Negativ-Liste ist etwas willkürlich und bei Weitem nicht vollständig. Ich habe sie absichtlich etwas verzerrt, um mehr negative als positive Merkmale aufzuzeigen. Vielleicht haben Sie zu den meisten dieser Punkte bereits klare Bilder vor Ihrem inneren Auge.

Sorgen sind schwer zu stoppen, vor allem wenn es um Herausforderungen und Probleme in der Zukunft geht, die man zurzeit gar nicht angehen kann. Dann hat man eine sorgenvolle Zeit vor sich. Sorgen können Sie sich immer machen, sogar wegen Nichtigkeiten – etwa weil die Nachbarin Sie angeschaut hat oder auch weil sie Sie *nicht* angeschaut hat. Sie können sich sorgen, weil es regnet oder weil die Spülmaschine schon so alt ist. Ja, lachen Sie nicht: Die geht bestimmt bald kaputt, und was ist dann? Und was mache ich, wenn meine Tochter eines Tages einen Sprachfehler bekommt? Lachen Sie nicht schon wieder! Ich habe als Elternteil das Recht, mir Sorgen zu machen – ich habe schließlich das Sorgerecht!

Schluss mit den Sorgenfalten!

Erst wenn wir die Irrationalität unserer Gedanken in Bezug aufs Sorgenmachen aufgedeckt haben, können wir die Situation ein wenig analytischer angehen. Es gibt einen Unterschied zwischen *begründeten* und *unbegründeten Sorgen*. Ich meine damit nicht nur das Abwägen zwischen einem wahrscheinlichen und unwahrscheinlichen Eintritt eines Szenarios, sondern auch das Potenzial zur Einflussnahme. Können wir das betreffende Szenario durch unser Denken oder Handeln verändern? Wir sind ja bereits zu der traurigen, aber unumstößlichen Wahrheit vorgestoßen, dass wir auf viele Ereignisse in unserem Leben wenig bis gar keinen Einfluss haben. Es ist nicht immer ganz einfach, diese Tatsache pragmatisch auf Bedenken und Sorgen anzuwenden. Logisch wäre aber die Schlussfolgerung: Wenn Sie keinen Einfluss haben, müssen Sie sich auch nicht sorgen.

Um diesen Transfer zu schaffen und um Zeit zum Fokussieren zu bekommen, stelle ich mir immer eine Überbrückungsfrage: »Was kann ich jetzt konkret tun, um das Sorgenszenario zu vermeiden?« Wenn es etwas zu tun gibt, tue ich es – nach vorheriger Planung, versteht sich. Wenn es nichts zu tun gibt, versuche ich, die Sorgen loszulassen. Immerhin habe ich gerade herausgefunden, dass ich ohnehin nichts tun kann, außer mich zu sorgen, was aber hinsichtlich der Verbesserung der aktuellen oder zukünftigen Situation gar nichts bringt. Vielleicht gelingt es Ihnen ja auch beim nächsten Mal, wenn die Sorgen Sie plagen. Falls die hartnäckigen Quälgeister immer noch da sind, versuchen Sie es mit den folgenden Tipps.

Den Moment einfangen

Gerade weil Sorgen meist in der Zukunft oder der Vergangenheit liegen, verstricken wir uns im Sollte, Müsste, Könnte oder – wenn es um die Vergangenheit geht – im Hätte. Wenn es Ihnen gelingt, ins Hier und Jetzt zu kommen, erlangen Sie die Herrschaft über Ihre Gedanken wieder. Sie können dazu eine kleine Meditation machen, eine Achtsamkeitsübung, ein wenig Kung-Fu, Tai-Chi oder sich vom Zehnmeterbrett ins Wasser stürzen – bei all diesen Dingen werden Sie im besten Fall keine Gelegenheit mehr haben, sich Sorgen zu machen.

Eine konkrete Maßnahme ist, 15 Minuten lang jede Ihrer Handlungen nicht nur bewusst anzugehen, sondern sie während des Ausübens laut zu kommentieren, um sich von den sorgenvollen Gedanken zu lösen, die Sie derzeit plagen: »Ah, die Spülmaschine ist ja immer noch nicht kaputt. Wunderbar, dann werde ich sie jetzt also beladen. Ich nehme dieses Glas mit der rechten Hand und stelle es rechts oben hin. Der Löffel, auch mit der rechten Hand, kommt ins Besteckfach. Dann nehme ich diesen Teller hier, den stelle ich ins Register unten links …« Wenn Sie Ihr Tun minutiös laut kommentieren und beschreiben, können Sie die Sorgenschleife unter Umständen leichter durchbrechen. Wenn Sie nach Ablauf der Zeit mit dem kommentierten Tun aufhören, haben Sie mehr Stille im Kopf und können neu zu denken beginnen.

In Bewegung kommen

Ich habe einmal den Satz gehört: »Sich Sorgen machen ist wie im Schaukelstuhl zu sitzen: Es beschäftigt einen, bringt einen aber nirgendwohin.« Ich finde, das trifft es hervorragend. Unterbrechen Sie den Teufelskreis, indem Sie sich wirklich bewegen und auspowern. Am besten in Gesellschaft und am allerbesten auf eine Art und Weise, die Ihr Gehirn gleich mit beansprucht. Tanzen Sie Limbo, spielen Sie Fangen oder Blindekuh, gehen Sie Squash oder Fußball spielen oder Wildwasser fahren. Oder starten Sie mit Aktivitäten, die Sie immer schon einmal lernen wollten.

Herzhaft lachen

Kein Scherz: Lachen Sie. Das war es schon! Lachen und Sorgen machen gleichzeitig versaut Ihnen die Pointe. Erzählen Sie anderen einen Witz. Schauen Sie einen lustigen Film an oder beobachten Sie Affenkinder im Tierpark. Für mich persönlich funktioniert schwarzer Humor hervorragend.

Sorgen terminieren

Legen Sie Zeiten fest, in denen Sie sich nach Herzenslust Sorgen machen dürfen. Anstatt krampfhaft dagegen anzukämpfen, machen Sie doch den Sorgen ein wenig Hoffnung, dass sie sich am Donnerstag zwischen 8 und 9 Uhr bei Ihnen melden dürfen. Da haben Sie ab sofort immer Sorgen-Sprechstunde.

Aber Achtung: Sorgen, die sich mit der Vergangenheit beschäftigen, erhalten keinen Sprechstundentermin bei Ihnen! Das sind die Gedankenschleifen, in denen wir uns immer wieder fragen, ob wir anders hätten handeln sollen. Die Grübelei, dass es »anders gekommen wäre, wenn ...«, das »Hätte ich nur« oder »Wäre ich doch« und Ähnliches. Es sind oft auch die Stimmen der anderen, die uns früher einmal etwas gesagt haben, das uns heute noch belastet.

Mit der Vergangenheit abschließen

Zu dem berüchtigten Selbstvorwurf »Ach, hätte ich doch nur …« kann ich Ihnen versichern: Sie hätten nicht anders handeln können. Sie haben in der Regel zum fraglichen Zeitpunkt nach bestem Wissen und Gewissen auf der Basis der vorhandenen Informationen entschieden und gehandelt. Rückblickend kann man oft zu der Einschätzung kommen, dass man es anders hätte machen sollen, aber in der Regel nur, weil man dann Informationen dazugewonnen hat, die man vorher nicht hatte. Doch die Vergangenheit infrage zu stellen, basierend auf Informationen, die wir erst in der Zukunft erhalten haben werden, ist sinnlos. In dieser Zukunft können wir die Vergangenheit schließlich nicht mehr ändern.

Nehmen wir einmal an, dass Sie sich beim Wandern unglücklicherweise den Fuß gebrochen haben. Rückblickend zu sagen: »Wäre ich mal lieber nicht gewandert«, ergibt keinen Sinn. Sie wussten ja nicht, wie es kommen würde. Und schon gar keinen Sinn hätte es vor dem Wandern gehabt, zu sagen: »Ich wandere nicht mit, weil ich fürchte, mir den Fuß zu brechen …« – da wären wir dann wieder bei den unnötigen Sorgen. Das sind nicht nur die sprichwörtlichen ungelegten Eier, sondern das sind Eier, die längst verfault sind, die niemand mehr essen will und kann. Die braucht niemand mehr, die können weg. Und für die gibt es auch keine Sprechstunde. Warum? Weil es nicht mehr zu ändern ist, selbst wenn Sie Ihre Vergangenheitssorgen noch weitere 50 Jahre wälzen. Dieses Verhalten hindert Sie nur daran, gut im Hier und Jetzt zu leben. Sorgen über Vergangenes belasten als ewig schwächender Kraftakt Ihre innere Stärke, ohne dass es zu irgendetwas führt. Schließen Sie damit ab!

Einen Fachmann konsultieren

Wenn sich Sorgen Ihres Körpers bemächtigen, in Ihnen wüten, Ihnen den Spaß, die Lebensfreude oder gar den Lebensmut rauben und Sie sich nicht mehr zu helfen wissen, sollten Sie unbedingt geeignete Gegenmaßnahmen ergreifen. Konsultieren Sie Experten, die Ihnen helfen können, die Sorgenwogen zu glätten und wieder zu einem angemessenen Umgang mit den Anforderungen des Lebens zu gelangen.

Sparringspartner Angst

Während Stress und Sorgen Gegner sind, die sich auf leisen Sohlen anschleichen und von denen wir annehmen, sie irgendwie doch kontrollieren und in Schach halten zu können, haben wir es bei der Angst mit einer ganz anderen Gewichtsklasse zu tun. Sie ist ein Superweight-Champion, ein echtes Schwergewicht. Für viele von uns ist Angst der Endgegner. Sie ist das Befürchten möglichen Leidens, sei es nun real oder eingebildet, direkt bevorstehend oder noch nebulös, vage, ungewiss. Angst hat die Fähigkeit, uns schon aus dem Gleichgewicht zu bringen, bevor sie überhaupt da ist. Sie wirft ihre Schatten voraus. Die Angst vor der Angst ist oft viel schlimmer als die Bedrohung in der realen Situation. Angst kann unseren Energiespeicher, unsere Lebens-, Willens-, Denk- und Kreativkraft innerhalb kürzester Zeit aufbrauchen und den mühsam aufgebauten Schild unserer inneren Stärke durchbrechen.

Es macht auch mir ein wenig Angst, diese Büchse der Pandora zu öffnen. Im Gegensatz zur griechischen Mythologie werden hier beim Öffnen nicht die Untugenden und Laster entweichen, aber ich weiß, dass ich ein schwieriges und komplexes Thema zu erschließen versuche. Ich erlaube mir daher an dieser Stelle, lediglich jene Gedanken aufzugreifen, die meines Erachtens für das Thema innere Stärke relevant sind. Dafür ist es hilfreich, den Begriff »Angst« genauer zu definieren beziehungsweise einzugrenzen.

Gesichter der Angst

Experten unterscheiden zwischen *Angst* und *Furcht*. Furcht bezieht sich auf eine reale Bedrohung und wird gerne als »gerichtete Angst« definiert. Der Begriff »Angst« wird dagegen meist als ein »ungerichteter Gefühlszustand« definiert.[47] Umgangssprachlich werden die beiden Begriffe allerdings meist synonym verwendet – und das ist für mich völlig in Ordnung. Statt mich in wissenschaftlichen Termini zu verlieren, möchte ich lieber mit der Stimme meines Meisters sprechen: »Wenn wir im Allgemeinen von Angst sprechen, kennen wir die großen Ängste, bei denen es um Leib und Leben geht, und die kleinen Ängste, die unser Leben erschweren und die wir gerne wieder loswerden würden.« Für mich ergibt diese grundlegende Definition Sinn, man muss sie allerdings vervollständigen. Aber eins nach dem anderen – bleiben wir zunächst bei großen und kleinen Ängsten.

Große Ängste sind in diesem Zusammenhang in der Regel Ängste vor real existierenden Gefahren. Wir treten nicht zu nah an einen Abgrund, wir stecken die Hand nicht ins Löwengehege und wir laufen nicht bei Rot über die Straße. Wir erkennen sie schnell und können sie sofort einem anderen erklären. Für das Erkennen potenziell lebensbedrohlicher Situationen sind wir Menschen biologisch regelrecht programmiert. Das bedeutet: Vor einer Schlange, einem Hai oder einer Hornisse haben wir automatisch Angst. Wenn ich allerdings beobachte, mit

welcher Sorglosigkeit Kinder mit einem gebrochenen Strom-
kabel umgehen oder einfach auf die Straße laufen, komme ich
zu dem Schluss, dass nicht alle großen Ängste vor realen Gefahren bereits biologisch angelegt sind. Das biologische System des
Menschen konnte sich wohl noch nicht auf die Gefahren der
modernen Welt einstellen. Immerhin ist hier in den meisten
Fällen mit einer nachdrücklichen, logischen Erklärung schnell
Klarheit geschaffen.

Schwieriger wird es bei den »kleinen Ängsten« wie der Angst
vor Mäusen, vor dem Zahnarzt, vor dem Fliegen oder vor dem
Verzehr eines abgelaufenen Joghurts. Nicht jeder versteht das
Ausmaß der gefühlten Bedrohung, die von einem niedlichen
Mäuschen ausgeht, und nicht jeder bekommt Beklemmungen
beim bloßen Gedanken an ein Flugzeug. Vom Joghurt ganz zu
schweigen. Doch egal wie rational oder irrational – mit unseren
vielen kleinen Ängsten haben die meisten von uns zu leben gelernt. Wenn es möglich ist, vermeiden wir sie, und wenn nötig,
beißen wir eben die Zähne zusammen und stehen die Sache
irgendwie durch.

Grundformen der Angst nach Riemann

Die Psychologie beschäftigt sich mit der Angstentwicklung, er-
forscht die Zusammenhänge und ermöglicht die Konfrontation mit der Angst. Das vielleicht bekannteste Modell der Angst
stammt von dem Psychoanalytiker Fritz Riemann. So man-
nigfaltig das Phänomen Angst ist – es gibt nämlich praktisch
nichts, wovor man keine Angst entwickeln könnte –, geht es bei
genauem Hinsehen immer um Variationen bekannter Ängste,
die Riemann als die *Grundformen der Angst* bezeichnet und in
seinem gleichnamigen Buch beschreibt:[48]

- Angst vor der Selbsthingabe (als Ich-Verlust und Abhängigkeit erlebt),
- Angst vor der Selbstwerdung (als Mangel an Geborgenheit und Isolierung erlebt),
- Angst vor Wandlung (als Vergänglichkeit und Unsicherheit erlebt),
- Angst vor der Notwendigkeit (als Endgültigkeit und Unfreiheit erlebt).

Alle möglichen und scheinbar »unmöglichen« Ängste sind laut Riemann immer Varianten dieser vier Grundängste, die sich gerne paarweise ergänzen und widersprechen: das Streben nach Selbstbewahrung und Absonderung, mit dem Gegenstreben nach Selbsthingabe und Zugehörigkeit. Und andererseits das Streben nach Dauer und Sicherheit mit dem Gegenstreben nach Wandel und Risiko. Riemann wünscht sich ein Gleichgewicht dieser Kräfte, nichts Statisches, sondern etwas harmonisch Fließendes. Er schreibt von einer inneren Dynamik, die »nie etwas Erreichtes, sondern etwas immer wieder Herzustellendes« ist.[49] Mit meinem in Richtung östlicher Philosophien geprägten Blick sehe ich sofort einen Gleichklang mit der Yin-Yang-Metapher.

Es handelt sich bei Riemanns Modell um eine typologische Zuordnung, die hauptsächlich Komplexität reduzieren soll. Das erzeugt Verständlichkeit und Vergleichbarkeit und ermöglicht eine logische Sortierung. Der Mensch ist im Gegensatz zu einem Modell aber ein unglaublich komplexes Wesen, das man nicht auf ein paar typologische Charaktermerkmale und/oder pathologische Ausprägungen »eindampfen« kann. Der Mensch ist weit mehr als die Summe seiner Teile.

Der Ursprung der Angst

Warum manchmal die Angst einfach auftaucht, ohne dass wir sie gerufen haben oder gebrauchen können, kann man sehr schwer erklären. Ebenso schwierig ist es manchmal zu bestimmen, wovor wir gerade wirklich Angst haben. Rational betrachtet weiß man oft, dass man eigentlich keine Angst zu haben braucht – nicht vor Spinnen (die wenigsten beißen), nicht vor Mäusen oder anderen kleinen Tieren (die haben mehr Angst als man selbst) und nicht vor Donner und Blitz (die Wahrscheinlichkeit, vom Blitz getroffen zu werden, entspricht etwa der eines Lottogewinns).[50] Doch Logik hilft nicht, man spürt trotzdem, dass sie da ist, die Angst. Manchmal zeigt sie sich nur als diffuses Gefühl ohne konkrete Verankerung; ein Unwohlsein, leicht verwechselbar mit dem Gefühl des schlechten Gewissens. Der Körper schaltet in einen anderen Modus und die Achterbahn der Gefühle reißt einen womöglich unsanft mit.

Manche Ängste stammen aus unserer Kindheit. Unsere Familie, unser Umfeld oder andere Einflüsse konditionieren uns. Also entwickeln wir spezielle Ängste basierend auf Erfahrungswerten, auf Charaktereigenschaften oder sonstigen Regelungen. Leider werden Kinder ängstlicher Eltern auch oft ängstlich. Wenn eine Mutter ständig sorgenvoll ruft: »Vorsicht! Nicht rennen! Langsam gehen! Achtung!«, dann muss doch Rennen gefährlich sein, oder? Und das kann Angst machen. Gott sei Dank werden wir älter, sammeln neue Erfahrungen und verstehen, dass Rennen im Grunde genommen nicht gefährlich ist, wenn man es beherrscht. Im Erwachsenenalter legen sich Ängste oft wieder, sofern man sie als solche erkennt und darüber nachdenkt.

Zum Glück sind wir nicht starr und für immer und ewig an diese einmal verinnerlichten Muster gebunden. Wir sind eher wie der im chinesischen Sprichwort beschriebene Bambus, der sich biegt, aber nicht bricht. Deswegen sind wir auch in Bezug auf unsere Ängste wandelbar. Mithilfe unserer Intelligenz, unseres Selbstbewusstseins oder anderer Merkmale haben wir die Möglichkeit, über Handlungskompetenz unser anerzogenes Verhalten zu ändern und uns unseren Ängsten zu stellen. In unserer Bereitschaft zur Veränderung haben wir allerdings die natürliche Tendenz, uns selbst zu betrügen. Das sollten wir stets im Hinterkopf behalten.

Da sich die großen Ängste im Leben nicht umgehen lassen, bezahlen wir den Versuch, ihnen auszuweichen, mit vielen kleinen Ängsten. Diese kleinen neurotischen Ängste lassen sich nur dann auflösen, wenn wir die dahinterliegende große Angst erkannt haben und uns damit auseinandersetzen. Angst hat also eine wichtige Bedeutung. Sie ist ein wesentlicher Faktor unserer Entwicklung.

Aktionismus aus Angst

Im Prinzip entstehen alle Ängste zunächst aus einem natürlichen Bedürfnis nach Sicherheit und Kontrolle. Anders ausgedrückt: Wenn wir uns nicht mehr sicher fühlen oder uns die Kontrolle entgleitet, dann entsteht Angst. Wenn wir die Angst wahrnehmen und analysieren, kann es uns also gelingen, Sicherheiten zu schaffen, Kontrolle zu ergreifen und so die Angst zu zügeln. Worauf ich hinauswill: Auf einen Gegner, den man sieht, kann man sich einstellen (frei erfundene Shaolin-Weisheit).

Es gibt aber neben den großen und kleinen Ängsten noch eine sehr spannende Kategorie: die unbewussten Ängste. Das bedeutet: Nicht jeder, der Angst hat, ist sich im Klaren darüber. Das Faszinierende an uns Menschen ist, dass wir unsere Ängste leugnen, ignorieren oder gar verdrängen können. Ist Ihnen das nicht auch schon einmal aufgefallen? Ich glaube, wir haben eine besondere Begabung in der Nichtwahrnehmung unserer Ängste.

Männer zum Beispiel haben oftmals riesige Angst vor Bedeutungslosigkeit. Jetzt müssen Sie erst einmal auf dem Wort herumkauen, nicht wahr? Selbst die Männer unter Ihnen stehen wahrscheinlich noch auf dem Schlauch – aber lesen Sie weiter, an der Sache ist was dran. Nicht wahrgenommen zu werden, nichts zu gelten, machtlos zu sein, vielleicht sogar ungeliebt, das ist ein verborgener Horror für den Mann (und womöglich auch für viele Frauen, aber ich kann aus meiner Perspektive eben nur über Männerängste berichten, und auch diese trifft bestimmt nicht auf alle gleichermaßen zu). Ist das nicht merkwürdig? Ich bin mir sicher, dass kein Tiger da draußen in der Wildnis Angst hat, bedeutungslos zu sein – der Mann schon. Und welcher Mechanismus wird in so einem Fall getriggert? Genau, dieses Mal wissen Sie, worauf ich hinauswill, oder? Getriggert wird der Mechanismus »Machtmensch, Macker, Möchtegern«. Aus Angst versuchen wir (vorwiegend wir Männer), unseren Selbstwert künstlich zu steigern, und zwar nach dem Motto »Höher, schneller, weiter«. Wir fordern von uns und von anderen in erster Linie mehr Leistung und leugnen dabei unsere versteckte Bedürftigkeit. Wir versuchen, alle möglichen echten oder eingebildeten Probleme zu lösen: Schulden, Scheißjob, Übergewicht, falsche Frau – und übersehen dabei die eigentliche Ursache hinter dem Symptom, das wir »Problem« nennen. Unsere Bedürftigkeit ist es, die trotz aller Anstrengungen und Leugnung von Angst am Ende eine Leere hinterlässt.

Ein Teufelskreis: Wir haben Angst vor Bedeutungslosigkeit – und das triggert Aktionismus. Am Ende des Aktionismus entsteht Leere – und das triggert unsere Angst. Der Angst entkommen wir wieder durch Aktionismus – und so weiter. Irgendwann werden diese unbewussten Kreisläufe (die ebenfalls bestimmt nicht ausschließlich für Männer typisch sind) ungesund.

Verdrängung der wahren Probleme

Aus Angst macht man manchmal Dinge, die man später bereut. Denn viel zu häufig wird aus Angst nicht entschieden, sondern nur noch reagiert. Wir tun nicht, was wir für richtig halten, sondern was uns aktuell emotional erleichtert. Mit anderen Worten: Angst lässt uns fast immer mit Blick auf das Jetzt handeln anstatt mit Blick auf die Ursache oder die Konsequenzen. Aus Angst heiraten viele Menschen, und aus Angst trennen sie sich wieder. Sie lügen, hassen, geizen, stehlen oder töten. Angst ist auch der Grund für Perfektionismus, Depression und Scham und viele andere psychische Phänomene. Menschen glauben, sie hätten Angst vor Spinnen, Spritzen oder Aufzügen, vor Fremden, Computern oder der Polizei.

Doch wenn Sie aus Angst vor einem Konflikt mit Ihrem Partner Ihre Bedürfnisse unterdrücken und stattdessen dauerhaft nörgelig und unzufrieden werden, wird sich der Konflikt trotzdem einstellen – nur später. Oder wenn Sie während einer Prüfung vor lauter Angst einen Migräneanfall, einen Blackout oder Herzrasen bekommen und nun glauben, Sie könnten deswegen nicht an der Prüfung teilnehmen – dann wird das so gehandhabt, als wären Sie durchgefallen. Sie müssen die Prüfung früher oder später nachholen. Auch dieses durch Angst entstandene Problem ist nicht gelöst, sondern nur verschoben.

Flucht in die Ersatzbefriedigung

Außerdem werden Ängste, die wir als solche nicht wahrneh-men oder akzeptieren, schnell zu einem Motor für Ersatzbe-friedigungen und Süchte. Wir versuchen, die körperlichen Stressreaktionen und die Unruhe im Gehirn zu unterdrücken, indem wir uns ständig ablenken. In der Kunstgeschichte gibt es den Begriff »Horror Vacui« (Angst vor der Leere).[51] Weil der Mensch eine solche Angst vor Leere hat, lässt er keine Flä-chen frei, sondern versucht, diese mit Reliefs, Darstellungen und Ornamenten zu füllen. Während sich also der Künstler auf seine Werkzeuge und Techniken verlässt, um die Leere zu unterdrücken, lassen viele Menschen sich nur auf das ein, was ihre tieferliegenden Ängste unterdrückt. Sie lieben zum Bei-spiel ihren beruflichen Erfolg, ihr Wissen, ihre Schmuckkol-lektion oder ihren sozialen Status.

Das Spiel mit der Angst

Wir wissen nun also, dass es Ängste gibt und dass sie zu unse-rem Leben gehören. Das gilt für Groß und Klein. Und ein klein wenig Angst ist auch nicht immer unangenehm. Wir lieben Abenteuer oder zumindest Geschichten von Abenteuern. Wir schätzen das Gefühl von Spannung und Ungewissheit – von der filmisch inszenierten Hollywood-Verwechslungskomödie über den Thriller bis hin zum Horrorfilm. Und auch im echten Leben suchen wir mehr oder minder intensiv das Prickeln, den Kick oder die Herausforderung, den berühmt-berüchtigten Nervenkitzel. Manche Menschen sind regelrechte Adrenalin-junkies und können gar nicht genug davon kriegen, sobald sie ihre Angst überwunden haben.

Selbst Kinder mögen gruselige Geschichten, fahren gerne Achterbahn, springen wagemutig vom Sprungbrett, suchen neugierig nach Gespenstern oder kämpfen als edle Ritter gegen furchterregende Drachen oder bezwingen gefährliche Dinosaurier. Dabei lernen wir im Kindesalter etwas, das wir häufig im späteren Leben vergessen: Ängste, denen man sich stellt, werden kleiner. Meine Kinder sind mit drei und fünf Jahren gerade in einem Alter, in dem jeder Tag sie den Umgang mit ihren Ängsten lehrt: das Abenteuer, auf einen Baum zu klettern, alleine die Treppen hinunterzugehen oder das erste Mal einen Hund zu streicheln. Ich sehe in den Gesichtern meiner Kinder vorher die Angst, aber danach auch den Stolz, die beängstigende Situation gemeistert zu haben. Und ich spüre meinen eigenen Stolz, ihnen dabei zuzusehen – und manchmal meine eigene Angst, ihnen dabei zusehen zu müssen.

> Ängste, denen man sich stellt, werden kleiner.

Das Gegenteil habe ich bereits viel früher aus eigener Erfahrung gelernt: Ängste werden schlimmer, wenn man sie gewinnen lässt. Jedes Mal, wenn wir etwas aus Angst nicht tun, gestehen wir uns ein, dass die Angst stärker ist als wir. Unser Mut schwindet immer mehr. »Die Angst kann zu einem ziemlichen Monster werden, dann nennt man es Angstmonster. Man kann es aber auch zähmen. Willst du wissen, wie das geht?«, habe ich einmal meinen Sohn gefragt. Nun habe ich die Gelegenheit, Ihnen diese Frage zu stellen.

> Ängste werden schlimmer, wenn man sie gewinnen lässt.

Keine Angst vor der Angst

Als Eltern tragen wir manchmal unbewusst dazu bei, dass das Angstmonster gefüttert wird und im Leben unseres Kindes einen immer größeren Platz einnimmt. Manche Eltern mögen beispielsweise nicht, dass ihr Kind Ängste erleben muss, und so helfen sie ihm dabei, diese Ängste zu vermeiden. Doch wer sein Kind vor jeder angstauslösenden Situation beschützen will, stärkt es nicht. Im Gegenteil.

Meine Frau und ich haben eine Zeit lang zwei unterschiedliche Positionen eingenommen – ein wenig wie Nordpol und Südpol, Schwarz und Weiß, Yin Yang. Immer wenn ich das Gefühl hatte, sie sei ein wenig zu beschützend und behütend, wurde ich draufgängerischer und fordernder. Mein Gedankengang war: Bei einem Elternteil lernen die Kinder die Sicherheit, das Abwägen, die Reflexion, und beim anderen Elternteil eben das Wagnis, das Abenteuer, die Selbstüberwindung. Leider hat sich diese Herangehensweise pädagogisch als eine einzige Katastrophe erwiesen. Warum? Wenn ein Elternteil zum Beispiel sagt: »Vorsicht, renn da nicht runter, du könntest stürzen!«, dann füttert es das Angstmonster. Wenn das andere Elternteil das nächste Mal sagt: »Auf geht's, los, spring runter, du schaffst das!«, passiert im Geist des Kindes Folgendes: Es erinnert sich an die erste Situation, in der Angst erlaubt war. Also bekommt es wieder Angst. Sagt der Papa jetzt: »Auf geht's!«, erzeugt er Leistungsdruck und macht damit noch mehr Angst, füttert also ebenfalls das Angstmonster. Meine Lektion war: Wenn ein Elternteil fordert und ein Elternteil vor Ängsten schützt, wird das Angstmonster von zwei Seiten gefüttert. Das ist das Dümmste, was Eltern tun können!

Und noch etwas haben wir als Eltern von unseren Kindern gelernt: In Bezug auf Angst darf man niemals nach dem Warum fragen. Dadurch fühlen sich Kinder unter Druck gesetzt, sich für ihre Ängste rechtfertigen zu müssen. Die Bedrohung mag in den meisten Fällen nicht real sein, die Angst ist es aber schon. Mal ganz davon abgesehen, dass diese Frage selbst für Erwachsene unglaublich schwer zu beantworten ist. Sätze, die einen Zauber enthalten, sind hingegen: »Du hast Angst, das ist ganz normal! Sag mal, was könnte denn alles passieren?« Das gibt den Kindern die Gelegenheit, alles auf den Tisch zu legen, von dem sie sich bedroht fühlen. Hier hilft manchmal Mitschreiben, damit man die einzelnen Punkte in kleinen Schritten konkret angehen kann.

Kinder, die lernen, sich ihre Gefühle bewusst zu machen, sie zu benennen und zu akzeptieren, verlieren die Angst vor der Angst. Sie lernen: Ängste sind zwar unangenehm, aber sie selbst bleiben handlungsfähig, sie müssen sich nicht von ihren Gefühlen dominieren lassen. Und sie lernen, wie das regelmäßige Überwinden von Ängsten im Alltag sie gleichsam mutiger und zuversichtlicher in ihren Fähigkeiten werden lässt. Und das gilt übrigens nicht nur für Kinder.

Vielleicht ist Ihnen auch schon einmal aufgefallen, dass wir oft dazu tendieren, Ängste zu bagatellisieren, mit verständnislosen Kommentaren wie: »Wovor hast du denn Angst? Da ist doch nix«, »Warum hast du jetzt auf einmal Angst? Du hast das doch schon mal geschafft«, »Warum magst du jetzt nicht mehr? Vorhin wolltest du doch noch«. Wie fühlen Sie sich, wenn andere Ihre Angst bagatellisieren? Genau, Sie fühlen sich mies oder gar beschämt und es ist in der angsteinflößenden Situation wenig bis gar nicht hilfreich. Unser Körper reagiert mit Stress, wenn wir das Gefühl haben, uns oder andere anlügen zu müssen. Wir müssen der Angst möglichst klar und ruhig ins Auge blicken. Wir sind aber nicht klar und ruhig, wenn wir die Angst wegdrücken, vor ihr weglaufen oder sie nicht wahrhaben wollen. Nicht selten schämen wir uns sogar für unsere Ängste – ein schreckliches Gefühl! Nein, Angst zu haben muss immer erlaubt sein. Denn nur wenn wir ehrlich sind, indem wir ein unangenehmes Gefühl klar benennen, nimmt der Stress ab. Indem wir uns ein Gefühl bewusst machen, bekommen wir wieder Kontrolle darüber. Wir können uns dann überlegen, wie wir damit umgehen wollen.

Angst als Verbündete

An dieser Stelle möchte ich eine Lanze für die Angst brechen. Angst ist super! Diese Empfindung ist nicht mehr und nicht weniger als eine Warnung vor Gefahr und sie hat gleichzeitig einen Aufforderungscharakter: den Impuls, die erkannte Gefahr zu überwinden. Angst setzt – wenn wir ihr Raum geben – in den meisten Fällen in unserem Körper Energien frei. Wir bekommen mitunter hormoninduzierte »Bärenkräfte«, und das kann durchaus hilfreich sein, um aus einer Gefahrensituation zu entkommen oder anderen zu helfen. Sofern wir unser Gehirn in solchen angstbedingten Stresssituationen noch nutzen können, setzen wir es mit Hochdruck für die akute Problemlösung ein.

Im Idealfall – also, wenn wir ein Problem lösen konnten – kommt es zu einer wunderbar positiven Kettenreaktion: Wir haben das Problem gelöst und die Angst besiegt. Super! Dafür werden wir mit Glückshormonen in verschiedenen Gehirnarealen belohnt. Das gelöste Problem macht uns kompetenter, lässt uns wachsen und stärkt unser Selbstvertrauen. Wenn das gleiche Problem dann noch einmal auftaucht, haben wir eine neuronale Verschaltung im Gehirn etabliert, die sofort – und bei deutlich reduzierter Angst – abgerufen werden kann. Die Angst rüttelt uns also wach und hilft uns beim Problemlösen sowie beim Dazulernen.

Jede Entwicklung unserer Persönlichkeit und jeder neue Reifungsschritt ist mit Angst verbunden. Jeder Schritt in Richtung Selbstentwicklung führt uns in etwas Neues, bisher nicht Gekanntes und Gekonntes. Alles Neue, Unbekannte, jedes erste Mal, jedes neue Abenteuer erfordert eine Auseinandersetzung mit unserer Angst. Mein Meister pflegte zu sagen: »Immer dann, wenn du dich deinen Ängsten stellst, wirst du dich danach besser fühlen. Und zwar egal, wie es ausgeht. Du wirst an deinen Ängsten wachsen.« Wenn wir uns regelmäßig mit unseren Ängsten auseinandersetzen, werden wir mit der Zeit ein bombensicheres Selbstvertrauen aufbauen und die Gewissheit erlangen, mit jeder Situation fertigwerden zu können. Nichtsdestotrotz tendieren wir grundsätzlich dazu, die Dinge zu tun, die uns Vergnügen bereiten und die uns bequem sind. Mit Angstgefühlen umzugehen, zählt definitiv nicht dazu. Aber was uns im Leben meist wirklich voranbringt, sind nun einmal genau die Dinge, die auf den ersten Blick keinen Spaß machen.

Das beste Beispiel dafür ist die Konfrontation mit der Angst: Zunächst fühlt es sich unangenehm an, sich seinen Ängsten zu stellen. Doch langfristig werden wir dadurch freier und wachsen innerlich. Als ich noch ein Kind war, fürchtete ich mich vor der Klo-Hexe, vor Einbrechern, vor Monstern unter meinem Bett und vor Geistern im Keller. Meine Fantasie kannte in dieser Hinsicht keine Grenzen. Heute kann ich über diese Schreckgespenster natürlich lächeln. Trotzdem gibt es immer wieder Momente, in denen ich mich an diese alten Ängste erinnere, oder sie begegnen mir im Traum wieder – manche Monster verschwinden eben nie. Es gibt eine alte Weisheit, der ich nur zu gerne einen Shaolin-Anstrich geben möchte: »Wenn du einen Feind nicht besiegen kannst, dann mach ihn dir zum Verbündeten!«

Vom guten Umgang mit Ängsten

Wir können alle Erscheinungsformen der Angst in ein Spektrum einbetten. Es reicht von Unsicherheiten über Zwänge bis zu Phobien und letztlich Psychosen. Mut spielt in diesem Spektrum nur bis zu den Zwängen eine Rolle. Warum? Mut ist dem Willen untergeordnet. In dem Augenblick, in dem Ängste durch den Willen nicht mehr steuerbar sind, verliert Mut seine Wirkung. Gegen einen Esszwang, Reinigungszwang, Kontrollzwang, Kaufzwang kommen wir mit Mut nur selten an. Bei Phobien wie Klaustrophobie, Arachnophobie, Agoraphobie funktioniert das Mutigsein gar nicht mehr. In Panik, also bei einem Angstanfall, einer Schockstarre oder in einer Psychose, zum Beispiel bei Verfolgungswahn, gibt es keinerlei Spielraum für Mut.

Dient die Angst dem Überleben, ist sie für mich sakrosankt, also heilig. Dann sollte man sie nicht ignorieren. Wenn beispielsweise ein Typ mit einem Messer auf Sie losgeht, nutzen Sie Ihre Angst, um schnellstmöglich wegzurennen. Egal, wie viele schwarze Gürtel Sie haben – spielen Sie jetzt bloß nicht den Helden, sondern laufen Sie um Ihr Leben! Wenn die Angst aber nicht lebensgefährlich ist und irgendwo im Spektrum zwischen Unsicherheit und zwanghaftem Verhalten schwebt, ist es in meinen Augen immer lehrreich, sich ihr kämpferisch zu stellen.

Fragen Sie sich dazu im Vorfeld: Welche Ängste sind Ihnen bereits bewusst und welche unbewussten Ängste könnten ihnen zugrunde liegen? Ich finde, am besten erkennt man potenziell angsteinflößende Situationen und kommt seinen wahren Ängsten näher, indem man herumprobiert und viele verschiedene Erfahrungen sammelt. Ich habe zum Beispiel herausgefunden, dass ich in »körperlichen Situationen« weniger Angst habe als Menschen in meinem Umfeld, etwa davor, Schläge einzustecken. Also im Grunde alles, wofür man Tapferkeit braucht. Auch vor Spinnen oder Mäusen schrecke ich nicht zurück, wohl aber vor Nadeln, Injektionen oder Operationen – also eher Situationen, die sich meiner Kontrolle entziehen. Im nächsten Schritt können Sie daran arbeiten, sich Ihren Ängsten zu stellen. Bei Phobien empfehle ich aber dringend, dies nicht auf eigene Faust zu tun, sondern sich Unterstützung von Experten zu holen.

Die meisten Menschen blicken voller Stolz auf Situationen zurück, in denen sie Mut bewiesen haben und ihre Ängste überwinden konnten. Natürlich erzählen sich große Ziele und echte Heldentaten am besten. Dabei sind wir aber selten aufrichtig mit uns. Wir machen unseren Mut viel zu häufig größer als der Situation angemessen. Ähnlich wie beim Anglerlatein wird die Heldentat bei jedem Erzählen ein wenig größer, das besiegte Angstmonster ein wenig fürchterlicher und die Herausforderung noch komplexer. Und manchmal ist es genau andersherum. Da wird Mut unterstellt, wo gar keiner war. Warum behaupte ich das? Weil mein Umfeld mich manchmal für mutiger hält, als ich in Wirklichkeit bin. Durch meine Anekdoten entsteht ein verzerrtes Bild von einem Typen, der alle möglichen Abenteuer erlebt – oder von einem, der maßlos übertreibt. Es könnte sein, dass das mehr oder minder erfolgreiche Bestehen all meiner kleinen Abenteuer nicht meinem Mut und meinen Fähigkeiten zu verdanken ist, sondern purer Zufall oder reines

Glück war. Vielleicht war ich häufig schlichtweg bescheuert, das eine oder andere Wagnis eingegangen zu sein.

Manchmal sind es die kleinen Momente, die Augenblicke, die niemand an die große Glocke hängt, die von wahrem Mut zeugen. Den Satz von Nietzsche »Kein Sieger glaubt an den Zufall« interpretiere ich so, dass man alles, was geklappt hat, seinem Vermögen zuschreibt – weil man eben ein Sieger ist. Das ist aber meistens nicht zutreffend. Worauf ich hinauswill: Es müssen nicht immer die großen Geschichten von gelungenen Vorhaben sein. Es kann weniger mutig sein, den Watzmann zu erklimmen, als seinem Vater zu gestehen, einen Kratzer in dessen Stoßstange gerempelt zu haben (sorry, Papa!).

Sparringspartner Scham und Schuld

Scham kann uns am Vorwärtskommen hindern, aber sie kann uns auch wieder auf den rechten Weg zurückbringen, ja sogar Energien freisetzen. Hinter jeder Emotion steckt eine Kompetenz. Diese zu ermitteln und auszubauen, ja, auch das ist Kung-Fu. Auf dem Weg zur inneren Stärke kommen wir an unseren vermeintlichen Schwächen nicht vorbei, wir müssen uns mit ihnen befassen. Indem wir uns unserer selbst bewusst werden, gehen wir aktiv, reflektiert und mutig mit unseren Gefühlen um und bleiben auf diese Weise gewissermaßen Herr im Haus.

Intuitiv ist klar, dass Scham uns blockieren kann, weil sie uns nicht nur den Mut raubt, sondern auch unsere Handlungskompetenz. Teile unserer inneren Stärke werden einfach blockiert. Und wir geraten in die Situation, Dinge nicht zu tun, die wir vielleicht gerne tun würden. Wem es peinlich ist, beispielsweise vor einem großen Publikum zu stehen und eine Rede zu halten, hat einen Teil in sich, der den Verlust der Handlungsfähigkeit akzeptiert oder geflissentlich ignoriert. Dann werden eben keine Vorträge gehalten, was soll's? Es ist der Teil in uns, der allzu gerne ausweichen möchte, vertuschen, nicht hingucken. Genau, es ist unser alter Bekannter, die Angst. Scham kommt also in Begleitung der Angst. Wir müssen uns überwinden – und dafür brauchen wir Mut.

Der soziale Tod

Scham ist ein durch und durch soziales Gefühl, weil sie sich an den Maßstäben der Gesellschaft orientiert – und so ist sie überhaupt erst entstanden: damit sich die Mitglieder einer Gesellschaft regelkonform verhalten. Das bedeutet: Wer sich schämt, der fürchtet, wegen eines Fehlers bestraft, ausgestoßen und sozial isoliert zu werden. Er fürchtet diesen sozialen Tod und bemüht sich, ein Verhalten zu vermeiden, das dazu führen könnte. Mein Meister hat mir diesbezüglich hilfreiche Dinge mit auf den Weg gegeben. Er sagte: »Wir richten unsere Handlungen nach dem aus, was wir in unserer Umwelt als normales Verhalten wahrnehmen.« Er brauchte wie so oft keine Fachausdrücke oder Studien, um genau ins Schwarze zu treffen. »Scham ist ein wirkungsvolles Instrument«, fügte er hinzu. »Früher war das so: Wer gegen ein Gesetz verstoßen oder eine gesellschaftliche Regel verletzt hat, wurde öffentlich bloßgestellt, sichtbar für alle. Die Scham war ganz offiziell ein Mittel zur Disziplinierung.« Im Westen gab es den Pranger, in China gab es einen Holzkragen, mit dem man herumlaufen musste.

Es gibt eine Art von Scham, die braucht ein Forum, ein Publikum, das Öffentliche. Häufig schämen wir uns nicht nur vor uns selbst. Wir haben insgeheim Angst davor, dass die Außenwelt von unserer Schmach erfährt. Ich bin bereit zu wetten, dass 90 Prozent der Menschen in Europa kein Problem damit haben, splitterfasernackt im Bad herumzuspringen, sich aber in der Öffentlichkeit sofort bloßgestellt fühlen würden. Metaphorisch gesprochen fühlen wir uns immer »entblößt«, wenn wir uns schämen. Die 90 Prozent habe ich übrigens gerade völlig frei erfunden. Ich gehe sogar davon aus, dass es einen nicht gerade kleinen Prozentsatz von Menschen gibt, die sich auch ganz allein im Bad ob ihrer Nacktheit schämen. Ich gehöre dazu. Es gibt nämlich auch eine Art von Scham, die keine Öffentlichkeit braucht. Wenn ich mich nackt sehe, sichte ich meine Unzulänglichkeiten auch ganz ohne Publikum. Und meine Nacktheit ist auch hier wieder nur die Metapher. Scham ist ein unangenehmer Gegner.

Trotzdem hat Scham auch eine helle Seite und somit eine Daseinsberechtigung. Egal, ob die Scham aus Furcht vor dem Urteil anderer oder aus Angst vor dem eigenen Urteil entsteht – sie weckt bei unserem Gegenüber oft einen Impuls von Mitgefühl und Sympathie. Sie wird als Einsicht in das eigene Fehlverhalten gewertet, als Entschuldigung, und das erzeugt Mitgefühl. Die stehende Redewendung ist: Selbsterkenntnis ist der erste Weg zur Besserung. Und das stimmt versöhnlich. Wenn jemand im Supermarkt einen Turm mit Toilettenpapier umwirft und sich dafür schämt, wirkt er so sympathisch, dass wir ihm gerne helfen. Wirft er allerdings den Turm um und zeigt keine Scham oder Reue, dann halten wir ihn für unsympathisch, uneinsichtig und überheblich. Wer sich schamlos zeigt, macht sich in der Regel keine Freunde. Wir entwickeln weniger Bereitschaft, ihm behilflich zu sein.[52]

Ich frage mich, ob es einen Zusammenhang zwischen Schamfähigkeit und Empathie gibt. Meiner Beobachtung nach haben Menschen mit einem besonders ausgeprägten Einfühlungsvermögen sehr häufig auch ein sensibles Schamgefühl. Das ist in manchen Lebensbereichen Gold wert, in anderen grenzwertig hinderlich. In einigen Berufen ist Empathie absolute Grundvoraussetzung und in anderen Berufen ist es vermutlich besser, ein dickes Fell zu haben.

Die Fassade der Perfektion

Menschen, die – wie ich – mit einem Bein in der Öffentlichkeit stehen, versuchen oft, nach außen eine blütenweiße Weste zu bewahren, eine ständige Vorbildfunktion einzunehmen und sich nicht angreifbar zu machen. Dieses Bedürfnis entsteht aus der gesellschaftlichen Überbetonung von Leistung, Effizienz, Arbeitswillen und Perfektionismus. Wir sind getrieben, eine Fassade vor uns herzutragen, die anderen signalisieren soll, dass wir den geforderten Idealen auch wirklich entsprechen. Selbstverständlich wissen wir alle insgeheim, dass es sich um eine Fassade handelt und dass wir uns besser darstellen, als wir wirklich sind. Und genau dadurch werden wir angreifbar für Beschämung. Sobald ein anderer bei uns eine Schwäche entdeckt, einen Bereich, in dem wir mit unserem Verhalten vom festgelegten Ideal abweichen, ist ein Angriffspunkt für Beschämung gefunden. Jetzt liegt es allein im Ermessen des anderen, ob, wie und wann er sein Wissen um unsere Angriffspunkte ausnutzt, indem er uns bloßstellt und beschämt.

Scham entsteht, wenn wir einem (manchmal moralischen) Anspruch nicht zu genügen scheinen. Das Gefühl ist heimtückisch, weil es uns den Boden unter den Füßen wegzuziehen scheint. In Momenten der Scham würden wir am liebsten im Erdboden versinken oder uns unsichtbar machen. Es treibt uns die Röte ins Gesicht, und genau diese Signalfarbe sorgt dafür, dass die Blicke anderer geradezu an uns hängen bleiben. Wir schämen uns dann auf einmal nicht nur wegen des (vermeintlichen) Fehltritts, sondern obendrein deswegen, weil wir uns schämen – und weil das gerade alle um uns herum mitbekommen. In Augenblicken der Scham kommen uns regelrecht vernichtende Gedanken: »Was für eine Blamage, jetzt bin ich unten durch«, »Ich habe mich total lächerlich gemacht«, »Ich bin unfähig«, »Jetzt will mit mir doch keiner mehr etwas zu tun haben«. Weitere klassische Begleiter, die sich mal mehr und mal weniger intensiv bemerkbar machen: Herzrasen, Zittern, Schweißausbrüche, eine brüchige oder schrille Stimme, gekünsteltes Lachen. Wir senken beschämt den Blick, wir winden uns verlegen, suchen nach Ausreden. Wir überlegen krampfhaft, ob sich die peinliche Situation irgendwie retten lässt und wir am Ende doch noch unser Gesicht wahren können.

An dieser Stelle möchte ich eine persönliche Geschichte preisgeben. Sie ist nicht heldenhaft, nicht rühmlich, dient nicht dem Guten und rettet niemanden aus der Not. Ich habe bisher auch nur wenigen Freunden davon erzählt, weil ich mich so sehr geschämt habe. Vielleicht würden bei dieser Geschichte sogar wenige als Erstes an Mut denken.

Das peinliche Ereignis spielte sich im Anschluss an eine Veranstaltung ab. Nach meinem Vortrag wurde ich mit allen Teilnehmern zu Snacks und Drinks an die Kaminbar des Hotels eingeladen – eine Situation, die ich nicht gerne mag. Daher schlage ich solche Einladungen prinzipiell so höflich wie möglich aus. So auch an diesem Tag. Ich verabschiedete mich also, entließ mein Publikum an die Kaminbar und widmete mich meinen eigenen Angelegenheiten: Ich packte meine Laptop-Tasche, schnappte mir meinen Seesack, meine Requisiten und holte meine Schlüsselkarte an der Rezeption ab. Danach ging ich direkt in den zweiten Stock in mein Zimmer und wollte mich erst einmal frisch machen. Also

Zimmerkarte in die Wand, Hauptschalter an, Licht an, ausziehen und ab unter die Dusche. Egal, in welchem Hotel, und egal, wo auf der Welt – das sind halbautomatisierte Abläufe für mich.

Doch als ich meinen Kulturbeutel aus der Laptop-Tasche holen wollte, war diese nicht da. Für einen kurzen Moment war ich verwirrt, doch dann fiel es mir wieder ein: Ich hatte sie auf dem Gang ein paar Schritte neben der Tür abgestellt, um die Zimmerkarte aus der Anzugtasche zu fischen. Dort musste ich sie in der Eile vergessen haben. Ich öffnete die Zimmertür und stellte zufrieden fest, dass meine Laptop-Tasche genau dort stand, wo ich sie vermutet hatte. Sollte ich mich jetzt extra wieder anziehen und die Schlüsselkarte herausfummeln? Ich fragte mich, ob ich es im Sprint schaffen könnte, bevor die Zimmertür zufiel. Es musste ja ohnehin schnell gehen, da jeden Augenblick jemand kommen könnte, der mich dann nackt auf dem Flur herumrennen sehen würde. »Also«, dachte ich, »nicht lange fackeln!« Ich spurtete los. Wie ein Pfeil schoss ich auf meine Tasche zu, ergriff sie, stieß mich wieder kraftvoll ab und flog schnell wie der Wind zurück in Richtung Zimmer.

Es folgte ein total verrückter Moment, den ich wie in Zeitlupe erlebte. Ich nahm meine Umgebung auf einmal besonders intensiv wahr. Ich spürte den Teppich unter meinen nackten Füßen, nahm den Geruch des Flurs wahr – und vor allem den leichten Windstoß. Mein Blick war wie gebannt auf die Tür gerichtet und ich sah, wie sie sich ganz langsam schloss. Gerade als ich meine Hand nach dem Türgriff ausstreckte, warf der Wind die Tür mit Wucht und einem lauten Knall zu! Meine Finger schlossen sich um den Griff, ich spürte das kühle Metall, begann wie wild zu drücken und zu rütteln, hörte aber zeitgleich ein scharfes *Klick!*. Das war's. Ich konnte drücken und rütteln, so viel ich wollte. Diese Tür war wie ein Fels. Nichts bewegte sich. Völlig verdattert stand ich vor der verschlossenen Tür – ungläubig, still und wie betäubt. Schlagartig wurde mir das ganze Ausmaß der Situation klar. Ein eiskalter Schauer krabbelte mir über den Rücken und meine Wangen begannen vor Scham zu glühen.

Ich Depp! Ich hatte mich tatsächlich ausgesperrt. Ich blickte an meinem nackten Körper herunter bis auf die Fußrücken. Passierte das gerade wirklich oder hatte ich einen besonders schlimmen Albtraum? Unwillkürlich musste ich an Mr. Bean denken, der in der gleichnamigen Serie durch seine Versuche, Peinlichkeiten zu vertuschen, immer alles nur noch schlimmer macht. In einer Folge hatte er sich auch aus dem Hotelzimmer ausgesperrt. Als ich den Sketch gesehen hatte, hatte ich herzlich gelacht. Jetzt war mir definitiv nicht nach Lachen zumute. Dennoch entfuhr mir ein kurzes, verrücktes Kichern, weil das Ganze so absurd war. Dann ein Husten und fast ein Würgen.

Wie sollte ich bloß wieder ins Zimmer kommen? Jetzt wären Mut und Würde gefragt. Lockerheit wäre auch gut sowie eine gewisse Coolness! Doch in mir herrschten in dem Moment nur Verwirrung und Panik. Kleider im Zimmer. Karte im Zimmer. Telefon im Zimmer. Was sollte ich bloß tun? Ich konnte niemanden zu Hilfe rufen, und jede Sekunde könnte jemand auf den Flur treten – womöglich sogar einer der Seminarteilnehmer. Wie peinlich wäre das denn?! Egal, es half nichts, ich musste nach unten. Ich ergab mich meinem Schicksal, setzte mich unter Aufbietung all meiner Willenskraft in Bewegung und hoffte inständig, dass mir auf dem Weg zur Rezeption niemand begegnete.

Als meine nackten Füße den Marmorboden des Empfangsbereichs berührten, merkte ich: Sie waren schweißnass. Zum Glück war keine Menschenseele in der Lobby. Ich hatte mich davon verabschiedet, cool sein zu wollen. Doch die letzten Schritte zur Rezeption wollte ich wenigstens mit maximaler Körperspannung und stolz erhobenem Kopf zurücklegen. Tief durchatmen und los! Mit großen Schritten patschte ich über den Steinboden. Aber die Rezeption war verlassen. Die Tür zum Zimmer dahinter stand zwar offen – doch auch dort war niemand. Ich wollte gerade leise rufen, als ich auf dem Empfangstresen ein Schild entdeckte: »Liebe Gäste, unsere Rezeption ist derzeit nicht besetzt. Bei Fragen kontaktieren Sie unser Personal in der Kaminbar.« War ja klar …

Hätten Sie den Mut aufgebracht, weiterzugehen? Zur Kaminbar, wo rund 200 Zuhörer aus dem Vortrag versammelt waren?
Ich hatte schlichtweg keine andere Wahl, oder wie die Chinesen
so schön sagen: 沒辦法 *méi bàn fǎ* – da war nichts mehr zu machen. Seit diesem Abend weiß ich, dass man mutig sein muss,
um seine Angst zu überwinden. Und dass es noch mehr Mut
bedarf, seine Scham zu überwinden.

Sie können sich vermutlich gut vorstellen, wie ich mich in
dem Moment gefühlt habe, als ich nackt vor meiner verschlos-
sen Hotelzimmertür stand, und umso mehr, als ich mich auf
den Weg an die Rezeption machte und zu allem Überfluss auch
noch in die Kaminbar musste. Nackt zu sein, bringt uns in eine
Situation höchster Verletzlichkeit, und das Nacktsein führt uns
in die Scham – eine quälende Empfindung.

Das gesamte Spektrum des Menschseins

Heutzutage wird gesellschaftlich die Scham – zumindest öffentlich – durch Schuld ersetzt. Wer eine Norm, eine Regel oder ein
Gesetz verletzt, wird schuldig gesprochen und bekommt seine
»verdiente« Strafe. Der entscheidende Unterschied dabei ist:
Schuld setzt an der Verhaltensebene an, Scham am Selbstwert.
Wenn wir also an etwas schuld sind, können wir unser Verhalten verändern, es das nächste Mal besser machen. Im Fall von
Scham wird allerdings unser Ich-Konzept infrage gestellt. Weil
wir das nicht einfach auf Knopfdruck ändern können, bleibt
uns nur der Rückzug – und die Scham gewinnt. Die Psycholo-
gin Dr. Brené Brown an der University of Houston forscht seit
Jahren zu dem Thema.[53] Für sie ist Scham eine »Zwangsjacke«,
die uns in unseren Möglichkeiten einschränkt. Ursprünglich
sollte Scham sicherstellen, dass alle nach den überlieferten Re-

geln und Normen handeln. Allerdings – und das ist jetzt etwas paradox – sorgen in unseren modernen Gesellschaften häufig genau Regelbrüche, Wagemut und Out-of-the-Box-Denken für Fortschritt. Heute gilt in Bezug auf die Scham: Wer Angst vor einer Blamage hat, wagt keinen Schritt nach vorn.

Brown ist der Ansicht, dass Scham verschwindet, sobald man sie anspricht; sie schmelze wie Eis in der Sonne. Ich bin mir da nicht so sicher. Auch wenn wir in einer Zeit leben, in der alles möglich ist oder zumindest so scheint, glaube ich nicht daran, dass es immer und für alles eine vollständige Heilung gibt. Aber wir können versuchen, den Schmerz zu lindern. Mir hilft die Erfahrung, dass ich bei jedem Kampf mal getroffen werden kann, bei jedem Abenteuer ein wenig Ungemach aushalten muss und letztlich mit dem Menschsein konfrontiert werde. Sich verwundbar zu zeigen, bietet eben freie Fläche für Treffer. Das macht uns menschlich, demütig und vor allem liebenswert.

Meine jüngste Blamage ist mir noch ganz frisch im Gedächtnis. Es war ein wunderbarer Sommerabend, alles war vorbereitet, gleich würde der Besuch kommen. Der Tisch war gedeckt und aus der Küche duftete es köstlich. Die letzten Handgriffe bei den selbst gemachten Beilagen waren schnell getan und wenige Augenblicke nach dem Eintreffen unserer Freunde hatte jeder einen Aperitif in der Hand. Es machte mir viel Spaß, der Gastgeber zu sein. Das bevorstehende Mahl hatte ich vollmundig als »Geschmacksoffenbarung nach eigenem Rezept« angekündigt. Noch kurz zuvor hatte ich meine fulminanten Kochkünste gelobt, den Braten mit großem Tamtam präsentiert, ihn im Ofen bewundern lassen und so die Erwartungshaltung der Gäste ins schier Unermessliche geschraubt. Der Festschmaus duftete einfach nur wunderbar und mir lief schon beim Gedanken daran das Wasser im Munde zusammen.

Alles war aufgetischt, alle hatten großen Appetit. Nun sollte der Braten seinen gebührenden Auftritt bekommen. Ich band meine

Lieblingsschürze um und wetzte das Messer. Das zartrosafarbe-
ne Fleisch sah köstlich aus. Ich war so stolz! Mit meinem super-
scharfen Messer aus Japan schnitt ich die erste Scheibe ab – der
Braten ließ sich wie Butter schneiden. Perfekt! So hatte ich mir das
vorgestellt.

Alle bedienten sich und plauderten fröhlich. Ich schloss ge-
nüsslich die Augen und probierte den ersten Bissen von meinem
Bratenstück. Doch die erwartete Geschmacksexplosion fiel aus.
Das Fleisch schmeckte einfach nur schrecklich. Das war ein absoluter Albtraum! Ich spürte, dass ich vor Scham errötete. Meine
Gedanken überschlugen sich: Was war schiefgelaufen? Wie war
das möglich – und was sollte ich jetzt bloß tun? Es war mir so unfassbar peinlich! Für einen kurzen Moment keimte Hoffnung in mir
auf: Vielleicht schmeckte ja nur mein Stück so merkwürdig? Ich
sah mich vorsichtig um – und meine leise Hoffnung erstarb.

Als ich den Blick schweifen ließ, schaute ich in ausdruckslo-
se Gesichter. Die Unterhaltungen waren verstummt, es herrschte
betretene Stille. Alle kauten höflich und geduldig auf dem unge-
nießbaren Fleisch herum und warfen sich untereinander verstoh-
len ungläubige Blicke zu – bis sich einer meiner Gäste ein Herz
nahm und mir mit großartiger kommunikativer Gewandtheit durch
die Blume mitteilte, was ich längst wusste: Das war ungenießbar.

Das erlöste mich aus meiner Schockstarre und mir gelang zum
ersten Mal das, was ich mir schon so lange wünschte: Ich, der
eingefleischte Perfektionist, für den nichts schlimmer ist, als bei
einem Contest zu versagen – und nichts anderes ist das Ausprobieren eines neuen Kochrezepts –, konnte über mich und meinen
nur allzu menschlIchen Fehler lachen.

»Wie? Du meinst, es schmeckt dir nicht so gut?«, fragte ich
gespielt verblüfft. »Also, so würde ich das nun wirklich nicht formulieren. Ich würde eher sagen: Es ist WI–DER–LICH! Welcher
Anfänger hat das denn gekocht? Bringt mir den Koch!«

Nun war das Eis endgültig gebrochen. Jeder meiner Freunde
hatte einen guten Spruch über den verhunzten Braten und mich
als Spitzenkoch auf Lager. Es war eine große Erleichterung, von
Herzen in das Gelächter über meine Blamage einstimmen zu kön-

nen. Eines wusste ich schon in diesem Moment: Dieser Reinfall würde eine gute Geschichte abgeben – und sie ist bis heute tatsächlich ein Running Gag.

Es mag sein, dass manche Menschen meine Scham in dieser Situation nicht nachvollziehen können, weil sie persönlich das nicht als schlimm oder gar peinlich einstufen würden. Was für andere eine Lappalie, nicht der Rede wert ist, ist für einen anderen eine absolute Katastrophe. Das Maß für Peinlichkeit ist eben individuell verschieden. Das hängt – um es aus Zhuangzis Warte zu erklären – mit dem Kuddelmuddel in uns zusammen, aus dem in bestimmten Situationen Emotionen aus uns herausgezogen, getriggert werden. In diesem Fall eben das Gefühl der Scham.

Ich schätze Humor als eines der besten Werkzeuge im Umgang mit Scham. Es ist mein Mittel der Wahl gegen die Spitze, die wehtut. Das gelingt mir nicht immer, aber immer öfter. Ich finde, dass wir uns in vielen Momenten des Lebens viel zu ernst nehmen und dadurch manchmal unbegründete Sorgen, Ängste oder Scham in uns aufwallen. Wenn wir uns selbst nicht mehr so wichtig nehmen und anerkennen können, dass niemand unfehlbar ist, ist es auch weniger schlimm, wenn uns ein Fehler, ein Missgeschick, ein peinlicher Faux-pas passiert.

Vielleicht finden Sie das nächste Mal, wenn Sie etwas peinlich finden oder sich beschämt fühlen, etwas Komisches in der Situation. Nein, Sie müssen nicht direkt lauthals über sich lachen – auch wenn das total befreiend ist, ich versichere es Ihnen! Ein inneres Schmunzeln wäre schon ein guter Anfang, um Ihre innere Haltung zum Thema Scham und Schuld zu verändern.

Sich selbst nicht so wichtig zu nehmen, zu seinen vermeintlichen Fehlern und Makeln zu stehen, ist ein Akt der angewandten Selbstliebe. Von dem Augenblick an, in dem wir bewusst die Entscheidung treffen, ohne Fassade mutig zu uns in unserem gesamten Spektrum des Menschseins zu stehen, mitsamt all unseren Eigenheiten, Neigungen, Gefühlen, Bedürfnissen, Wertevorstellungen und Idealen und Schwächen, in dem wir zulassen, dass jeder in seiner Gänze sein kann und darf – von diesem Augenblick an sind wir frei. Aus dieser befreiten Grundhaltung heraus dürfen Sie sich »scham-los« zeigen, sozusagen »un-verschämt« im besten Sinne des Wortes. Dann können Sie nicht mehr beschämt werden.

Der Mensch als Mängelwesen

Menschen sind Mängelwesen – im Sinne von Mängelexemplaren. Das ist gar nicht böse gemeint, sondern einfach naturgegeben. Wir sind nicht perfekt. Doch noch nie gab es eine Zeit, in der uns der Gegensatz von Mangel und scheinbarer Perfektion so kontinuierlich unter die Nase gerieben wurde wie heute. Das Gefühl der Unzulänglichkeit ist ein Phänomen unserer modernen Kultur: Wir sind umgeben von Menschen, die perfekt aussehen, Produkten, die perfekt funktionieren, Orten die perfekt zum Leben sind. In dieser omnitemporalen (sozusagen allzeitigen) und omnipräsenten Marketingmaschinerie legen wir ständig eine Schippe drauf: »Mein Sundowner auf Instagram, mein Abendessen auf Facebook, mein Tutorial auf YouTube und mein Business auf LinkedIn.« Ständig versuchen wir, unser Ego irgendwo zu inszenieren, und hoffen auf eine Dosis des Glückshormons Dopamin in Form von blauen Däumchen, positiven Emojis und aufbauenden Kommentaren.

Dieser Trend ist seit einigen Jahren viel diskutiert und so breitgetreten, dass ich mir hier eine ausführliche Besprechung sparen möchte. Ganz im Sinne Goethes: »Getretener Quark wird breit, nicht stark.« Die Schlussfolgerung auf eine Egowelle oder eine Welt voller Narzissten ist aber in meinen Augen ebenso fragwürdig wie diskutabel. Wenn man nur die Forderung »Ich, ich, ich« betrachtet und uns allen eine »Me-first-Politik« unterstellt, bleibt man nur an der Oberfläche; man betrachtet das Symptom und nicht die Ursache. Könnte es nicht eine auf Scham basierende Angst vor der Durchschnittlichkeit sein, die diesem vermeintlichen Narzissmus zugrunde liegt? Geht es nicht in Wahrheit um die Angst davor, nicht im wahrsten Sinne des Wortes außergewöhnlich und bemerkenswert zu sein? Ist es die Angst vor der Mangelhaftigkeit, der fehlenden Perfektion? Nicht genug, um wahrgenommen und geliebt zu werden, dazuzugehören oder ein Gefühl für Sinn und Wert entwickeln zu können?

In meinen Seminaren und Trainings lasse ich die Teilnehmer eine Liste von 100 Dingen schreiben: »Schreibe 100 Dinge auf, die du an dir magst oder die du gut kannst!« So steht es in der Anleitung. Und auch Ihnen habe ich diese Übung schon in Kapitel 2 ans Herz gelegt, vielleicht haben Sie sie auch schon gemacht. Wie ist es Ihnen dabei ergangen? Meine Teilnehmer verlieren dabei regelmäßig ihren Mut und ihre Handlungsfähigkeit: Die Gesichtszüge werden traurig, der Körper erschlafft, die Ausstrahlung verblasst. Das scheint von außen betrachtet merkwürdig, denn im Grunde ist es doch eine schöne Aufgabe! Man darf sich seinen Stärken widmen, sich an sich selbst erfreuen, schwarz auf weiß seine Fähigkeiten und positiven Eigenschaften dokumentieren. Die Tücke an dieser Aufgabe liegt in dem kleinen Wörtchen »gut«. Denn aus irgendeinem Grund sind wir gesellschaftlich darauf programmiert, niemals »gut genug« zu sein. Sollten wir eine Liste schreiben, die mit »nicht genug« beginnt, wäre die Sache viel einfacher: nicht schön genug, nicht klug genug, nicht reich genug, nicht stark genug, nicht kreativ genug und so weiter. So eine Liste wäre viel schneller erstellt als eine Aufzählung von 100 positiven Punkten.

Ein innerer Kampf

Ich erinnere mich daran, wie unangenehm mir diese Übung beim ersten Mal war. Der Blick auf das leere Blatt erzeugte bereits immensen Leistungsdruck. 100 – so eine große Zahl! Ich fühlte mich in die Frage hinein und überlegte, was ich »gut« konnte. Dabei fragte ich mich: Wie gut muss man etwas können, damit es eine Berechtigung hat, auf die Liste zu kommen? Wirklich gut, supergut?

»Meisterhaft!«, forderte eine innere Stimme. Woher kam die denn plötzlich?

Ich antwortete der Stimme verdutzt im Stillen: »Äh … also ›meisterhaft‹ ist schwierig – da fällt mir jetzt nichts ein.«

Die Stimme schien abzuwarten und blieb erst einmal still. Ich lenkte meine Aufmerksamkeit in Richtung »Was ich an mir mag«. Das erschien mir leichter. Ein Ausweichmanöver. Mit Sicherheit würde ich ein paar Punkte finden und hätte dann zumindest irgendetwas auf dem Papier stehen. Also, was mochte ich an mir?

»Nichts!«, hörte ich meine innere Stimme eiskalt zischen und mich fröstelte direkt.

Ich erkannte, dass ich nicht nur nichts gut konnte, sondern dass es darüber hinaus nichts – aber auch gar nichts! – an mir gab, das ich (oder man) mögen könnte, und dass ich außerdem hässlich war. Nichts an mir war ohne Makel. Verzweifelt versuchte ich es mit Details. Wenn ich schon das große Ganze nicht mochte, dann vielleicht wenigstens kleine Teile? Etwa meine Augen? Prompt erinnerte mich meine innere Stimme höhnisch an meine Augenringe, die Falten an den Augenwinkeln, die merkwürdige Form. Mein Selbstwertgefühl schrumpfte, während ich gleichzeitig aufbegehrte. »Ich mag die Farbe! Braun!« Dagegen konnte diese schreckliche Stimme nichts sagen. Und tatsächlich blieb sie diesmal still. Ich überlegte, ob ich wirklich auf das Blatt schreiben konnte: »1. Ich mag mein linkes Auge. 2. Ich mag mein rechtes Auge.«

Die innere Stimme lachte sich kaputt und riet mir mit beißendem Spott: »Klar, mach ruhig. Und wenn du jetzt noch linkes und rechtes Bein aufschreibst, dazu die zehn Finger an jeder Hand und vielleicht die Zehen, dann hast du die 100 ja bald voll …« Na toll, jetzt gesellte sich neben Versagensangst auch noch Scham.

Wie konnte ich aus der Nummer wieder rauskommen? Ich griff zu einem altbewährten Trick: Ich gab einfach der Übung die Schuld. Genau, diese Übung taugte gar nichts! Wer hatte sich diesen Schwachsinn überhaupt ausgedacht? Und freute mich fast ein wenig über den Widerwillen, den Funken Ärger, der in mir aufstieg. Wozu sollte denn so eine bescheuerte Übung überhaupt gut sein?

Und meine innere Stimme bestätigte: »Genau, die Übung ist für nichts gut. Gar nichts. Und du auch nicht!«

Ich spürte, wie mich mein Mut vollends verließ, wie die Selbstzweifel immer stärker wurden. Ich verfiel in Lethargie, starrte auf das Papier und hatte auf nichts mehr Lust. Am allerwenigsten darauf, diese dumme Übung weiterzumachen. Irgendwann kam mir ein Gedanke. Ich fragte mich, ob ich das Alphabet beherrschte. Ja, definitiv. Um auf die Reaktion der inneren Stimme zu warten, fragte ich mich noch mal zur Sicherheit: »Kannst du das Alphabet *richtig* gut?« Ja, ich konnte es sogar singen! Meine nächste Frage an mich selbst war, ob diese Fähigkeit relevant sei. Ich bejahte erneut, denn die Grundvoraussetzung für Lesen und Schreiben war schließlich das Alphabet. Schlagartig fühlte ich mich besser.

Als Nächstes dachte ich an meine Grundkenntnisse in Addition und Subtraktion. Allmählich wurde es leichter, es folgten mehr Assoziationen, Fähigkeiten, Ableitungen. Auf einmal musste ich laut lachen. Vor meinem inneren Auge tauchte eine zweifelsohne großartige Fähigkeit auf: Ich kann die italienische Landkarte in den Schnee pieseln. Wie der Kabarettist Willy Astor sagen würde: Mit Sardinien und Elba beim »Nachtröpfeln«. Der Bann war gebrochen. Ich amüsierte mich köstlich und schrieb und schrieb und schrieb.

Endlich hatte ich kapiert, worum es hier ging, und ich hatte wieder Mut und Tatkraft. Es ging darum, mich auf mich selbst einzulassen, mir selbst zu vertrauen und an mich zu glauben. Um an diesen Punkt zu kommen, musste ich mich vor mir selbst »nackig machen«, musste mir selbst gegenüber grundehrlich sein, meiner Verletzlichkeit begegnen, sie aushalten und akzeptieren. Dadurch habe ich eine Art Wiedergeburt meines Mutes erlebt.

Bekenntnis zur Verletzlichkeit

Es gibt viele Menschen, die glauben, Verletzlichkeit und Schwäche seien ein und dasselbe. Für mich steht Verletzlichkeit hingegen für Ungewissheit, Risikobereitschaft und emotionale Exposition. So ähnlich wie die Liebe. Die Liebe ist eine delikate, genau genommen eine ungewisse Angelegenheit. Und grenzwertig riskant: Wenn wir jemanden lieben, haben wir gleichzeitig Angst davor, verletzt zu werden. Wir sind emotional exponiert. Was Angst macht, meiden wir gemeinhin instinktiv. Aber schreckt uns in diesem Fall unsere Angst wirklich ab? Können wir uns ein Leben vorstellen, in dem wir nicht lieben und nicht geliebt werden? Nein! Wir lassen Verletzlichkeit zu und öffnen uns ein Stück weit für das Ungewisse.

Dabei muss ich mir eine unbequeme Wahrheit eingestehen: Obwohl ich behaupte, all das verstanden zu haben, habe ich ein Problem mit meiner eigenen Verletzlichkeit. Es ist stets so, dass ich mich widerwillig öffne und es mich große Überwindung kostet. Es fällt mir leichter, mich hinter dem Panzer eines angestrebten Perfektionismus zu verbergen. Das hat mehrere Gründe: Mein Alltags-Ich ist sehr chaotisch. Ich bin mir meistens meiner Unzulänglichkeit bewusst. Verletzlichkeit bei anderen zu erleben, macht mir nichts aus – aber selbst verletzlich zu sein, das mag ich nicht. Bei anderen halte ich Verletzlichkeit für großen Mut, bei mir für Schwäche. Bei anderen finde ich sie anziehend, und bei mir leider völlig abstoßend. Das kann damit zu tun haben, dass ich – wie so viele andere – nicht geübt darin bin, irgendeine Form von Verletzlichkeit zu zeigen, mich damit anderen zuzumuten. Mein Leben begann mit dem Montessori-Spruch »Hilf mir, es selbst zu schaffen«, und diese Einstellung begleitet mich schon so lange, dass ich fast daran glaube, sie in meinen Genen verankert zu haben. Ich bin mir jedenfalls ziemlich sicher, dass es kein »Individualisten-Gen« gibt: Die meisten Menschen in meinem Umfeld sind gut darin, Hilfe zu geben, und es fällt ihnen schwer, um Hilfe zu bitten. Nach all meiner Recherche komme ich zu folgendem Schluss: Manchmal besteht unser erstes, größtes und wichtigstes Wagnis darin, um Hilfe zu bitten! Dieses Bekenntnis zur Verletzlichkeit ist die Geburtshilfe, die wir anstreben sollten, es ist der Ammendienst zum Mut.

Buddy up your dragon!

Mein Credo ist: Zu zweit ist man oft mutiger als allein! Klar, man ist nie ganz allein, wenn man sich mit seinem inneren Drachen verbindet. Ich meine aber an dieser Stelle einen »Mut-Buddy« aus Fleisch und Blut. Er ist dafür da, uns zu unterstützen, zu motivieren und zu inspirieren – und das funktioniert nicht nur in eine Richtung, sondern in Wechselwirkung. Das hat viele Vorteile. Man kompensiert gegenseitig seine Schwächen, stärkt sich in Mut und Zuversicht und fördert den Gemeinschaftssinn. Und nicht nur das: Man kann Erfolge gemeinsam feiern – und Freude wird ja bekanntlich nicht weniger, wenn man sie teilt, sondern mehr! Mit der Hilfe anderer oder ganz ohne

Hilfe, so oder so ist es ein erhebendes Gefühl, seinen Mut einzusetzen, um ein Ziel zu erreichen.

Mut-Buddys können sich durch verschiedene Aspekte (auch in Kombination) auszeichnen:

- **Erfahrung.** Ihr Mut-Buddy hat das, was Sie erreichen wollen, bereits erreicht. Er verfügt also über entsprechende Erfahrungen und hat wahrscheinlich schon einen »Step-by-Step-Aktionsplan« parat. Er kann Sie sprichwörtlich an die Hand nehmen.
- **Mut.** Ihr Mut-Buddy hat zwar genauso wenig Erfahrung, Vorkenntnisse oder Können wie Sie, aber er ist fokussiert und hat Nerven wie Drahtseile. Sie können sich also mit ihm gemeinsam in das Projekt einarbeiten und an Stellen, an denen Sie Angst bekommen, von seinem Mut zehren – ohne dass er dadurch weniger Mut hat.
- **Motivation.** Ihr Mut-Buddy hat möglicherweise genauso viel Angst wie Sie. Er muss sich auf dieses Abenteuer genau wie Sie Schritt für Schritt vorbereiten und einlassen. Allerdings hat er eine Geheimwaffe: Er ist in der Lage, genau zur richtigen Zeit die richtigen Worte zu finden, die Ihre Kraft und Ihren Mut steigern. Auf diese Art und Weise muss er lediglich Ihre Willenskraft stärken – von der er im Gegenzug zehren kann und Sie beide das Vorhaben erfolgreich meistern können.
- **Klugheit.** Ihr Mut-Buddy ist verdammt schlau. Auf jede Frage finden Sie zu zweit eine Lösung, weil sich Ihr Wissensspektrum gegenseitig ergänzt. Klugheit und Besonnenheit geben Ihnen ein Gefühl von Vertrauen und Verlässlichkeit. Dort, wo Klugheit auf Vertrauen trifft, schwindet die Angst und Mut macht sich breit.

Ein Mut-Buddy muss kein langjähriger Weggefährte sein, den Sie in- und auswendig kennen und mit dem Sie eine unzertrennliche Seelenverwandtschaft verbindet. Wichtiger ist ein gemeinsames Interesse an einer Zielerreichung. Ihr Mut-Buddy soll nicht zu einem oberflächlichen Plausch zu Ihnen zum Kaffee kommen, um mit Ihnen über das Projekt zu reden, sondern es gemeinsam mit Ihnen verwirklichen. Schritt für Schritt. Er wird also zum »Mut-Schrittmacher«.

Mut-Buddys müssen aber nicht zwingend reale Personen sein, die uns begleiten. Kinder haben etwa ein Stofftier oder eine Puppe oder einen imaginären Freund, mit dem sie Furcht einflößende Situationen meistern. Dabei geht es nur um eine Botschaft, und die lautet: »Du bist nicht allein!« Wenn Sie Eltern sind: Behandeln Sie diese Mut-Buddys mit größter Wertschätzung und erlauben Sie Ihren Kindern, sie zu allen Gelegenheiten mitzunehmen, vom »Alleine-schlafen-Gehen« bis zum Zahnarztbesuch.

Ein besonderer Mut-Buddy ist der Glaube, denn auch Gottheiten – egal, an welche Sie glauben – versprechen: »Du bist nicht allein.« Dadurch fühlen sich Gläubige geschützt oder geführt. Der auf diese Weise geschöpfte Mut befähigt Menschen mitunter zu erstaunlichen Dingen.

Einen Mut-Buddy können Sie fast überall finden: in der Familie, in der Schule, an der Uni, in Lernteams, in der Krabbelgruppe, unter Arbeitskollegen, in der Nachbarschaft. Nehmen Sie Ihr Smartphone zur Hand, gehen Sie Ihre Kontakte durch und überlegen Sie sich, wer wofür infrage kommen könnte. Wer macht bereits das, was Sie vorhaben, oder wer könnte Ihnen dabei besonders gut helfen? Gehen Sie auch Ihre Kontakte auf den sozialen Plattformen durch oder suchen Sie gezielt nach passenden Facebook-Gruppen oder Internetforen. Und so manches Mal kommen Mut-Buddys gewissermaßen zufällig zur rechten Zeit am rechten Ort vorbei, ohne dass man sie gesucht oder gerufen hätte. Wie der alte Mann, der im Zillertal an mir und meiner Zukünftigen vorbeiwanderte, genau in dem Moment, in dem es bei uns nach Aufgeben aussah. Auf diese Geschichte komme ich gleich noch genauer zu sprechen.

Chī yī qiàn, zhǎng yī zhì

Einmal in den Graben fallen, einmal weiser werden.

Oder: Aus Fehlern wird man klug.

5 DER WECKRUF DES DRACHEN

Innere Stärke und Mut werden selten miteinander in Zusammenhang gebracht, obwohl Mut essenziell für unseren inneren Drachen ist. Mutig zu sein kostet Überwindung. Wer sich nicht überwinden muss, hat keine Angst – also braucht er auch keinen Mut. Das heißt: Mut und Angst gehen Hand in Hand. Erst kommt die Angst, und für den Umgang mit ihr braucht man Mut. Oder wie Rainer Maria Rilke es so treffend formuliert hat: »Wenn die Sehnsucht größer als die Angst ist, wird Mut geboren. Ohne Sehnsucht machen wir uns nicht auf den Weg.«[54]

Mut ist ein großes Wort, das in der abendländischen Kultur einen hohen Stellenwert hat. Das belegt allein die absurde Anzahl an Synonymen, Wortverwandten und Beiwörtern im Deutschen: Mut ist Abenteuerlust, Beherztheit, Bravour, Courage, Draufgängertum, Durchsetzungsvermögen, Eier haben, Energie, Entschiedenheit, Entschlossenheit, Entschlusskraft, Forschheit, Furchtlosigkeit, Heldenhaftigkeit, Heroismus, Herzhaftigkeit, Hingabe, Initiative, Kompromisslosigkeit, Kraft, Kühnheit, Löwenmut, Mannesmut, Mannhaftigkeit, Mumm, Opferbereitschaft, Pioniergeist, Risikobereitschaft,

Selbstsicherheit, Selbstvertrauen, Sicherheit, Tapferkeit, Tatendrang, Tatkraft, Tollkühnheit, Traute, Unerschrockenheit,
Unternehmungsgeist, Unverzagtheit, Vermessenheit, Verwegen-
heit …

Mut ist zudem Bestandteil einer Vielzahl anderer Begriffe,
von A wie Anmut bis Z wie Zumutung. So präsent das Wort
»Mut« in der deutschen Sprache ist, so selten sprechen wir es im
Zusammenhang mit uns selbst aus. Wir sagen eher »Das mache
ich nicht« oder »Das kann ich nicht« und höchstens »Ich traue
mich nicht«. Aber wir sagen selten: »Dazu fehlt mir der Mut.«
Die zeitgenössische Definition von Mut – auch Wagemut oder
Beherztheit – bedeutet, dass man sich traut und fähig ist, etwas
zu wagen. Das heißt, sich beispielsweise in eine gefahrenhalti-
ge, mit Unsicherheiten verbundene Situation zu begeben. Der
Duden beschreibt Mut in zwei Punkten:[55]

1. Die Fähigkeit, in einer gefährlichen, riskanten Situation
   seine Angst zu überwinden. Beziehungsweise Furchtlosigkeit angesichts einer Situation, in der man Angst haben könnte.
2. Die [grundsätzliche] Bereitschaft, angesichts zu erwar-
   tender Nachteile etwas zu tun, das man für richtig hält.

Mut ist also eine Tugend. Sie wird kennzeichnet durch das Cha-
raktermerkmal der Wagnisbereitschaft und entspringt einer In-
itiativkraft. Wer mutig ist, beschränkt sich nicht auf eine bloße
Wunschvorstellung, sondern stellt sich Widerständen und Gefahren, um sein Ziel zu erreichen. Wir unterscheiden dabei *moralischen Mut* und *physischen Mut*. Für die Erfolge von Helden –
von Herkules bis Bruce Lee – sind in erster Linie physischer
Mut und übermenschliche Kraft erforderlich. Moralischer Mut

hingegen entspringt aus der eigenen Einsicht in das Notwendige, verbunden mit Willens- und Charakterstärke: Das als wahr und gut Erkannte wird gegen jeden Widerstand und jede Einschüchterung hochgehalten und verteidigt. Charlie Chaplin im Film *The Great Dictator* von 1940 beweist moralischen Mut, als er in der Story für Adolf Hitler gehalten wird und diese Verwechslung als Gelegenheit nutzt, um eine flammende Ansprache für Mut zu Menschlichkeit und Frieden zu halten.[56]

Im Alltagsgebrauch bedeutet Mut, authentisch zu sein, sich nicht zu verbiegen, zu sagen, was man denkt, seine Werte nicht zu verraten und für seine Bedürfnisse einzustehen, Grenzen zu setzen, Neues zu wagen, die Firma voranzubringen, keine Scheu vor Veränderung zu haben, experimentierfreudig zu sein mit der Aussicht auf Erfolg unter Abwägung der Risiken und vieles mehr. Für viele Menschen ist Mut nicht mehr und nicht weniger, als zu sich selbst stehen zu können. Es geht darum, keine Marionette zu sein, sondern der Regisseur im eigenen Leben. Mut ist, wenn wir offen unsere Stärken zeigen und die Freiheit genießen, auch aus unseren Fehlern zu lernen. Dieses auf die Essenz Reduzierte interpretiere ich in das englische und auch französische Wort für Mut hinein: *courage*. Die Wortwurzel von Courage ist das lateinische Wort cor, also »Herz«. Sie findet sich in fast allen romanischen Sprachen wieder: *coraje, corage, corraggio, courage, coragem* … Nicht selten findet sich ebenjenes Herz auch in den Umschreibungen von Mut wieder: »avoir du cœur« (französisch: Herz haben, Mut haben, beherzt sein), »Haut les cœurs« (französisch: hoch die Herzen, hab Mut!), »Animo! Coraggio!« (italienisch: Herz, Seele, Geist, habe Mut!).

Von Heldentum und Heldenmut

Wer würde von sich schon behaupten, ein Held zu sein? Und welche Überforderung würde man bei der Aufforderung verspüren: »Sei ein Held!« Hingegen könnten die meisten sich eher mit der Vorstellung anfreunden, der Aufforderung zu folgen: »Sei mutig!« Dieser kleine Unterschied macht deutlich: Wir brauchen eine Differenzierung zwischen *Mut* und *Heldentum*.

Mein Vater war bei Interpol, meine Kindheit entsprechend geprägt von vielen Umzügen und dem ständigen Gefühl der Gefahr, und so begann ich früh, mich in der Kunst der Selbstverteidigung unterrichten zu lassen. Letzten Endes führte mich das nach Japan und China und zur Quelle der Kampfkunst: den Shaolin. All das ließ mein Selbstvertrauen wachsen und meine Angst schwinden. Dennoch würde ich von mir nicht behaupten, dass ich mutig sei, schon gar kein Held. Ja, ich klettere auf Berggipfel und wähle Gleitschirm, Skier oder Mountainbike gerne mal als »Abstiegshilfe«. In Amerika, Afrika und Australien bin ich in Monsterwellen über scharfem Riff gesurft. Am liebsten fahre ich mein Skateboard im Handstand. In Südamerika bin ich im Dschungel gewesen und habe mich nur von dem ernährt, was es dort gab. Und ich habe auf großen Bühnen vor Hunderten von Zuschauern Zauberkunststücke vorgeführt. In der Wahrnehmung anderer Menschen erscheint das vielleicht mutig, manche finden es womöglich grenzwertig oder gar verrückt. Aber: Ich brauche für all das keinen Mut, denn ich habe keine Angst. Ich tue einfach nur die Dinge, die ich gerne tun möchte. Dabei ist es aber nicht so, dass ich keine Ängste oder Sorgen kenne – und so manches Mal in meinem Leben musste ich meinen ganzen Mut aufbringen, was nicht immer einfach war.

Ich weiß nicht, ob Sie ein Held sind oder sich so fühlen, aber ich kann Ihnen mit Bestimmtheit sagen: Sie sind mutig! Sie haben schon sehr viele mutige Dinge getan. Das mag Ihnen vielleicht widersinnig erscheinen: Auf der Suche nach innerer Stärke zu sein und dann zu lesen, dass Sie schon zu den Mutigen gehören. Aber denken Sie mal kurz darüber nach: Sie haben sich schon oftmals durchgeboxt im Leben, Ihre Ängste überwunden und dabei stets dazugelernt. Sie überqueren jeden Tag etliche Straßen. Sie fahren Auto und Bahn, Sie sind vielleicht schon mal geflogen. Sie essen Speisen, von denen Sie nicht wissen, wer sie zubereitet hat. Sie sprechen mit wildfremden Menschen und laufen nachts im Dunkeln herum. Für Sie mögen das alles Selbstverständlichkeiten sein. Aber für viele andere wären Sie ein mutiger Held.

Mut und Tapferkeit

Ich stand im Ring der Kampfkunstschule. Ich war gut vorbereitet, dachte ich jedenfalls. Aufgeregt war ich natürlich – aber im Prinzip konnte mir nichts passieren, ich hatte schließlich jahrelang trainiert. Alle üblichen Stellungen und Bewegungen war ich in unzähligen Trockenübungen durchgegangen. Ich war Schwarzgurt im »So tun als ob«. Doch heute sollte es mit einem richtigen Gegner zum ersten Mal richtig zur Sache gehen beim Sanda. Der Duft der Räucherstäbchen zog in meine Nase. Meine Hände waren schwitzig – das war mir unangenehm. Mein Gegner war ebenfalls sichtlich nervös, auch für ihn war das der erste richtige Kampf. Einige schwarze Locken wippten ungebändigt um seinen Kopf, sie hatten sich aus dem duttartigen Gebilde gelöst. Sein Blick suchte meinen, wir nickten uns kaum sichtbar zu. Wir machten uns durch diese Geste unbewusst gegenseitig Mut.

»Ob es blutig wird?«, schoss es mir plötzlich durch den Kopf. »Ob es sehr wehtun wird?« Ich hatte tatsächlich ein wenig die Befürchtung, schmerzlich getroffen zu werden, und schon binnen weniger Minuten mit einer dicken Lippe, einem blauen Auge oder einer blutigen Nase dazustehen. Sorge, dass es wehtun würde. Aber Angst hatte ich eigentlich nicht. Kaum hatte ich meine Kampfposition eingenommen – *Bamm!* –, traf mich der erste Schlag, mein Gesichtsfeld wurde schwarz. Nicht nur metaphorisch, mir wurde wirklich schwarz vor Augen, denn mein Gegner hatte mich mitten ins Gesicht getroffen. Ich hatte offenbar den entscheidenden Moment nicht mitbekommen. Zu sehr war ich in Gedanken gewesen.

Mit diesem Schlag auf die Glocke war ich schlagartig hellwach. War gar nicht so schlimm, wie ich befürchtet hatte. Von jetzt an bewegte sich mein Körper automatisch. Es dauerte ein wenig, bis ich die Distanz richtig einschätzen konnte, daher kassierte ich noch ein paar Schläge. Nicht weiter schlimm. Inzwischen hatte ich mich dem Rhythmus angepasst und musste sogar lächeln – während ich geschlagen wurde. Ich lernte dazu, bekam direktes Feedback. Wenn ich einen Fehler machte, änderte ich sofort mein Herangehen. Und das machte richtig Spaß!

Mein Gegner zeigte mir meine Schwachstellen, meine Fehler in der Deckung. Aber ich kämpfte zugegebenermaßen nicht richtig, ich reagierte mehr, als selbst zu handeln. Dort, wo ein beherzter Angriff hingehört hätte oder wo ich einen Konter hätte platzieren sollen, zuckten meine Hände gemäß der erlernten Übungsmuster nach vorne. Mehr eine Geste, viel Kraft wandte ich dabei nicht auf. Aber ich war mir sicher: Der Schlag hätte gesessen, wenn ich richtig durchgezogen hätte! Es fühlte sich für mich an, als würde ich den Kampf dominieren, und ich ging mit einem glücklichen Lächeln aus der ersten Runde. Mein Lächeln schwand jedoch sofort, als ich den Blicken meines Meisters begegnete. Er fauchte mich regelrecht an: »Warum schonst du ihn? Warum schlägst du nicht richtig zu?«

Ich war verwirrt. Ich war der Meinung, es sei irgendwie edler, die Schläge nur anzudeuten. Gerade wollte ich antworten, als mich der Meister wieder anzischte: »Was glaubst du, wer du bist? Er hat es sich genauso verdient, hier zu sein, alles zu geben, getestet zu werden, seine Erfahrungen zu machen, die Angst, den Stress, den Kampf zu kämpfen wie du! Durch dein Schonen tust du ihm keinen Gefallen. Schäm dich!« Einmal mehr lernte ich, dass Worte schmerzhafter sein können als Schläge.

Mir schwirrte der Kopf. Es war mir gelungen, mich den Schlägen zu stellen, die auf mich zukamen. Davor hatte ich keine Angst. Mir wurde nun aber klar, dass mich das Schlagen meines Gegners große Überwindung kostete. Das Schlagen machte mir Angst, nicht das Einstecken. Eine Angst, die ich bisher nicht wahrgenommen hatte. Dafür brauchte ich Mut.

In der zweiten Runde kämpfte ich das erste Mal richtig – und jeder Schlag kostete mich all meine Überwindung. Jedes Mal hatte ich Angst, meinen Gegner zu verletzen, schlimmen Schaden anzurichten und mich anschließend bis an mein Lebensende für meine Derbheit schämen zu müssen. Ich wollte mich am liebsten nach jedem Treffer bei ihm entschuldigen.

Als der Kampf vorüber war, sahen wir uns ein letztes Mal tief in die Augen und verbeugten uns respektvoll. Mein Gegner sagte mit fester Stimme und ohne Vorwurf: »Du hast mich richtig verprügelt.« Ich habe nie nachgefragt, wie das genau gemeint war. Jeder Schüler muss seine eigenen Lektionen lernen.

Am Abend nach diesem ersten Kampf – und auch noch viele Jahre danach – dachte ich über die Begriffe »Mut« und »Tapferkeit« nach. Mut ist für mich etwas Offensives, Tapferkeit etwas Defensives. Im Kampf Mann gegen Mann schienen die beiden Begriffe jedoch miteinander zu verschmelzen. Um mir mehr Klarheit zu verschaffen, versuchte ich, mir andere Bilder aus meinem Leben vorzustellen: Ein Mensch, der einen Gletscher überquert, braucht ganz bestimmt Mut, aber keine Tapferkeit. Er muss sich überwinden, um dann aktiv, also offensiv, zu werden. Das ist Mut als Tätigkeit. Dagegen ist auf dem Behandlungsstuhl des Zahnarztes eher die Tapferkeit gefragt. Der Tapfere sucht nicht nach dem Schmerz, aber wenn es nötig ist, erduldet er ihn. Demnach ist die Fähigkeit, Leid zu erdulden,

Gefahren durchzustehen, standhaft zu bleiben, ohne zu jammern, die wunderbare Tugend der Tapferkeit. Der Tapfere kann das »Richtige« tun, weil er den Schmerz nicht scheut.

Heute weiß ich: Wir brauchen beides im Leben – Mut und Tapferkeit. Ohne Mut können wir uns nicht weiterentwickeln und sind unfähig, das in uns schlummernde Potenzial zu wecken. Ohne Mut werden wir also sehr wahrscheinlich nicht zu dem Menschen, der wir sein könnten. Ohne Tapferkeit können wir aber nicht dauerhaft an unseren Werten und Zielen festhalten. Der Mut ist die Tat, die Tapferkeit das Aushalten. Mut beweisen beispielsweise Extremsportler, Soldaten, Kämpfer oder Abenteurer, immer wenn sie sich in gefährliche Situationen begeben. Und Tapferkeit zeigen Sie, wenn Sie dazu bereit sind, eine Herausforderung trotz Verletzung und Niederlagen und Krisen mit Leidensbereitschaft und Siegeswillen bis zum Ende durchzustehen. Mut und Tapferkeit sind schon bei Platon und Aristoteles nicht als Synonyme, sondern als ein voneinander unterscheidbares Begriffspaar zu verstehen, wie es auch in der differenzierten deutschen Sprache heute noch verwendet wird.

Ich hatte mir bis dahin kaum Gedanken über Mut gemacht. Seit diesem Schlüsselerlebnis bin ich sensibilisiert für all die Momente oder Situationen, die mir Angst machen. Die Angst, jemanden mit Boxhandschuhen zu schlagen, war ursprünglich nicht dabei. Daneben stehen viele weitere auf der Liste: Ich habe Angst vor Zurückweisung. Ich habe Angst vor Komplexität, die ich nicht verstehe. Ich habe Angst davor, die Kontrolle zu verlieren oder sie bewusst aufzugeben. Ich habe Angst davor, mich meiner Frau ganz hinzugeben. Ich habe Angst davor, abgewiesen, gekränkt, bloßgestellt, nicht geliebt zu werden. Und egal, wie oft ich Zahnseide benutze und wie gründlich ich täglich zweimal meine Zähne putze – ich habe Angst vor dem nächsten Zahnarztbesuch. Um diese Ängste des Alltags zu überwinden, brauche ich oft all meinen Mut. Und manchmal eine ganz besonders große Portion.

Die Frage aller Fragen

Tom, Fridi und ich waren in geheimer Mission unterwegs. Im Zillertal, genauer: am Fuße der wunderbaren, steilen, mächtigen und dennoch grazilen Ahornspitze. Mein Lieblingsberg in Mayrhofen. Vom Tal aus wirkt sie wie eine in den Himmel aufragende Pyramide, und von ihren 2974 Metern Höhe hinab bietet sie einen überwältigenden Blick über den Alpenhauptkamm. Man sollte die Ahornspitze im Winter nur bei absolut sicheren Bedingungen besteigen, denn die Rinne, die zum Gipfel führt, ist sehr steil und äußerst lawinengefährdet. Und wir wollten heute die erste Spur des Winters seit dem letzten Schneefall auf die Ahornspitze legen.

Zur Erklärung für alle Nicht-Bergsteiger: Solange keine Spur auf den Gipfel führt, haben die meisten anderen Skitourengänger Angst – doch sobald die erste Spur liegt, wollen alle Glücksritter des Skitourens auch ihren Gipfelsieg und ein paar unverspurte Hänge genießen. Dabei ist das Erobern des Gipfels nicht weniger gefährlich, wenn schon eine Spur darin liegt. Das ist in gewisser Weise Blendwerk. Die Wahrscheinlichkeit des Abgehens einer Lawine wird nicht eliminiert, nur weil schon einer dort oben war. Allerdings hält man als Betrachter den Gipfel für »machbar«, weil eine Spur suggeriert, dass offenbar schon jemand den Weg gegangen ist – und genau das war unser Plan. Unser Vorangehen sollte Mut machen, diesen Gipfel anzugehen – und zwar einer ganz bestimmten Person. Ich wollte die Lage sondieren, den Weg ebnen. Denn dort oben, auf dem Gipfel der Ahornspitze, wollte ich am nächsten Tag meiner geliebten Stephanie einen Heiratsantrag machen. Bei diesem Vorhaben wollte ich nichts dem Zufall überlassen.

Wir hielten nach möglichen Gefahren Ausschau, während wir uns einen Weg durch den Tiefschnee bahnten. Wo waren Triebschneefelder? Wie war die Schneebeschaffenheit? War die Rinne frei von Eis? Saßen Steine locker im Gipfelanstieg? Dabei hatten wir riesigen Spaß. Ich platzte fast vor Glück, weil der letzte Schneefall traumhaft leicht und flockig auf einer gut gesetzten Substanz lag. Der Lawinenlagebericht zeigte geringe Gefahr, das Wetter war stabil, kein Wind, keine Wolken – und das laut Vorhersage für die nächsten zwei Tage. Wir kamen heil am Gipfel an, schlugen am Kreuz ein, fellten ab – das heißt, wir rissen die Felle von den Skiern – und starteten lachend und jauchzend die Abfahrt, 2500 Höhenmeter in Richtung Tal. Es war alles perfekt für den morgigen Tag. Ich war voller Vorfreude. Am Abend packte ich meinen Rucksack, eigentlich wie immer. Nur steckte ich neben Steigeisen, Pickel und Lawinensuchgerät auch den Verlobungsring und eine Flasche Schampus ein. Ich konnte vor Aufregung kaum schlafen. Stephanie war eine großartige Skifahrerin und die Ahornspitze kannte sie noch nicht. Ich war mir sicher, sie würde den leichten, pulvrigen Tiefschnee lieben. Ebenso die wundervolle Aussicht. Aber ob sie Ja sagen würde, da war ich mir nicht so sicher. Ich hoffte es zumindest.

Früh am Morgen starteten wir. Das Wetter war bombastisch: blauer Himmel, strahlender Sonnenschein, goldenes Licht, funkelnde Schneekristalle – einfach perfekt. Und der Schnee glitzerte nicht nur, sondern knirschte bei jedem unserer Schritte, und in meinen Ohren hörte es sich an wie Tausende Glöckchen. Wir kamen bester Laune und voll im Zeitplan am Filzköpfchen an, einem vorgelagerten Gipfel mit gutem Einblick in die Rinne, die zur Ahornspitze hinaufführt. Zeit für meinen Einsatz als Schauspieler.

»Mensch, schau mal!«, sagte ich gespielt erstaunt zu Stephanie. »Da führt ja eine Spur auf die Ahornspitze, heuer war also schon jemand oben. Toll, dann schaffen wir das auch locker – was meinst du?

Sie reagierte wie erwartet nüchtern-analytisch: »Bloß weil da eine Spur drin liegt, heißt das noch lange nicht, dass da keine Lawine abgehen kann.«

Ich musste mir ein Schmunzeln verkneifen, weil diese kluge Frau natürlich recht hatte. Sie fiel auf so ein Blendwerk nicht herein. Irgendwie konnte ich sie trotzdem überreden, den Aufstieg zu wagen. Wir kamen auch problemlos zum Gipfelaufbau, der genau wie am Tag zuvor mit perfekten Verhältnissen einlud. Ja, es war sehr steil, doch unsere am Vortag angelegten Tritte hielten. Wir könnten also wie auf einer Leiter einfach nach oben steigen. »Das wird ein Spaziergang. In einer halben Stunde sind wir oben«, dachte ich. Doch als ich mich umdrehte, las ich in Stephanies Miene Unbehagen. Die Vorstellung, senkrecht durch den Tiefschnee klettern zu müssen, machte ihr ganz offensichtlich Angst. Ich spürte Ärger in mir aufwallen. Nicht, weil ich meine Freundin in eine Situation gebracht hatte, die sie ängstigte. Und auch nicht, weil ich unser Gipfelglück gefährdet sah. Sondern weil ich zu wissen glaubte, was gleich passieren würde: Wir würden uns streiten.

Und schon sprach sie es aus: »Das macht mir Angst hier.« Sie hatte sichtlich Selbstzweifel, doch ich wusste, dass sie der Situation mehr als gewachsen war.

»Du musst keine Angst haben«, beteuerte ich daher hastig, und beinahe wäre mir herausgerutscht: »Ich habe das alles gestern schon gemacht, das ist echt nicht schwierig.« Stattdessen fügte ich hinzu: »Du hast doch schon ganz andere Gipfel gemeistert – dagegen ist der hier ein Klacks!«

Sie zögerte kurz, aber ich sah ihr an, dass dieses Argument nicht reichen würde. Fieberhaft überlegte ich, welchen Anreiz, welchen motivierenden Spruch ich nutzen könnte, um ihr Mut zu machen. Wortlos drehte Stephanie ihre Skier um, sodass die unten klebenden Felle nach oben zeigten, und fing an, ihren Rucksack auszupacken. Der klassische Aufbau für eine längere Pause: Die Skier verteilen den Druck des Körpergewichts und sinken nicht ein, während die Füße hangabwärts baumeln. Man sitzt bequem, wie auf den Latten einer Bank, und die Felle wirken wie wärmende Sitzkissen. Das gefiel mir gar nicht. Doch bevor ich auch nur ein Wort sagen konnte, schaute mir Stephanie tief in die Augen und sagte mit fester Stimme: »Warum bist du bloß so versessen auf den Gipfel? Immer muss es Leistung sein, immer das Ziel erreichen, immer das Gipfelkreuz als Trophäe. Schau mal, das Wetter ist wunderbar, der Tiefschnee ist einzigartig, wir sind quasi oben.

Lass uns doch hierbleiben, Brotzeit machen, die Zeit genießen und dann von hier aus gemeinsam abfahren. Es ist ein so traumhafter Tag, und kein bisschen weniger schön, nur weil wir nicht am Gipfel waren.«

Tja, ich konnte ihr wohl kaum sagen, warum ich so versessen auf den Gipfel war. Natürlich musste man nicht immer zwingend auf den Gipfel – außer heute! Ein Heiratsantrag unterhalb des Gipfels wäre ein weniger schönes Erlebnis und definitiv keine so tolle Geschichte, wie ich sie mir ausgemalt hatte. Für den Bruchteil einer Sekunde überlegte ich, den Antrag auf der Ahornspitze auf ein anderes Mal zu verschieben. Aber heute waren die Bedingungen einfach so perfekt. Ich musste sie unbedingt umstimmen!

Stephanie interpretierte mein vorgeschobenes Kinn, während ich meinen Gedanken nachhing, als Ablehnung ihres Vorschlags. Ihre Gesichtszüge verhärteten sich. Wir wandten uns voneinander ab und es wurde spürbar kälter. Die miese Stimmung schien auch der alte Mann zu spüren, der unserer Spur nachgestiegen war und uns nun überholte. Er murmelte nach einem kurzen Blick nur ein »Griaßzeich« als Gruß und stapfte unbeirrt weiter Richtung Gipfel. Ich sah ihm frustriert nach und schaute dann betrübt ins Tal. Mein Vorhaben war gescheitert, die Stimmung nicht mehr zu retten. Ich würde mir wohl oder übel etwas anderes überlegen müssen.

Dann hörte ich hinter mir, dass Stephanie ihre Skier an den Rucksack schnallte. Ich drehte mich um und sah sie zu meiner Überraschung nicht absteigen, sondern aufsteigen. Ich war baff – und beeilte mich, sie einzuholen, wagte aber nicht zu fragen, was ihren Sinneswandel bewirkt hatte.

»Dieser alte Mann … wenn der das kann, kann ich das auch!«, erklärte sie mir von sich aus. Dadurch hatte sie ihren Mut zurückgewonnen, auch wenn ich das damals nicht wirklich verstehen konnte. In dem Moment war ich einfach nur froh, dass wir weitergingen und ich meinen Plan doch noch verwirklichen konnte.

Als wir am Gipfelkreuz ankamen, saß der alte Mann noch oben. Er verspeiste in aller Ruhe seine Brotzeit. Den atemberaubenden Ausblick ins grüne Zillertal im Norden und ein Meer aus Felsen, Eis und Schnee im Süden konnte ich aber gar nicht richtig genießen, da meine Nervosität von Minute zu Minute stieg. Dann war es endlich so weit: Der alte Mann machte sich zur Abfahrt fertig. Als er den Berg hinabglitt, schien mein Mut mit ihm ins Tal zu sinken. »Wie war noch mal der Plan? Schampus und Ring holen, hinknien? Oder nicht? Erst Schampus oder erst die Frage oder erst der Ring? Äh, wahrscheinlich ist das eh keine gute Idee heute …«, überschlugen sich meine Gedanken. Stephanie wurde langsam unruhig, sie wollte endlich im Tiefschnee ins Tal fahren.

Also nahm ich all meinen Mut zusammen und nutzte reine Willenskraft, um meinen Plan Schritt für Schritt zu realisieren. Linkisch und tölpelhaft, steif und ungelenk, fast etwas benommen nahm ich mich selbst wahr, wie ich auf die Knie fiel und nur noch Stuss von mir gab. Das hatte ich mir ganz anders vorgestellt. Viel heldenhafter. Dann setzte mein Herz für einen Moment aus – denn Stephanie antwortete nicht. Sie stand nur da und sah mich an. Hatte sie mich nicht verstanden? Was war da los? Nach einer gefühlten Ewigkeit las ich mehr von ihren Lippen, als dass ich es hörte: »Ja!«

Die Welt verschwamm vor meinen Augen, ich musste blinzeln. Vermutlich war mir Schnee in die Augen gekommen. Umarmen und küssen fühlte sich gut an, Sekt trinken albern, die Abfahrt unglaublich. Dafür wählten wir eine kaum verspurte Strecke, genau die richtige Entscheidung: ein endlos wirkender, 1200 Höhenmeter umfassender Pulverhang. Der Schnee war besonders toll, es fühlte sich an, wie auf Wolken zu fahren. Immer wieder schauten wir uns während der Abfahrt an, und einer steigerte das Glück des anderen. Geteiltes Glück ist also wirklich doppeltes Glück. Wie gut, dass wir heute beide so mutig waren. Wir hatten uns – jeder auf seine Weise – auf ungewisse Wege begeben und waren mehr als belohnt worden.

Mut als Grundausstattung

»Den Mutigen gehört die Welt.« Dieses Zitat des Schriftstellers Theodor Fontane ist häufig die erste Assoziation zum Begriff »Mut«. Lassen Sie mich diesen Satz umdrehen: Was bleibt dann für den Mutlosen? Hat der Mutlose nichts, muss er sich auf die bloße Existenz seiner selbst beschränken und den Mutigen dabei zusehen, wie sie auf der Welt tanzen, die ihnen gehört? Nein, würde man sagen, natürlich nicht. Natürlich haben die Mutlosen auch etwas, nur eben nicht so viel. Nicht so viel von der Welt, ihren Dingen darauf, vom Leben, der Freiheit und der Sonne.

Ganz falsch ist der Umkehrschluss des Zitats dennoch nicht, wonach wir ohne Mut nichts haben. Wären unsere Vorfahren nicht mutig und neugierig gewesen, dann säßen wir jetzt noch in den Bäumen, ohne Feuer, Wagenräder, Flugzeuge und vieles mehr, und hätten uns die Welt nicht erschlossen. Mut bringt uns demnach voran. Mit Mut können wir uns in Bereiche vorwagen, in denen wir bis dahin nicht waren, und über uns selbst hinauswachsen. Es geht also darum, mit etwas mehr Mut ein bisschen mehr in die Welt und ins Leben zu kommen – im Kleinen wie im Großen. Klingt doch ganz einfach. Aber so einfach ist es eben nicht. Denn es gibt so vieles, das dem Mutigsein entgegensteht.

Es gibt mittlerweile unzählige Studien zu nahezu allen erdenklichen Fragestellungen – natürlich auch zum Thema Mut. Bei der Recherche für dieses Buch habe ich eine Studie von der Columbia Business School in New York gelesen, wonach Frauen Mitte 30 viel eher bereit sein sollen, eine neue berufliche Karriere

zu starten als gleichaltrige Männer.[57] In einem anderen Facharti-
kel wurde Männern eine höhere Risikobereitschaft in Finanzfra-
gen zugeschrieben.[58] In einem *Spiegel*-Artikel aus dem Jahr 1983
wurde erstmals in der Geschichte der deutschen Nachkriegszeit
Frauen mehr Mut bescheinigt als Männern – und zwar von Professor Oswald Hahn von der Universität Erlangen-Nürnberg.[59]
Für seine Argumentation bezog er sich auf Untersuchungen und
Erfahrungsberichte über die Tauglichkeit von Frauen im Militär. Zusammengefasst sagten die Studien aus:

- Frauen sind zwar körperlich schwächer, aber ausdauern-
  der, widerstandsfähiger und leidensfähiger als Männer.
- Frauen gleichen ihre körperlichen Schwächen mit einem
  schnelleren und geschickteren Einsatz des Verstandes aus.
- Frauen zeichnen sich durch generell größeres Engage-
  ment sowie exakteres und zuverlässigeres Arbeiten aus.
- Frauen sind – zumindest in der Verteidigung – generell
  mutiger als Männer.

Auf der Basis dieser Erkenntnisse, so heißt es in dem *Spiegel*-Be-
richt weiter, könne man für die Bundeswehr einen Effizienzvor-
sprung weiblicher Soldaten konstatieren. Allerdings, so schallt
es machoesque aus dem Jahr 1983, gebe es insgesamt zu viele
»frauenspezifische Effizienznachteile« wie – und jetzt zieht es
Ihnen wahrscheinlich die Zehennägel hoch beim Lesen – zum
Beispiel »höhere Reinlichkeitsanforderungen, Ausfallzeiten
durch Monatsbeschwerden und Schwangerschaften sowie verstärkte Mobilitätsverringerung verheirateter weiblicher Soldaten
im Vergleich zu Männern«.[60] Zum Glück haben sich die Zeiten
geändert und werden sich weiter ändern – und mit ihr die Gesellschaft und deren Ansichten zu vielen Themen. Wir befinden

uns heute in einer deutlich liberaleren Welt, auch wenn nach wie vor viel Luft nach oben ist.

Also, wer ist denn nun wirklich mutiger: Männer oder Frauen? Die ehrliche Antwort kann nur lauten: Das kann man nicht pauschal beantworten. Es kommt darauf an! Genauso gut könnte man fragen, ob Selbstständige mutiger seien als Angestellte, dicke Menschen mutiger als dünne et cetera. Es kommt auf die innere Stärke an, die Kompetenz, die Erfahrung, die Art von Mut, die für den Einzelnen erforderlich ist, und vieles mehr. Ich kann mir gut vorstellen, dass es Frauen gibt, die besonders dann viel mutiger agieren, wenn es um den Schutz anderer geht. Das hat jedoch wohl eher mit ihren grundlegenden Werten zu tun als mit einer geschlechtsspezifischen Prägung. Es gibt zudem kulturelle Einflüsse auf die Wagnisbereitschaft. Wenn eine Frau im Deutschland der 1950er-Jahre die meiste Zeit im Haushalt verbracht hat, hatte sie mit sehr hoher Wahrscheinlichkeit weniger Übung im Autofahren und demnach könnte sie im Straßenverkehr weniger risikobereit gewesen sein. Und ich habe noch heute den panischen Gesichtsausdruck meines verwitweten Großvaters vor Augen, als er das erste Mal in seinem Leben eine Waschmaschine bedienen musste. Auch die aktuelle Gemütslage spielt eine Rolle. Wenn jemand wutentbrannt aus einem Meeting stürmt, kann es passieren, dass er danach viel zu schnell über die Autobahn rast und heikle Manöver riskiert.

Wie risikobereit und damit mutig man ist, hat auch entscheidend damit zu tun, wie geläufig einem eine bestimmte Situation ist. Mit anderen Worten: Je mehr Erfahrung man hat, desto weniger nimmt man eine Situation als riskant wahr. Ein Beispiel: Wer bereits zehnmal vom Zehnmeterbrett gesprungen ist, springt locker auch ein elftes Mal, schlichtweg weil er keine

Angst (mehr) davor hat. Wer es noch nie getan hat, geht vielleicht zögerlicher an die Sache heran.

Diese Regel hat jedoch eine Ausnahme: Junge versus Alte. Die Jugend ist oft deswegen so ungestüm, weil sie sich der Konsequenzen ihrer Handlungen und der Eintrittswahrscheinlichkeit vieler Gefahren (noch) nicht bewusst ist. Tatendrang und Allmachtsgefühle sorgen bei ihnen nicht selten dafür, dass aus Mut Übermut entsteht, der mögliche Gefahren einfach ausblendet. Andersherum erlebt derjenige, der bereits viele Winter gesehen hat und dessen Haar bereits ergraut ist, wie seine Reaktionen, Kräfte und Fähigkeiten schwinden, und wird dadurch kaum spürbar seinen Mut in Richtung Zaudern verschieben. Hinzu kommt, dass sich im großen Spektrum der Erfahrungen gerade die Erlebnisse mit schlechtem Ausgang besonders eingeprägt haben – welche es dann unbedingt zu vermeiden gilt. Der ältere Mensch wird also im Mut des Handelns zögerlicher, aber im Mut des Herzens stärker. In dieser Hinsicht freue ich mich bereits auf das Älterwerden!

Lebensmut – der Blick auf das Leben

Den berühmten Satz »Lebe jeden Tag, als wäre es dein letzter!« höre ich in sehr regelmäßigen Abständen immer wieder und finde ihn etwas kitschig. Ich wüsste gar nicht, was ich als Erstes tun sollte. Versuchen, mir alle Gelüste gleichzeitig zu erfüllen? Einen ganzen Tag auf der Jagd nach dem sein, was mir Spaß macht? Oder sollte ich alle Leute einladen, die ich von Herzen liebe – oder vielleicht besser all jene, mit denen ich noch etwas zu klären habe? Sollte ich mein Lieblingseis bestellen oder mein letztes Geld spenden? Den Keller aufräumen oder das Gerümpel der Nachwelt hinterlassen?

Noch schlimmer ist für mich die Vorstellung, dass ich jeden Tag so leben sollte! Selbst wenn ich wüsste, in welcher Reihenfolge ich was machen wollte – ich befürchte, das würde nicht gut gehen. Wahrscheinlich hätte ich in kürzester Zeit all mein Erspartes verprasst, wäre alkoholkrank, übergewichtig und im Knast. Nein, ich denke, wir können und sollten nicht jeden Tag wie unseren letzten leben.

Der Gedanke an das Hier und Jetzt

Da gefällt mir das Motto »Carpe diem« schon viel besser, oder wie man umgangssprachlich sagt: »Nutze den Tag!« Für mich steckt in diesem Imperativ etwas Tugendhaftes, weil ich mir vorstelle, etwas Nützliches sei gefordert. Eine gute Tat, vielleicht auch eine notwendige. In Wahrheit lehnt sich diese Aufforderung von Horaz (kurz vor Christi Geburt) aber an eine hedonistische Grundhaltung an: »Genieße den Augenblick und kümmere dich nicht um das Morgen.« Diese Haltung entspricht allerdings so gar nicht meiner typisch deutschen Prägung und meinem Wunsch nach Sicherheit. Trotzdem mag ich das »Carpe diem«, weil es so herrlich diesseitsorientiert ist. »Lebe im Moment« ist definitiv eine Formulierung, die auch Buddha gewählt hätte beziehungsweise gewählt hat. Ihm wird schließlich der Satz nachgesagt: »Unsere Verabredung mit dem Leben findet im gegenwärtigen Augenblick statt. Und der Treffpunkt ist genau da, wo wir uns gerade befinden.«

Auf Chinesisch würde »Carpe diem« am ehesten folgendem Satz entsprechen: 及时行乐 *Jíshí xínglè*. Frei übersetzt bedeutet er »Rechtzeitig sein Glück nutzen« oder – noch freier – »Keine Zeit verlieren, das Leben zu genießen«. Ich mag diese Aussagen, weil sie mir den Impuls geben, mein Leben selbst in die Hand zu nehmen und mich auf das Hier und Jetzt zu konzentrieren. Aber ob sie mir dabei helfen, mutiger zu werden? Wohl eher nicht. Vermutlich lindert der Gedanke »Mach dir keine Sorgen wegen morgen« meine Ängste und gibt mir etwas Zuversicht.

Vom Umgang mit der Vergänglichkeit

An der Leipziger Rathausuhr steht der lateinische Satz *Mors certa hora incerta*, frei übersetzt: »Der Tod ist gewiss, die Stunde ist ungewiss.« Damit erinnert uns die Uhr daran, dass wir sterben werden. Und so kann man auch »Memento mori« verstehen. Doch worin genau besteht der Unterschied zu »Carpe diem«?

Der eine Ausdruck lenkt unser Augenmerk auf die Gegenwart, der andere auf die Zukunft, genauer gesagt auf das Jenseits. *Memento mori* – »Bedenke, das du sterben wirst« – stammt aus dem mittelalterlichen Mönchslatein und bezieht sich darauf, dass wir uns im Diesseits so verhalten sollen, dass wir im Jenseits vor dem Jüngsten Gericht gut abschneiden. Wir sollen also in der uns zur Verfügung stehenden Zeit möglichst viel Gottgefälliges leisten, denn abgerechnet wird bekanntlich am Schluss.

Ich war mit Thomas, einem meiner Bekannten, verabredet. Wir wollten auf der Fraueninsel am Chiemsee unter der 1000-jährigen Linde trainieren, philosophieren und zur Krönung des Tages noch von einem der benachbarten Gipfel des Chiemgaus mit dem Paraglider »abgleiten«. Ein Tag ganz nach meinem Geschmack. Mein Zeug war schnell gepackt und in den kleinen Kofferraum gequetscht. Auch der Motor war bereits beim ersten Versuch angesprungen. Thomas würde hoffentlich Augen machen – ich holte ihn nämlich mit meinem alten Lotus Elise ab.

Als wir auf der Autobahn waren, beugte er sich vor und strich mit dem Finger über die Armaturen. Er inspizierte einen Staubfussel und kommentierte sichtlich irritiert:»Also, so was würde mir in meinem Auto nie passieren.« Die Vehemenz, die Emotion und der Gesichtsausdruck des Mannes, der kurz zuvor seinen Führerschein wegen eines Delikts verloren hatte und sich nun über Staub auf meinem Armaturenbrett echauffierte, amüsierte mich sehr. Als ich ihn damit aufzog, sagte er ernst:»Es gibt einfach ein paar Dinge, die für mich verpflichtend sind. Dazu gehören ein sauberes Auto, eine saubere Wohnung und ein geordnetes Büro.« Na gut. Jeder legt sein Maß an Selbstverpflichtung woanders an.

Total überraschend fand ich aber seine Begründung:»Weißt du, bevor ich aus dem Haus gehe, denke ich immer daran, dass ich sterben könnte. Ich stelle mir dann vor, wie jemand in meine Wohnung kommt, und frage mich, ob es ihm dann grauen würde oder nicht. Ich möchte einfach, dass die Wohnung picobello ist – alles an seinem Platz und wie geleckt! Was würden denn sonst die Leute von mir denken?!«

Ich war so baff, dass ich noch einmal nachfragte:»Moment mal. Heißt das, dass du jeden Tag an deinen Tod denkst?«

»Ja, klar«, bestätigte er.»Jeden einzelnen Tag. Das spornt mich zu Höchstleistungen an.«

Am Abend starteten wir bei schwierigen Bedingungen vom gleichen Gipfel. Thomas zog ohne Zögern und Zaudern trotz des starken Windes mit seinem Paraglider in den Himmel und ließ mich allein am Gipfel zurück – er hatte ja alles geregelt für den Fall der Fälle. Während ich meinen Schirm auf dem Startplatz auslegte, ging mir unser Gespräch von der Hinfahrt durch den Kopf. Auf einmal hatte ich Angst. Ich hatte nichts wirklich geregelt, abgesehen von einem handgeschriebenen Testament. Weder die Wohnung noch das Büro waren aufgeräumt, nicht einmal der Wagen war vollgetankt. Was würden wohl die Leute von mir denken? Dann wusste ich, was sie sagen würden:»Der Depp ist bei ungünstigen Wetterbedingungen gestartet, und jetzt ist er tot. So ein Trottel!« Vor allem wurde mir bewusst, dass es – wenn auch mit geringer Wahrscheinlichkeit – tatsächlich passieren konnte, dass ich nicht mehr nach Hause kam. Jederzeit. Kaum hatte ich das gedacht, nahm ich den Helm ab und wollte nicht mehr fliegen.

Als ich so dastand, mit mir haderte und darüber nachdachte, ob mir das Memento mori mehr Angst als Mut einflößte, dachte ich an ein Gespräch mit meinem Freund René. Er hatte mir mal erzählt, dass erfolgreiche Feldherren im alten Rom eine besondere Form des Memento mori gepflegt hatten. Sie hatten auf dem Streitwagen während ihres Triumphzugs stets einen Sklaven hinter sich, der den goldenen Kranz über ihrem Haupt zu halten hatte. Dieser Sklave hatte jedoch noch eine weitere Aufgabe. Er sollte dem Triumphator immer wieder sagen: *Respice post te, hominem te esse memento* – übersetzt etwa:»Blick hinter dich, erinnere dich daran, dass du nur ein Mensch bist.« Das bedeutet: Selbst ein Gewinner soll sich selbst nicht allzu wichtig nehmen. Er kann allen vorausfahren und sich für seinen Erfolg feiern lassen. Doch dann sollte er hinter sich blicken, um all diejenigen zu sehen, die an seinem Erfolg beteiligt waren, und sich eingestehen, dass er trotz allem nur ein Mensch war.

Da stand ich nun auf dem Gipfel, am Abend eines wunderbaren Tages. Kein siegreicher Triumphator, sondern nur ein kleiner, verletzlicher Mensch. Und gerade als mir klar wurde, dass ich ein vergängliches Staubkorn war – Sternenstaub voller Ehrfurcht vor größeren Kräften –, flaute der Wind ab. Ich wurde mir meiner Fähigkeiten und Kompetenzen wieder bewusst, und dann war auch mein Mut wieder da. Mein innerer Drache war wieder erwacht und bereit. Ich startete in den Sonnenuntergang. Und süffisant lächelnd kamen mir die Worte des großen »Meisters« Snoopy in den Sinn, als Charlie Brown zu ihm sagte:»Eines Tages müssen wir sterben, Snoopy!«, und Snoopy lakonisch antwortete:»Ja, das stimmt, aber an allen anderen Tagen nicht!«[61]

Für mich habe ich erkannt: Mein Lebensmut speist sich nicht durch den Fokus auf meinen bevorstehenden Tod, sondern durch die Freude über all die anderen Tage davor. Wie ist es bei Ihnen? Woraus schöpfen Sie Ihren Lebensmut?

八级师傅学手艺——长到老学到老

baji shifu xue shouyi—zhang dao lao, xue dao lao
**Ein Meister mit acht Klassen soll der Beste
seines Fachs sein, doch er hört nie auf, sich zu verbessern.**

6 WEGE ZU MEHR MUT

Mut ist relativ. Für einen Vierjährigen ist es zum Beispiel überaus mutig, vom Rand des Nichtschwimmerbeckens die unvorstellbar hohen 30 Zentimeter ins Wasser zu hopsen. Denselben Sprung auszuführen, wäre für seine Eltern oder größeren Geschwister nicht der Rede wert. Aber für den Kleinen sind die Großen nach dieser und anderen für ihn schier unvorstellbaren Taten ganz eindeutig Helden. Was für den einen eine waghalsige Aktion ist, für die er seinen ganzen Mut zusammennehmen muss, ist für den anderen Alltag. Mut relativiert sich auch durch den Blickwinkel, durch Ausgangspositionen und definierte Werte. Ein und dieselbe Tat kann sowohl als mutig wie auch als feige gewertet werden. Die Kündigung eines Mitarbeiters, der unter seinem Chef leidet, wird vielleicht vom Chef als feige angesehen, aber von den Kollegen, die auch gerne gehen würden, als mutig.

Das bedeutet: Ihren Mut sollten Sie nicht am Mut der anderen messen und schon gar nicht am Mut von Helden. Und ich kann Ihnen versichern: Sie sind mutig. Sie sind im Laufe Ihres Lebens auch immer mutiger geworden. Sie haben Ihren Mut trainiert. Und dieses Mut-Training endet nicht mit der Kindheit. Auch als Erwachsene können wir unseren Mut weiterentwickeln. Dazu will ich Ihnen Impulse geben, die Ihren weiteren Entwicklungsprozess fördern und damit auch Ihre innere Stärke, Ihren Drachen unterstützen.

Herz, Bauch und Kopf

Das Herz (心 *xīn*) ist für die Chinesen einer der drei Bereiche, die Entscheidungsenergie in sich tragen. Die beiden anderen Bereiche sind der Bauch (腹部 *fùbù* oder *duzi*) und der Kopf (頭 *tóu*), wobei der Herz-Ebene eine größere Bedeutung zukommt als den beiden anderen. Die Chinesen wähnen in ihr das geheime Entscheidungszentrum des Menschen. Sie steht nicht nur für Mut, sondern auch für Werte.

Mein Meister hat es mir so erklärt: »Der Bauch ist ein großer Energiequell. Ihm geht es um die sofortige Befriedigung seiner Bedürfnisse. Der Bauch will Süßes, der Bauch will morgens im Bett länger liegen bleiben, der Bauch will Urlaub, der Bauch will schicke neue Schuhe – und er beeinflusst unsere Entscheidungen mit großer Energie. Der Bauch hat aber einen Makel: Er kennt keine Moral. Er will die Dinge jetzt, und es ist ihm im wahrsten Sinne des Wortes egal, wer dafür zahlt und in welcher Form. Der Bauch fragt nur: ›Befriedigt es meine Gelüste?‹ Ganz anders der Kopf, der fragt: ›Ist es nützlich für mich? Ergibt es Sinn?‹ Der Kopf ist ein fleißiger und strategischer Denker. Ihm ist klar, dass die regelmäßige Ausnahme in einem Diätplan oder im Liegenbleiben statt Frühsport dazu führen werden, dass sich nicht die gewünschten Ergebnisse einstellen. Der Kopf hat ebenfalls viel Kraft – es handelt sich aber oft mehr um planerische, logisch denkende Kraft als um tatsächlich umsetzende. Zu guter Letzt gibt es das Herz, bei dem es um Werte geht.

Auf dieser Ebene wird danach entschieden, was wirklich wichtig ist.«

Auch in dieser Lektion meines Meisters fühle ich einen gewissen Gleichklang zwischen der östlichen und der westlichen Welt. Egal ob bewusst oder unbewusst, Bauch, Kopf und Herz spielen bei jedem Entscheidungsprozess eine Rolle. So wird klar: Sobald wir etwas tun müssen, das unseren Werten entgegensteht oder das es uns nicht wert ist zu handeln, werden wir nicht die volle Energie dafür entwickeln können – oder gar keine. Dann fühlt es sich an, als wären wir mit angezogener Handbremse unterwegs. Es kann sogar so weit gehen, dass wir uns unbewusst sabotieren, um eine Zielerreichung gegen unsere Werte zu verhindern. Mutig zu leben, bedeutet, vom Herzen her zu leben.

Um Mut zu schöpfen, benötigen wir meiner Meinung nach alle drei – Herz, Bauch und Kopf. Je ausgeprägter unsere innere Stärke ist, umso einfacher ist es, diese drei Energien in Harmonie zu bringen, und unsere Entscheidungen fallen uns leichter. Wer sich mit Herz, Bauch und Kopf zentralen Themen wie Verletzlichkeit, Liebe, Wut, Selbstvertrauen, Hoffnung, Wagnisbereitschaft und Angst nähert, stärkt seinen Mut. Wir alle haben Gefühle, darunter auch Gefühle vermeintlicher Schwäche. Sich diese zu vergegenwärtigen, ist eine Stärke. Wir müssen unser Innenleben nicht unbedingt jedem zeigen, aber wir sollten es vor uns selbst nicht verleugnen oder verbergen.

> Je ausgeprägter unsere innere Stärke ist, umso einfacher ist es, diese drei Energien in Harmonie zu bringen, und unsere Entscheidungen fallen uns leichter.

Kommt Zeit, kommt Mut

»Wie kann man deiner Meinung nach jemandem Mut machen?«, wollte ich von Hanne wissen, nachdem ich ihr bei einem Cappuccino von meinem Buchprojekt erzählt hatte. Diese wunderbare Frau ist die Tante meiner Ehefrau. Sie hat zwei sportliche, intelligente, weltoffene und herzenswarme Söhne – alles Eigenschaften, die Tobi und Nic ganz klar von ihren Eltern übernommen haben. Ich erhoffte mir hilfreiche Impulse und tolle Geschichten aus ihrem reichen Erfahrungsschatz.

»Ich weiß nicht, ob man es eine wirkliche Technik nennen kann«, sagte sie entschuldigend, »aber ich habe es mehrfach ausprobiert, und es hat funktioniert.« Ich nickte ihr aufmunternd zu und sie fuhr fort: »Weißt du, vor einigen Jahren waren wir im Urlaub Wasserski fahren. Tobi hatte Schwierigkeiten und bekam es mit der Angst zu tun. Deswegen brachen wir den Versuch ab. Er war vor Angst wie blockiert und wollte keinen weiteren Versuch wagen.«

Ich war etwas verwundert, denn irgendwie hatte ich mit einem spektakuläreren Beispiel gerechnet. Doch ich unterbrach sie nicht. »Ich habe ihm dann gesagt: ›Tobi, wir sind die ganzen Ferien hier und wenn du einen Moment spürst, in dem du dich wahnsinnig mutig fühlst, dann lassen wir alles stehen und liegen und probieren es sofort noch einmal.‹ Und stell dir vor, tatsächlich sagte Tobi zwei Tage später: ›Mami, ich glaube, ich fühle mich heute mutig – lass es uns versuchen.‹«

Abgesehen davon, dass ich den Ansatz, keinen Druck aufzubauen, außerordentlich gut fand, faszinierte mich vor allem der Gedanke vom richtigen Zeitpunkt. Das passte gut zu meiner Vorstellung, dass alle inneren Tugenden wachsen wie Pflanzen – und das braucht eben seine Zeit. Man wartet auf den richtigen Zeitpunkt, und dann kann man beispielsweise Mut ernten. Als ich länger darüber nachdachte, fiel mir auch eine Weisheit von Laozi ein: »Die Natur eilt nicht, und dennoch wird alles erreicht.«

Wir können also Mut hervorlocken oder ihn wachsen lassen. Doch ich habe – vermutlich wie jeder andere Mensch auf diesem Planeten – auch mehr als einmal am eigenen Leib erfahren, wie zerstörerisch und entmutigend die falschen Worte sein können.

Als ich etwa sechs Jahre alt war, war ich ein begeisterter Fan des Fußballvereins AS Roma und ebenso leidenschaftlicher Bolzer. Mein Vater sah mir beim Dribbeln zu und war wohl mit meinen unausgereiften Techniken nicht einverstanden. »Du Flasche, du kannst das nicht!« Diese vernichtenden Worte brannten sich so tief ein, dass ich fortan mit weniger Mut, Selbstvertrauen und Elan spielte. Mit Anfang 20 erwähnte ich meinem Vater gegenüber, dass mein fußballerisches Talent ja quasi nicht vorhanden gewesen sei und mir wohl eher die Kampfkunst liege. Er sah mich verständnislos an und sagte kopfschüttelnd: »Was für ein Blödsinn! Du bist doch als Kind schon außerordentlich talentiert gewesen!« Dieses aufmunternde Lob kam leider viel zu spät.

Ich erzählte einer Freundin davon, die spürte, wie sehr mich das als Kind getroffen hatte und wie sehr es mich nach so langer Zeit noch bedrückte. Wir leerten zusammen eine Flasche Wein, füllten sie anschließend mit Sand und verkorkten sie. In dieser Flasche, unter dem Sand, liegt diese entmutigende Kindheitserinnerung begraben. Und die Flasche steht jetzt im Keller – an der Stelle, an der früher der Fußball lag. So konnte ich mit dieser schmerzlichen Episode zumindest halbwegs abschließen.

Ich versuche immer, anderen Menschen Mut zu machen, und bitte auch Sie an dieser Stelle: Geben Sie Ihren Liebsten Glücksbringer mit auf den Weg. Es dürfen auch gerne liebevolle Worte sein, denn glücklich ist, wer weiß, dass er geliebt wird – und das stärkt innerlich!

Ein Moment des Mutes

Eine Schülerin der Kampfkunstlegende Sensei Benny the Jet Urquidez, die Kämpferin und mittlerweile selbst anerkannte Kampfkunstmeisterin Nadine Champion, sprach über die wichtigste Lektion in ihrem Leben. Um sich mutig zu fühlen, wenn es nötig ist, bedarf es ihrer Ansicht nach nur zehn Sekunden Mut: »Das ist nämlich die Zeit, die du brauchst, um in den Ring zu steigen, zu deinem Gegner zu laufen und ihm ins Gesicht zu sehen. Wenn du ihm in die Augen schaust, weißt du genau, wer du bist. Nur für diese zehn Sekunden brauchst du Mut.«[62]

Wenn ich heutzutage Angst vor einem schwierigen Tag als Moderator oder Mediator habe, wenn ich vor Hunderten Menschen in mehreren Sprachen sprechen muss, dann überlege ich mir vorher, in welchen Momenten ich am meisten Mut brauchen werde. Zum Beispiel zu Beginn der Veranstaltung, wenn ich den ersten Schritt auf die Bühne setze? Wenn ich in die Gesichter der Zuschauer blicke? Wenn die Begrüßungsmusik läuft? Wenn ich die Teilnehmer begrüße? Oder wenn ich die Geschäftsführung auf die Bühne bitte? Ich muss also nicht den ganzen Tag über mutig sein, sondern immer nur sekundenweise. Also mache ich mir einen Plan und frage mich immer wieder: »Schaffst du es, zehn Sekunden lang mutig zu sein?« Die Antwort war bisher immer Ja.

Als ich länger über all das nachdachte, kam ich zu folgenden Schlüssen: Zum einen muss man bei einer Aktion nicht für die gesamte Dauer mutig sein, sondern meist nur wenige Sekunden. Zum anderen gibt es Momente, in denen man sich aus unerklärlichen Gründen mutig fühlt. Meine Erkenntnis daraus ist: Alles, was es braucht, ist ein Moment des Mutes. Und

> Alles, was es braucht, ist ein Moment des Mutes.

meistens muss man gar nicht lange mutig sein. Manchmal kann man ihn abwarten, manchmal muss man ihn erzwingen. So mancher versucht sogar, ihn magisch heraufzubeschwören.

Beseelte Objekte und Glaubenssätze

Warum widmen wir uns in Zusammenhang mit innerer Stärke überhaupt dem Thema Glücksbringer? Weil sie bei manchen Menschen einfach wirken und ihnen den nötigen Mut verleihen! Denken wir an unsere Kinder und deren Umgang mit unsichtbaren Freunden, ihren Kuscheltieren oder anderen Talismanen: Mit dem Lego-Astronauten in der Hosentasche geht es mutig zum Zahnarzt, mit dem Seepferdchen auf dem Badeanzug selbstbewusst auf den Sprungturm. Ich kenne Menschen, die bessere Prüfungen schreiben, wenn sie einen Glücksbringer dabeihaben, oder ungeheuerliche Flugangst hatten und diese mithilfe einer Schutzengel-Halskette überwinden konnten. Und ich kenne Menschen, die mehr Mut sammeln können, wenn sie bestimmte Gedanken pflegen, bestimmten Ritualen folgen oder bestimmte Kraftbilder vor ihrem geistigen Auge heraufbeschwören.

Inwieweit man solchen Ansätzen gegenüber aufgeschlossen ist, hat nichts mit Alter, Geschlecht, Bildung oder Intelligenz zu tun. Glück und Mut kommen oft durch den Wunsch, es zu haben. Dies ist aber kein Plädoyer für den Aberglauben. Es ist eher ein bedachtes Plädoyer für das »beseelte Objekt« oder den »beseelten Glaubenssatz«.

Von einem Kung-Fu-Meister aus Hongkong habe ich einst zwei besondere Schwerter geschenkt bekommen, ohne dass bei der Übergabe auch nur ein einziges Wort gewechselt wurde. Diese

Schwerter haben etwas Heiliges, Beseeltes für mich. Jedes Mal, wenn ich sie in die Hand nehme, entsteht in mir eine Verbindung zu diesem besonderen Mann. Ich fühle Dankbarkeit und Stolz, und ich bilde mir ein, mit diesen Schwertern meine Formen – wie mit meisterhafter Kraft ausgestattet – besonders gut zu üben.

Seither schenke ich selbst nicht selten ähnliche Glücksbringer, deren symbolische Aufgeladenheit sich vor allem über die Art und Weise oder die Umstände des Schenkens verstärkt – und hoffe, dass sie bei dem Beschenkten ebenso wirken.

Mit Glück zu mehr Mut

Wünschen wir uns im Westen tatsächlich nichts sehnlicher als ein glückliches Leben? Ich persönlich bin kein großer Freund dieser Glückssuche, denn ich denke dabei stets an meinen Meister, der sagte: »Es ist ein Fehler zu glauben, Glück sei das Ziel.« Ich habe ohnehin den Verdacht, dass wir manchmal vom Glück daherreden, ohne uns genau überlegt zu haben, was wir uns konkret wünschen oder was wir damit meinen. Deswegen erscheint es mir sinnvoll, das Wörtchen »Glück« etwas genauer unter die Lupe zu nehmen.

Überraschend ist: Während die deutsche Sprache sehr wortreich ist und in Bedeutungen oft fein differenziert, gibt es im Deutschen für »Glück« nur dieses eine Wort, und das trägt gleichzeitig zwei unterschiedliche Bedeutungen in sich, die im Grunde gar nichts miteinander zu tun haben. Wir vereinen im Wort »Glück« sowohl den Moment, in dem uns etwas Gutes widerfährt, als auch den Zustand des Glücklichseins, also das Lebensglück. In anderen Sprachen wird besser differenziert. In Frankreich unterscheidet man zwischen *la bonne chance* und *le bonheur,* die Italiener sagen *fortuna* in Abgrenzung zu *felicità,* und im Englischen gibt es *luck* und *happiness.*

Was suchen wir denn nun eigentlich: Das flüchtige und zufällige Glück oder das Glück, das wir selbst in der Hand haben? Die eine Art von Glück spielt uns – im Zufallssinn oder im Sinn von Schicksal – den Lottogewinn, den Sonnenschein am Geburtstag, den Parkplatz direkt vor der Eingangstür einfach so zu. Ganz ohne Voraussetzungen oder Bedingungen. Wir brauchen dafür kein Können, Wissen oder Talent und keine große Anstrengung. Gleichzeitig behauptet der Volksmund, wir trügen zumindest teilweise die Verantwortung für das Erreichen von Glück: »Jeder ist seines Glückes Schmied.« Demnach gibt es mindestens zwei Ebenen. Glück hängt sowohl von äußeren Umständen als auch von unserer Einstellung ab. Das Verrückte ist: Unsere Einstellung kann unabhängig vom Ereignis sein. Wir können selbst dann glücklich sein, wenn wir in Bezug auf das Ereignis Pech haben. In dem Fall nimmt das Glück eine schwer greifbare Metaebene ein.

Für mich ist Glück in erster Linie ein angenehmer seelischgeistiger Zustand. Und dieser Zustand ist bei mir meistens an die mittelhochdeutsche Ableitung von Glück, nämlich dem »Gelücke«, also Gelingen, gebunden. Wenn mir etwas gelingt, ist es »geglückt«. Alles andere ist für mich kein Glück, sondern purer Zufall. Vor dem Hintergrund des Glückens frage ich mich, mit welcher inneren Einstellung ich mein Verhältnis zum Glück nutzen kann, um meinen Mut zu steigern. Den lateinischen Leitsatz *Audentes fortuna adjuvat* – »den Wagemutigen hilft das Glück« –, kann man so verstehen, dass man unter Einsatz seines Mutes den Ausgang eines Ereignisses zum »glücklichen Gelingen« beeinflussen kann.

Das Interessante ist, dass viele Menschen es genau andersherum versuchen: Sie wollen mit etwas Glück ihren Mut steigern – und werden tatsächlich mutiger, wenn sie sich in einer brenzligen Situation kultureller Glückssymbole bedienen. Nach der Devise »Auf in den Kampf – ich steck nur noch schnell meine Hasenpfote ein!«. Rational ist das nicht, aber irgendwie »bezaubernd« – im wahrsten Sinne des Wortes.

Glücksbringer in aller Welt

Ein Glücksbringer, der uns ermutigt, ein Wagnis einzugehen, kann vieles sein: ein Gegenstand wie etwa ein Glücksamulett, eine Person, die uns zum Beispiel eine gute Nachricht überbringt, ein Omen, das wir als »günstig« interpretieren, ein bestärkender Gedanke, eine widerstandsfähige Pflanze, ein besonders starkes Tier oder ein mächtiges Symbol. Wir erhoffen uns über einen Wenn-dann-Deal eine Steigerung der Chance, Glück zu haben: »Wenn ich dies mache oder das dabeihabe und fest genug daran glaube, dann glückt mein Vorhaben!«

Leider ist es so, dass nicht alle Glückssymbole auf der Welt gleich sind. Die analytische Seite meines Verstandes wäre befriedigter, würden Chinesen und Japaner, Iraner und Libyer, Inder und Afrikaner, Europäer und Amerikaner, kurzum alle auf der Welt dreimal auf Holz klopfen oder über die Schulter spucken, sich über den Schornsteinfeger freuen oder sich eine Winkekatze ins Zimmer stellen. Dann wäre ich zwar immer noch nicht von der Wirksamkeit überzeugt, es gäbe aber wenigstens einen roten Faden. Stattdessen scheint jede Kultur ihre eigenen Vorstellungen entwickelt zu haben, wie sie das Glück anlocken, an sich binden oder ihm zumindest auf die Sprünge helfen könnte.

Bei uns in Deutschland beispielsweise ist der Fliegenpilz ein viel genutztes Glückssymbol, vor allem zu Neujahr, obwohl wir den damit in Verbindung stehenden Brauch fast vergessen haben. Die alten Germanen sollen Fliegenpilze vor dem Kampf gegessen haben. In irgendeiner Kombination mit den richtigen Kräutern und im richtigen Mischungsverhältnis hat das Gift des Fliegenpilzes den Germanenkämpfer für die im Kampf erlittenen Wunden wohl unempfindlich(er) gemacht. Bei den Germanen hatte Glück, wer dem Fliegenpilz die richtigen Kräuter im korrekten Mischungsverhältnis entgegensetzte und so überlebte, um dann in den Kampf zu ziehen.

Ähnlich ist es mit vielen unserer Glückssymbole. Wer weiß denn heute noch, warum man »Schwein gehabt« sagt? Hierzu habe ich zwei Geschichten gehört. In einer bezieht sich das Schwein aufs Kartenspiel. Wer zufällig die Trumpfkarte »Eichel-Sau« hatte, hatte beste Chancen auf einen Gewinn des Spiels. Die andere Geschichte erzählt davon, dass eine Familie bessere Chancen im Leben hatte, wenn sie ein (echtes) Schwein besaß. Schweine sind pflegeleicht, wachsen schnell, fressen quasi alles, werfen viele Ferkel und ernähren somit die Familie. Beide Geschichten haben eine gewisse Logik. Für mich allerdings deutet die Formulierung »Schwein gehabt« auch auf das bevorstehende traurige Ende des Glückes hin – das Schwein ist ja dann weg. In anderen Ländern und Kulturen sind ausgerechnet Schweine ein Symbol für Unreinheit. Man schüttelt dort nur den Kopf darüber, dass wir die Sau nicht nur essen, sondern auch noch als Glücksbringer verehren.

In islamischen Ländern glaubt man beispielsweise an die glückbringende Wirkung von Fatimas Hand, die es als Vorlage für nahezu unendlich viel Schmuck gibt. Die Hand wird wie ein Stopp-Zeichen gegen böse Geister erhoben. Wer ihnen Einhalt gebieten kann, hat sicherlich auch ein Stück vom Glück auf seiner Seite. In Japan gibt es analog dazu die berühmte Geschichte der Maneki-neko (Winkekatze), die durch das Winken der einen Hand böse Geister zurückhält und durch das Winken mit der anderen Hand Glück, Wohlstand und Gesundheit herbeiwinkt.

Von Japan springen wir nach China, zum größten Volk der Erde und meiner Meinung nach zu den verrücktesten Glücksrittern aller Zeiten. Sosehr die Chinesen einerseits auf Sicherheit bedacht sind, so risikofreudig sind sie beim Wetten auf ihr Glück. Die meisten Chinesen, die ich kenne, haben ein Faible fürs Glücksspiel: Casino, Lotto, Pferderennsport, Brett-, Würfel-, Kartenspiel, Schneckenrennen und auch für die Börse. Spannend ist, dass hierbei oft Praktiken zur Glückssteigerung zum Einsatz kommen, die in meiner Gedankenwelt ganz eindeutig unter die Kategorie Aberglaube fallen. So wenden sich Chinesen gerne dem kosmischen Wirken von Glückszahlen zu. Beliebt sind vor allem die Zahlen 13 und 88. Gemieden wird hingegen die 4. Während bei uns der Glückspfennig (mittlerweile der Glückscent) am Wegesrand gefunden werden kann, wir das berühmte vierblättrige Kleeblatt suchen oder das Hufeisen mit der Öffnung nach oben an die Wand hängen – alles ohne großen Kostenaufwand –, muss man in China für Glückssymbole ein Vermögen ausgeben: In Hongkong werden zum Beispiel Kfz-Kennzeichen mit Glückszahlen höchstbietend versteigert.[63] Auch die chinesische Astrologie ist ein interessantes Phänomen. Manche Sternzeichen stehen für mehr Glück im Leben als andere. Deshalb ist es dort nicht selten, dass Kinder per Kaiserschnitt geholt werden, um so zu sichern, dass sie im Wunschsternzeichen zur Welt kommen.[64]

Das größte und wahrscheinlich komplexeste Gedankenmodell, mit dem man dem Glück auf die Sprünge helfen möchte, ist Feng-Shui. Es ist eine Art kosmische Harmonielehre, die es an unterschiedlichen Stellen umzusetzen gilt, von Raumkonzepten bis hin zum Umgang mit den fünf Elementen in Bezug auf Himmelsrichtungen. Für mich zählt diese Lehre nicht direkt zum Aberglauben. Aber mich schaudert ein wenig vor ihrer Komplexität und interdisziplinären Verknüpfung mit Mondkonstellationen, Astrologie, Farblehre, Physik, Geomantie und sonstigen Lehren. Das Ziel von Feng-Shui ist es, positive Energie anzuziehen und die ganze schlechte Energie – sofern vorhanden – auszuleiten. Dadurch erhöht sich wiederum die Chance auf Glück, Wohlstand und Gesundheit, vor allem aber die Wahrscheinlichkeit auf ein langes Leben. Und mal ganz ehrlich: Wer würde dazu schon Nein sagen?

Die Moral von der Geschichte ist, dass man häufig Menschen trifft, die grundsätzlich »alles« für möglich halten. Warum sollte es also nicht höhere Glücksmächte geben? Die chinesische Logik ist in dieser Hinsicht sehr pragmatisch: Wenn man zur Erreichung eines Ziels alles in seiner Macht Stehende getan hat, wenn man fleißig und klug war, strebsam und geduldig, dann könnte es doch auch nicht schaden, das Schicksal noch zusätzlich zu beeinflussen. Etwa durch das Beachten von Glückszahlen oder Tierkreiszeichen und vielem mehr. Es könnte doch sein, dass es wirklich wirkt! Außerdem gibt einem die aktive Beschwörung des Glücks das zusätzliche Gefühl, wirklich alles getan zu haben. Daher fällt es leicht(er), entspannt in die Zukunft zu blicken. Der Rest ist Schicksal und niemand wird einem einen Vorwurf machen können. 沒辦法 *(méi bàn fǎ)* – da ist nichts mehr zu machen.

Mut durch Drachenfeuer

Wut ist feurige Lava, Drachenodem, der durch unsere Adern pulsiert! Und ja, er kann uns – zugegebenermaßen – hin und wieder überwältigen. Ist es vielleicht sogar so etwas wie Drachenfeuer? Mein Meister sagt jedenfalls: »Wut ist Energie.« Sie muss sich nach seiner Definition nicht gegen jemanden oder gegen uns selbst richten, sie ist erst einmal reine Feuerenergie, die in uns pulsiert, und sie ist weder gut noch schlecht. Aber mit Wut im Bauch und in den Adern lassen sich festgefahrene oder zu schwere Dinge manchmal wundersam leicht bewältigen. Wut kann uns weit tragen, wenn wir ihr ein klares Ziel geben. Wir halten dann länger durch!

> Wut kann uns weit tragen, wenn wir ihr ein klares Ziel geben. Wir halten dann länger durch!

Ich kann diesen Gedankengang gut nachvollziehen: Wut kann ein Energie-Booster beim Sport sein und sie kann sogar Spaß machen. Ich kann mich schwer dem Spaß gespielter oder tatsächlicher Wut entziehen, mit dicken Handschuhen vor einem Boxsack zu stehen und zu rufen: »Komm doch her, du Sack!« Und dann geht's los. Oder mit einem Beil Holz hacken und sich dabei richtig auspowern. Oder endlich mal die alten Möbel rauswerfen, die schon viel zu lange in der Garage herumstehen. Hauptsache, die Wut darf da sein, darf handeln und bekommt eine klare Richtung. Wenn sie dann etwas abgeklungen ist, können wir beginnen zu analysieren, wofür genau diese Wut steht.

Ungerichtete, blinde Wut

Wenn uns jemand wütend macht oder gar in Rage bringt, sagen wir schneller, was wir denken, wir handeln, ohne zu zögern, sind aggressiver – also im wahrsten Sinne des lateinischen Wortes *aggredere* (»voranschreiten«). Zu klären ist allerdings, ob ein solches Verhalten wirklich innere Stärke zeigt oder einfach nur impulsgetrieben und unüberlegt ist.

Wenn ich unter Stress gerate, fällt es mir manchmal schwer, ange-
messene Worte zu finden. In diesem Zustand denke ich nicht mehr
klar, vor allem aber bekomme ich meine Gefühlswelt nicht mehr
unter Kontrolle. Starke körperliche Reaktionen verdichten sich zu
einem Brodeln im Bauch, einem Druck auf dem Kessel, präziser
zu Ärger, Wut oder gar Zorn. Und für einen wachen, klaren und
kreativen Verstand ist das reines Gift. Mein Handlungsspielraum
wird kleiner und irgendwann verliere ich die inhaltliche Ebene,
sogar die Handlungsebene aus den Augen und degeneriere zu
einem Hohlraum, der nur noch Lärm produziert und regelrecht ex-
plodiert. Dann schreie ich herum und fuchtle aufgebracht mit den
Armen. Solche Wut ist sinnlos, weil nicht zielführend.

Ich führe auch gerne mit anderen leidenschaftliche Diskussionen, die jedoch so manches Mal in Auseinandersetzungen über-
gehen und zu einem ausgewachsenen Streit eskalieren können.
Das kennen Sie vermutlich aus eigener Erfahrung. Was dann
passiert, läuft immer gleich ab: Die Streithähne geraten in eine
Situation, in der mit gegenseitigen Schuldzuweisungen und
Vorwürfen Wirkungstreffer erzielt werden – unter dem Einfluss
der Wut auch unter die Gürtellinie. Im Eifer des Gefechts ist
das anfängliche Problem schnell vergessen, eine mögliche Lösung wird nebensächlich. Es geht nur noch darum, siegen zu
wollen oder wenigstens beim Gegenüber Schaden anzurichten.
Der verbale Blutrausch wird zur Handlungsmaxime. Doch
auch das ist sinnlos, weil nicht zielführend.

Wut, die einfach schreit, wütet und
kämpft, ist in Wahrheit vergebene
Energie. Sie tobt wie ein Tiger, der gegen die Gitterstäbe seines Käfigs rennt

> Wut, die einfach schreit,
> wütet und kämpft, ist in Wahr-
> heit vergebene Energie.

und sich dabei immer wieder selbst verletzt. Das Einzige, was
bleibt, ist vielleicht der kurze Moment der Erleichterung, sich
im Schmerz wieder zu spüren. Wer vor Wut mit Schmackes ge-

gen eine Wand boxt, wird feststellen, dass es der Wand danach in der Regel genauso »gut« geht wie zuvor – aber er wird sich selbst spüren, schmerzlich, und kann anschließend vielleicht noch auf den Gipsverband wütend sein, den er sich selbst eingebrockt hat. Das zugrunde liegende Problem ist aber nach wie vor nicht gelöst. Mit blinder Wut schaden wir uns, und wenn es ganz schlecht läuft, hören wir in der Folge auf, an uns selbst zu glauben. Wir entfernen uns von uns selbst – und damit auch häufig von unseren Zielen.

Ärger, Zorn und Wut

Für welche Handlung man sich entscheidet, hängt auch von der empfundenen Emotion in einer Situation ab. Hier empfiehlt es sich, zwischen Ärger, Zorn und Wut zu unterscheiden, um ein Gefühl für die Intensität der jeweiligen Emotion zu bekommen.

Ärger aktiviert das strategische Denken mit (noch) klarem Blick auf einen Gegner. Demnach ist Ärger eine Art Vorstufe. Es gibt einen, der uns ärgert, der (wie bei Zhuangzi) aus uns Ärger herauszieht. Wir nehmen ihn wahr. Unsere Strategien orientieren sich schnell an der Frage, wie wir ihm beikommen, wie wir ihn besiegen oder ihm zumindest schaden können. Ärger findet im Kopf und im Bauch statt.

Körperliche Symptome sind für einen Betrachter direkt wahrnehmbar: Die Gesichtshaut rötet sich, »Extremitäten zucken, die Stimme verändert sich. Andere Symptome wie ein trockener Mund, verhärtete Nackenmuskeln oder ein Ziehen im Bauch sind innere Vorgänge und bleiben demnach dem Betrachter verborgen.

Ärgerlich zu sein, bedeutet, noch aktiv strategisch gestalten zu können.

Wut reduziert das strategische Denken. Unser Blick richtet sich zuallererst auf uns selbst und wir verlieren darüber unseren Gegner aus dem Blick. Oft wird vehementer, unkontrollierter und derber gesprochen. Die Fähigkeit, zuzuhören, sinkt rapide. Trotz hoher Erregtheit können wir noch kontrollieren, wo oder wem gegenüber wir auf welche Weise unsere Wut ausleben dürfen. Gegenüber Vorgesetzten und Kollegen wird Wut sehr viel seltener offen gezeigt als gegenüber Partnern, Freunden oder unseren eigenen Kindern. Menschen, die uns nahestehen, werden nicht selten zum Blitzableiter für die Wut, die an anderem Orte aufgrund anderer Konflikte entstanden ist, aber nicht ausgelebt werden konnte.

Körperliche Symptome der Wut sind deutlich erkennbar: zittrige Hände, Unruhe, eine hohe, laute und schrille Stimme, erstarrte Mimik oder ein harter Blick. Sie kann sich genauso in körperlichen Beschwerden zeigen wie Magengeschwüren oder starken Kopfschmerzen.

Wut kann lange unerkannt in uns brodeln und uns mental lähmen. Wenn sich Wut entlädt, vollzieht sich das explosionsartig und unkontrolliert und kann sehr zerstörerisch sein.

Zorn verhindert das strategische Denken komplett. Die Fähigkeit, dem anderen zuzuhören, reduziert sich auf ein Minimum oder verschwindet völlig. Zorn führt unweigerlich zu einem totalen Kontrollverlust: Es kommt zum Blackout oder Filmriss, das Hirn schaltet ab. Ein Zornesausbruch gefährdet nicht nur das Gegenüber, sondern auch die eigene Unversehrtheit – und nimmt Kollateralschäden in Kauf.

Die Symptome des Zorns sind unübersehbar: unkontrolliertes Schreien (meist schrill), aber auch ein plötzliches Verstummen und ein starrer Blick, gefletschte Zähne oder ein starkes Zittern der Extremitäten. Der Zornige selbst erlebt Symptome wie Schmerzunempfindlichkeit, reduzierte Wahrnehmung des Umfelds oder Tunnelblick.

Nach dem Zornausbruch wird das Gefühl von der eigenen Person abgespalten. Das zeigen Rechtfertigungsmuster wie »Es kam über mich«, »Ich kann mich an nichts mehr erinnern«, »Ich konnte nichts dafür«. Deswegen schieben Betroffene die Verantwortung auf ihr Umfeld, es müsse dafür sorgen, dass sie nicht zornig würden. Jetzt wird es spannend: Denn wenn das Umfeld das zu akzeptieren beginnt, wird der Zornige sein destruktives Verhaltensmuster zementieren. Es kann sogar passieren, dass der Zornige seinen destruktiv ausgelebten Zorn als befreiend wahrnimmt und ihn mit innerer Stärke und Ausdrucksfähigkeit gleichsetzt.

Wechselwirkung von Wut und Mut

Ärger, Wut und Zorn sind starke Gefühle. Sie beeinflussen unsere Erwartungen an uns, wie wir in Stresssituationen zu handeln haben. Wenn wir in solchen Situationen aber nur auf unsere Gefühle achten, laufen wir Gefahr, nur zwei Auswege zu sehen. Sie erinnern sich: Flucht oder Angriff. Konstruktive und kreative Lösungswege sind verbaut, die Analysekompetenz ist ausgeschaltet und die Handlungskompetenz stark reduziert.

Mein Meister predigt seit Jahrzehnten: »Du darfst diesen Gefühlen nicht die Macht geben, dein Handeln zu bestimmen!« Aber wenn Gefühle potenziell so gefährlich sind, wäre es dann nicht ratsam, ihnen aus dem Weg zu gehen oder sie einfach zu vermeiden? Es gibt tatsächlich Menschen, die genau das fordern, und es gibt Menschen, die behaupten, das zu können: solche Gefühle nicht zu haben, nicht zuzulassen. Meine Meinung ist klar: Mit den Emotionen ist es wie mit der Impulskontrolle. Wir können nicht kontrollieren, ob sie kommen – aber wir können kontrollieren, wie wir mit ihnen umgehen! Und da sind wir wieder beim Mut.

Denn es gehört Mut dazu, sowohl wütend zu sein als auch für sich einzustehen. Und es erfordert innere Stärke, nicht einfach auf die Wut des anderen mit einem Gegenschlag zu reagieren, weder verbal noch physisch. Es scheint auf den ersten Blick einfacher, alles herunterzuschlucken und hinzunehmen oder lautstark dagegenzuhalten nach der Prämisse »Wie du mir, so ich dir«. Weniger einfach, dafür umso gesünder und nachhaltiger ist es, sich um eine konstruktive Kommunikation zu bemühen und gleichzeitig mutig und mit Rückgrat für die eigenen Bedürfnisse einzustehen.

Wut muss nicht immer zerstörerisch sein. Sie ist auch eine Energie, die unsere Integrität schützt, wie mein Meister sagen würde. Wut entsteht schließlich nicht selten aus einer persönlichen Verletzung heraus. In einem solchen Fall kann man dem anderen durchaus mitteilen, dass man verärgert, verletzt oder zornig ist. Unsere Gefühlslage zeigt uns eindeutig, dass gerade etwas geschehen ist, das wir nicht mit unseren Werten vereinbaren können. Jemand hat bei uns eine Grenze überschritten – und dem sollten wir auf den Grund gehen. Das ist natürlich leichter gesagt als getan – vor allem weil wir uns meistens in scheinbaren oder tatsächlichen, aber in jedem Fall komplexen Abhängigkeitsverhältnissen befinden. Dann bringt das Offenbaren von Wut meist Konsequenzen mit sich. Wir sollten unsere Wut also besser nicht an unserem Chef oder unseren Kunden auslassen.

Wut generiert demnach nicht zwingend die Art von Mut oder innerer Stärke, die uns stets dienlich ist. Trotzdem können Mut und Wut eine gesunde Wechselwirkung haben. Ich wünsche mir manchmal tatsächlich mehr Mut zur Wut – und das, obwohl Wut gesellschaftlich so wenig angesehen ist. Ich definiere in diesem Fall Wut als eine Haltung gegenüber dem, was wir als falsch oder Missstand erkennen. Dann haben wir das Recht, wütend zu sein. Es ist eben die Frage, wie wir damit umgehen, um unsere Ziele zu erreichen.

Training für den Mut-Muskel

In Vorträgen, Coachings und Ratgebern wird gerne die Muskelmetapher genutzt, bei der man allein durch das Ausüben einer Tätigkeit besser darin werden soll. Also ungefähr so: Wie lernen Sie, sich zu entspannen? Na, indem Sie sich bewusst entspannen. Wie werden Sie disziplinierter? Tja, indem Sie diszipliniert handeln. Und wie werden Sie mutiger? Genau: Indem Sie Ihren »Mut-Muskel« trainieren, also mutig handeln. Immer wenn Sie das tun, wird er größer und stärker.

Ich möchte dieses Prinzip des Learning by Doing nicht gänzlich infrage stellen. In Bezug auf Disziplin habe ich mich ja selbst schon dieses Erklärmodells bedient. Im Zusammenspiel mit Mut finde ich allerdings, dass es ihm an Tiefgang und damit an Wirkungsgrad mangelt. Ja, wer oft auf dem Pausenhof Fußball spielt, wird besser im Fußballspiel. Das stimmt. Aber erstens nur innerhalb der Rahmenbedingung »Pausenhof« und zweitens nur in Bezug auf die Techniken, die er im Spiel anwendet. Man trainiert dabei nicht spezifisch, sondern tendiert dazu, das zu trainieren, was man bereits kann, oder zumindest das, was man als »trainierenswert« ansieht.

Beim Thema Mut ist das aber schwierig. Denn dabei geht es um das Überwinden von mehr oder weniger offensichtlichen Hürden. Und genau da liegt das Problem. Manche davon sind uns gar nicht bewusst. Doch wie sollen wir überwinden, was wir nicht sehen, weil es uns nicht bewusst ist? Außerdem stellt sich die Frage, ob man zwischen all den unterschiedlichen Lebensbereichen und Situationen, in denen man Mut benötigt, einen Transfer hinbekommen kann. Das Zehnmeterbrett bietet zwar eine ideale Metapher für ein »Mut-Muskel-Training« bei Höhenangst: Wir arbeiten uns allmählich nach oben, bis der »Mut-Muskel« durch unsere gesammelten Erfahrungen stark genug ist, um einen Sprung aus zehn Metern Höhe zu wagen. Aber haben wir uns nach 100 Sprüngen vom Zehnmeterbrett genug Mut »antrainiert«, um unserem Chef die Meinung zu sagen oder unserem Partner/unserer Partnerin zu gestehen, dass wir ihn/sie belogen haben, oder einem Mitmenschen in Not helfend zur Seite zu springen? Das scheint wohl nicht so gut zu funktionieren. Aber es gibt durchaus Möglichkeiten, unseren Drachen zu füttern, unsere innere Stärke auszubauen und unseren Mut zu steigern.

Wir alle kennen das schreckliche Gefühl, wenn wir wieder einmal den Kampf gegen die Angst verloren haben. Was uns oft in Erinnerung bleibt, sind negative Gefühle wie Peinlichkeit, Niedergeschlagenheit, Unsicherheit – und Scham. Nach einem intensiven Angstmoment prägen sich solche negativen Gefühle im Gedächtnis ein. Sie sitzen viel tiefer als die Freude über den eigenen Mut. Auf diese Weise werden wir auf negative Gefühle hin beziehungsweise durch negative Erinnerungen geprägt. Das ist eigentlich ein sinnvoller Mechanismus: So hilft uns die Angst, dass wir in Zukunft vorsichtiger sind und uns nicht unnötig in Gefahr begeben. Doch unser Drache kann von negativen Erinnerungen und Ängsten ausgebremst werden. Diesen Effekten sollten wir aktiv entgegenwirken.

Mut-Momente im Alltag

Jeder hat sie täglich, diese kleinen Unsicherheiten, diese nebu-
lösen Sorgen und die kalten Schauer, die wir verspüren. Meistens beweisen wir in all diesen Situationen Mut – und vergessen
es danach gleich wieder. Mit einem Mut-Journal erinnern Sie
sich täglich an Ihren geleisteten Mut und werden dadurch mutiger. Bei einem Mut-Journal handelt es sich um eine Art Tagebuch für Momente, in denen Sie mutig waren oder noch sein
werden. So schaffen Sie eine Historie, auf die Sie zurückblicken
können: Sie dokumentieren, wie mutig Sie sind, und können
es bei Bedarf jederzeit nachlesen. So können Sie sich selbst beweisen, dass Sie sich in der Regel für viel weniger mutig halten,
als Sie in Wahrheit sind.

Im ersten Schritt geht es darum, dass Sie sich täglich Ihrer
Gefühle – positiver wie negativer – bewusst werden. Dann
heißt es, ein großes positives Ziel zu formulieren. Natürlich will
jeder seine Angst loswerden. Doch anstatt zu notieren: »Ich will
keinen Stress mehr haben, wenn ich vor meinem Team einen
Vortrag halte oder etwas präsentieren muss«, sollten Sie Ihren
Wunsch positiv formulieren. Etwa: »Ich will ruhig, fokussiert
und gelassen bleiben, wenn ich vor meinem Team einen Vortrag halte.« Allein durch das positive Umformulieren geraten
Angst und Stress ein wenig aus dem Blick und rauben Ihnen
weniger Energie.

Unterteilen Sie Ihr Ziel als Nächstes in Zwischenziele, vor allem jene Aspekte, die Ihnen auf den ersten Blick als zu schwierig
erscheinen und Ihnen deswegen Angst einflößen. Formulieren
Sie kleinere Ziele, die Sie leichter erreichen können. Notieren
Sie, wie es Ihnen gelungen ist, Ihr erstes Zwischenziel zu erreichen, und schreiben Sie die positiven Gefühle auf, die Sie

dabei empfunden haben. Hat Ihr Bauch gekribbelt, mussten Sie lachen, waren Sie danach ein wenig stolz, gut gelaunt …?

Suchen Sie sich anschließend ein neues Zwischenziel auf dem Weg, der Sie zu Ihrem Hauptziel führt, aus: »Ich halte freiwillig einen kleinen Vortrag vor meinen Freunden und meiner Familie.«

Fragen Sie sich zudem am Abend, bevor Sie ins Bett gehen, in welchen Situationen Sie im Laufe des Tages spontan mutig waren. Diese unverhofften Mut-Momente sind besonders toll und wichtig, denn darauf konnten Sie sich nicht vorbereiten. Notieren Sie auch, wie es Ihnen dabei ergangen ist und wie Sie sich gefühlt haben. Sie werden überrascht sein, wie viel in kürzester Zeit zusammenkommt! Sie können aber auch bewusst Situationen herbeiführen, die Ihnen mehr oder weniger viel Mut und Überwindung abverlangen.

Schattenboxen mit Alltagsmutproben

Mutproben gehören vor allem zur Jugend. Man versteht sie als Herausforderung an die Wagnisbereitschaft. Dabei geht es darum, die persönliche Angstschwelle zu überwinden. Sinnvolle Mutproben sind nach den Erkenntnissen der Entwicklungspsychologie keine kindischen Spielereien und unnützen Gefährdungen. Sie sind vielmehr wichtig für die Formung der Persönlichkeit, zur Verwirklichung eigener Lebensziele, auch gegen Widerstände, und für ein selbstbewusstes Auftreten in Konfliktsituationen.[65]

Ich erinnere mich an meine erste Mutprobe als Kind in Rom. Es war eine, die ich selbst gewählt hatte. Sie bestand darin, allein mit dem Fahrrad zum Bäcker zu fahren. Ich war damals sehr jung und eher der ängstliche Typ. Nach dieser Bewährungsprobe fühlte ich mich außerordentlich stolz und glücklich, als wäre ich der Herr der Fahrräder, der Gebieter über die Panini, der Magellan des Straßenverkehrs und der Herrscher über Rom.

Ganz anders fühlte ich mich, als mich die Nachbarskinder herausforderten, über den Zaun zum Pecoraio, dem Schafhirten, zu klettern:»Wer traut sich über den Zaun, in die Schafherde hinein, das kleine Schaf mit der schwarzen Blesse kurz berühren – und dann schnell wieder zurück?« Bei dieser nicht selbst ausgesuchten Mutprobe habe ich vor Angst geschlottert. Die körperliche Herausforderung, zuerst auf einen Baum und dann über den Zaun zu klettern, war es nicht, was mir die Knie weich werden ließ. Es war vielmehr der Gedanke, etwas Verbotenes zu tun. Ohne Erlaubnis ein fremdes Grundstück zu betreten. Dass es sich ausgerechnet um dieses Grundstück handelte, machte die Sache nur noch schlimmer. Denn der Hirte hatte den Ruf, ein »böser Mann« zu sein. Das genügte, um mir das Herz in die Hose rutschen zu lassen. Es kostete mich unendlich viel Überwindung und nach der begangenen Missetat wollte sich auch kein Triumphgefühl einstellen. An Erleichterung kann ich mich erinnern, aber noch mehr an die Scham, etwas Unrechtes getan zu haben.

Bei einer anderen Mutprobe im Kreis meiner Freunde, einem Wettkampf – »Wer hält es länger aus, eine heiße Marone auf dem Handrücken zu halten?« – ging ich als Sieger hervor. Es gelang mir, den Schmerz auszublenden und Gleichgültigkeit zu heucheln. Danach wurde ich umjubelt und fühlte mich groß und stark. Gleichzeitig fühlte ich mich richtig schäbig, weil ich als Einziger wusste: Es hatte verdammt wehgetan und würde weiterhin wehtun – denn da war nun eine riesige Brandblase. Ein ähnliches Gefühl hatte ich Jahre später, als ich mit der Handkante einen Ziegelstein durchschlug. Es tat höllisch weh und ich konnte meine Hand danach fast nicht mehr bewegen. Meinen Freunden machte ich aber weis, dass ein wahrer Kämpfer sich so gut zu konzentrieren vermochte, dass gar kein Schmerz entstand (oder so ähnlich).

Ich kann mich an viele Mutproben erinnern, so einige habe ich verdrängt. Viele waren Übungen im Aushalten von Frustration, Schmerz oder Ekel – andere hatten Wettkampfcharakter und wiederum andere waren schlichtweg dumm. Gemeinsam hatten alle die Grenzerfahrung und die anschließende Frage: War es das *wirklich* wert? Rückblickend habe ich jedoch aus erstaunlich vielen Mutproben Lektionen gezogen. Ob ich noch immer auf Ziegelsteine haue? Na ja, bisweilen schon, aber das tut selbstverständlich gar nicht mehr weh (oder so ähnlich).

Die Mutproben von heute heißen auf Neudeutsch »Challenges« und ich habe das Gefühl, dass die öffentliche Selbstqual zunehmend eskaliert. Die Aktionen werden einerseits immer gefährlicher und andererseits immer absurder. Die Tide-Pod-Challenge (Essen eines Waschmittelpods) brachte Hunderte Jugendliche in Gefahr.[66] Ebenso fragwürdig sind Challenges, die die Strapazierfähigkeit des eigenen Körpers ausreizen. Manche spülen sich die Nase mit Tabasco, andere tropfen sich heißes Kerzenwachs auf die Zunge. Meine Erklärung: Es geht einzig und allein darum, aus Social Media mehr Likes zu bekommen. Natürlich lege ich Ihnen hier ausschließlich Mutproben ans Herz, die weder Sie noch Dritte in Gefahr bringen oder Schaden zufügen können. Sie sollten aber durchaus ein wenig unbequem sein und Sie aus Ihrer Komfortzone locken. Dabei können es durchaus zielgerichtete Dinge sein.

Wenn Sie beispielsweise Ihren Arbeitgeber um eine Gehaltserhöhung bitten wollen, fangen Sie klein an – und vor allem bei anderen Menschen. Fragen Sie etwa beim Einkaufen oder in Restaurants nach einem Preisnachlass oder nach einem Bonus. Immer mit einem freundlichen Lächeln, versteht sich! Was kann schon groß passieren? Mehr als Nein sagen kann Ihr Gegenüber schließlich nicht. Womöglich denkt Ihr Gegenüber, dass Sie unverschämt sind. Na und? Sie werden überrascht sein, wie oft Sie ein Ja bekommen werden. Und wenn Sie eine Abfuhr erhalten, ist das auch gut. So lernen Sie, dass ein Nein nichts Schlimmes ist, dass es legitim ist, zu fragen, und dass es auch völlig legitim ist, dass der andere Ihren Wunsch ablehnt. Nach einigen solcher Erfahrungen trauen Sie sich vielleicht eher, nach einer Gehaltserhöhung zu fragen und für Ihre Qualitäten zu argumentieren, und es wird Ihnen leichter fallen, mit einer möglichen Absage professionell umzugehen.

Manche Alltagsmutproben bringen keinen sichtbaren Vorteil, sondern schulen »nur« Ihre innere Stärke, indem Sie eine unangenehme Situation aushalten: Bezahlen Sie das nächste Mal im Supermarkt einen kleinen Einkauf – sagen wir 2,20 Euro – komplett mit Kleingeld, und zwar ausschließlich mit 1-, 2-, 5- und 10-Cent-Stücken. Das ist nicht verboten und es tut auch nicht weh. Dennoch ist die Wahrscheinlichkeit groß, dass sowohl die Kassiererin als auch die Kunden hinter Ihnen genervt oder ungeduldig reagieren werden. Halten Sie das aus! Es geht um nichts, es ist ein Spiel, das Sie weiterbringt. Und wenn die Kassiererin das Kleingeld nicht annehmen will oder Sie den Druck nicht aushalten können, dann zücken Sie eben doch noch den Schein und probieren dasselbe Spiel am nächsten Tag beim Bäcker.

Sie können die Mutproben sogar noch kleiner fassen, sodass Sie außer Ihnen gar niemand mitbekommt. Duschen Sie morgens zum Abschluss kalt. Abgesehen davon, dass es großartig für den Körper ist und wach macht, werden Sie stolz sein, wenn Sie das schaffen. Mag sein, dass es nicht auf Anhieb klappt. Dann regeln Sie die Temperatur über mehrere Tage nach und nach herunter, oder beginnen Sie erst bei den Füßen und arbeiten sich langsam nach oben, bis Sie den ganzen Körper vom kalten Duschregen beprasseln lassen. Wichtig ist: dranbleiben und aushalten! Früher oder später werden Sie es schaffen, und dann können Sie stolz auf sich sein.

Sie können sogar Mutproben bestehen, bei denen Sie nichts weiter machen müssen beziehungsweise dürfen: Wenn sich der nächste Besuch ankündigt, räumen Sie vorab nicht auf und putzen nicht. Und dann halten Sie das Unbehagen aus. Ihre Gäste werden es vielleicht gar nicht bemerken und Sie werden sich fragen, warum Sie sich bisher so viel Arbeit und Stress gemacht haben. Vielleicht schweigen Ihre Gäste aber auch aus Höflichkeit. Wenn sie es tatsächlich bemerken und ansprechen (»Wie sieht es denn hier aus?«), dann halten Sie es aus, freuen sich insgeheim über Ihre bestandene Mutprobe und amüsieren sich über die irritierten Gesichter.

Welche Mutproben für Sie sinnvoll sein können, entscheiden Sie allein. Legen Sie eine konkrete, für Sie machbare Anzahl an Mutproben für einen bestimmten Zeitraum fest und arbeiten Sie die Punkte ab. Dadurch bleiben Sie dran, verlassen Ihre Komfortzone und erinnern sich täglich daran, dass Ihr Verhalten veränderbar ist. Machen Sie daraus ein vergnügliches Spiel. Haben Sie Spaß dabei! Hand aufs Herz: Wie viele Mutproben haben Sie beim Suchen direkt wieder verworfen, bevor Sie sie überhaupt aufgeschrieben haben? Wissen Sie noch, welche das waren? Versuchen Sie nachzuvollziehen, warum Sie diese Ideen wirklich abgelehnt haben. Gibt es dort verborgene Ängste, die Sie angehen sollten? Vielleicht gibt es einen kleinen Schritt, einen winzigen Teil, den Sie im Alltag schon einmal in unverfänglichen Situationen ausprobieren könnten?

Vielfältige Lerneffekte

Bei Ihren persönlichen Alltagsmutproben geht es darum, etwas umzusetzen, zu tun oder eben zu unterlassen, das ein wenig mehr von Ihnen verlangt, als Sie bislang von sich gefordert haben. Sie können sich kleinen (oder auch größeren) Ängsten in gewohnten oder zumindest weitgehend berechenbaren Situationen stellen und stärken dadurch Ihre Handlungsfähigkeit – ganz egal, wie es ausgeht. Sie können ausprobieren, mutig zu sein, wenn es noch um nichts geht. Dann waren sie schon mal mutig, lange bevor es um eine entscheidende Situation geht: Sie werden keine schrecklichen Schmerzen erleiden, Sie werden nicht sterben, es wird Sie auch nicht als Person gänzlich infrage stellen, wenn Sie nicht mehr Pommes oder keine 12 Cent Ermäßigung auf dem Markt heraushandeln können. Und vermutlich auch nicht, wenn Sie keine Gehaltserhöhung bekommen. Aber wenn Sie gar nicht fragen, wird die Wahrscheinlichkeit, dass es dazu kommt, ganz sicher nicht größer.

Sie erleben während der Mutprobe, dass Sie etwas anpacken, lernen dazu und erweitern Ihre Kompetenz, loten Ihre Grenzen aus oder erweitern sie. Sie erleben Abenteuer, die Ihnen womöglich sogar neue Welten oder Möglichkeiten eröffnen, und erfahren Anerkennung und Prestige, wodurch Sie mehr Selbstvertrauen entwickeln.

Wenn Ihr Vorhaben glückt, werden Sie stolz sein. Und wenn es nicht gelingt, dürfen Sie ebenfalls stolz sein, denn Sie haben es probiert und durchgestanden. Auf diese Weise lernen Sie, Unangenehmes auszuhalten, etwa dass es nicht gleich auf Anhieb geklappt hat. All das dient Ihrer inneren Stärke.

Ehrliche Reflexion

Während Ihrer Mutprobe kommen Sie durch Ihr Erleben der Antwort auf die Frage näher, warum gerade diese Aktion Ihnen so viel Überwindung und damit Mut abverlangt. Sie bekommen konkrete Erkenntnisse zu Ihrer Wagnisschwelle, und das wiederum erleichtert es Ihnen, Strategien zum Mut zu entwickeln – etwa sich für die Zukunft einen Mut-Buddy zu suchen. Vielleicht erleben Sie das eine oder andere Mal, dass es letztlich viel einfacher war, als sie gedacht hatten. Wenn Sie das vorher gewusst hätten, hätten Sie es viel früher angepackt! Diese Erkenntnis erhöht die Wahrscheinlichkeit, dass Sie sich bei der nächsten angsteinflößenden Situation von Anfang an fragen, ob Sie sich eventuell zu viele Gedanken und Sorgen machen und in der Folge schneller ins Handeln kommen.

Also, wie ist es Ihnen bei Ihren Alltagsmutproben ergangen? Manche Aufgaben sind Ihnen vermutlich leichter gefallen als andere. Manche haben Sie geschafft, andere nicht. Aber Sie haben auf jeden Fall den ersten Teil der Übung geschafft. Ja, es gibt einen zweiten Teil! Dieser ist mindestens so wichtig wie der erste, wenn nicht sogar wichtiger. Und ich darf Ihnen sagen: Es könnte sein, dass Ihnen dieser Teil sogar noch schwerer fällt. Denn jetzt ziehen Sie Bilanz.

Notieren Sie in Ihrer Liste der Mutproben hinter der jeweiligen Aufgabe, ob es geklappt hat oder nicht. So weit, so einfach. Die eigentliche Arbeit beginnt im Anschluss, denn Sie gehen in die Selbstreflexion, und das kann harte Arbeit werden. Warum? Weil es jetzt darum geht, schonungslos ehrlich zu sein (aber auch das haben Sie ja bereits geübt). Sie müssen nicht der ganzen Welt erzählen, warum Sie was wie und warum nicht hinbekommen haben, aber Sie sollten zu sich selbst ehrlich sein.

Sich selbst zu belügen, sich herauszureden, andere Menschen oder äußere Umstände dafür verantwortlich zu machen, warum dies oder jenes nicht funktioniert hat, bringt Sie nicht weiter. Insgeheim kennen Sie ohnehin die Wahrheit, sonst bräuchten Sie sich ja nicht zu belügen.

Die Mutproben, die nicht oder nicht so gut funktioniert haben, erzählen etwas über Sie – ebenso wie jene, die Sie gemeistert haben. Die Informationen, die Sie mithilfe Ihrer Mutbilanz über sich bekommen, sind wertvoll, denn sie geben Ihnen Hinweise darauf, was Sie für sich tun können. Hier ein paar Fragen zur Anregung:

- Hatte diese Mutprobe den richtigen Schwierigkeitsgrad für Sie?
- Was war daran schwierig für Sie? Was war einfach?
- Was hätte Ihnen geholfen, sodass es einfacher gewesen wäre?
- Wie haben Sie sich gefühlt, als Sie versuchten, die Aufgabe zu lösen?
- Wie haben Sie sich gefühlt, nachdem Sie sich der Situation gestellt und damit die Aufgabe gelöst hatten – mit oder ohne den gewünschten Erfolg?
- Warum ist Ihnen die Bewältigung dieser Aufgabe gelungen oder nicht gelungen?
- Wie schlimm ist es für Sie, dass Ihnen diese Mutprobe nicht gelungen ist?
- Warum ist es schlimm für Sie – oder eben auch nicht schlimm?
- Wie fühlt sich Ihre Erinnerung an die bewältigte Mutprobe an?
- Wie viel Spaß hatten Sie dabei?

- Gab es Momente, in denen Sie sich geschämt haben? Wenn ja, warum?
- Welche Rolle spielt für Sie die Frage, ob und was andere über Sie denken?
- Was denken Sie, was andere über Sie denken?
- Von welchen Mutproben würden Sie anderen erzählen und warum? Und von welchen würden Sie anderen auf gar keinen Fall anderen erzählen und warum?
- Welche Mutproben würden Sie gerne wiederholen?
- Welche hätten Sie am liebsten niemals durchgezogen?

Sie werden vielleicht feststellen, dass Sie einige Fragen gar nicht auf Anhieb beantworten können, sondern gären lassen müssen, vielleicht ein paar Stunden, vielleicht ein paar Tage, vielleicht sogar mehrere Wochen. Sie werden vermutlich auch feststellen, dass Sie in der Zwischenzeit zu unterschiedlichen, womöglich sogar widersprüchlichen Antworten kommen, und eine Frage erst später wirklich ehrlich beantworten können. Das ist ganz normal, das ist der Prozess der Selbstreflexion. Auf diese Weise schulen Sie langfristig Ihren inneren Drachen.

Innere Stärke bedeutet, sich selbst zu reflektieren, die positiven Dinge ebenso wahrzunehmen wie die negativen und auch unbequeme Wahrheiten anzunehmen. Nur so kommen Sie zu einer realistischen Selbsteinschätzung. Nur so können Sie Handlungsstrategien entwickeln, die Sie im Leben weiterbringen. Die Augen zu verschließen, sich Dinge schönzureden, die Verantwortung abzugeben oder zu verdrängen, bringt Sie keinen Schritt weiter. Vermeintliche Schwächen und Makel sind da, sie gehören zu

Ihnen und sie werden nicht kleiner, wenn Sie so tun, als gäbe es sie nicht. Im Gegenteil. Wenn Ihr Keller voller Wasser läuft, schließen Sie dann einfach die Kellertür und tun so, als wäre nichts? Nein, denn Sie wissen genau: Früher oder später wird das Wasser bei Ihnen im Erdgeschoss und dann im ersten Stock ankommen, und dann werden Sie zum Handeln gezwungen sein. Im schlimmsten Fall ist es dann sogar schon zu spät. Da ist es doch besser, selbst zum Handelnden zu werden, je früher, desto besser. Finden Sie nicht auch?

道
常
無
為
而
無
不
為

Dào cháng wúwéi ér wú bù wéi
Die Natur eilt nicht, und dennoch wird alles erreicht.

NUR EINE SCHÜSSEL VOLL REIS

In der 十形拳 *Sap Yin Kuen,* der Zehn-Elemente-Form des Hung Gar Kung-Fu, dem südlichen Shaolin-Stil, gibt es einen »Drachen-Teil«. Zur Erinnerung: Als Formen bezeichnet man Bewegungsabläufe in den Kampfkünsten, die aus verschiedenen Stellungen und Kampftechniken bestehen. Viele dieser Formen enthalten Techniken, die von Tieren abgeschaut wurden. In dieser speziellen Form, die erst etwas erfahrene Schüler lernen dürfen, wird ein Drache imitiert. Allerdings nicht durch den körperlichen Ausdruck, denn niemand konnte diese Fabelwesen durch Beobachtung nachahmen. Vielmehr versucht man in dieser Form, den Drachen durch seine innere Haltung zu repräsentieren, durch die Atmung zu erwecken und sich durch die Bewegung mit ihm zu verbinden.

Ich durfte dem Gespräch zweier Meister über die Drachenposen beiwohnen. Doch als sich die Meister die betreffenden Stellen zeigten, war ich erstaunt, wie wenig »philosophisches Futter« ich bekam. Es wurde nicht besprochen, was »der Drache« – also in diesem Fall der Schüler – zu denken, zu fühlen oder zu bewirken habe. Noch schlimmer: Ihre Formen waren unterschiedlich! Beide hatten von ihren Meistern ganz unterschiedlichen Rat bekommen, unterschiedliche Erklärungen, unterschiedliche Metaphern. Die einzelnen Posen, Bewegungsmuster und Atemtechniken waren gerade mal ähnlich genug, um eine Verwandtschaft zu erkennen, aber mehr auch nicht. Ich war mehr als bestürzt. Ich war davon ausgegangen, hier eine klare, verlässliche, fast schon mathematische Erklärung samt Hintergrund zu erhalten, gewissermaßen ein unumstößliches Regelwerk, das als Leitfaden verlässlich und bindend an jeder Stelle und zu jeder Zeit für wirklich jeden gleichermaßen galt. Das warf bei mir jede Menge Fragen auf: Wie konnte es zu solchen Unterschieden kommen? Wurde die Lehre nicht akribisch genug vermittelt? Und wie könnte man nun, nach so vielen Generationen, die Essenz wiederfinden?

Im Gegensatz zu mir wirkten die beiden Meister in keiner Weise betroffen. Stattdessen beschlossen die beiden gut gelaunt, dass es manchmal gar nicht so wichtig sei, was der Meister sage. Es reiche, dass der Meister den Schüler auf seinem Weg bestärke. Alles, was wirklich wichtig sei, werde der Schüler dann auf seinem Weg selbst erlernen. Ich kann Ihnen gar nicht sagen, wie schwer es mir gefallen ist, das zu akzeptieren! Als könnte man so mir nichts, dir nichts eine Sinfonie Beethovens von einer Generation zur nächsten verändern!? Moment mal, genau das hat doch Herbert von Karajan getan, als er meine geliebte »Ode an die Freude« zur Europahymne umformte. Und offen gestanden liebe ich die Europahymne mindestens genauso wie das Original. Also gut, einverstanden: Es gibt gezielte Veränderungen. Das ist aber etwas anderes, als wenn sich eine Form »zufällig« verändert, richtig? Wo kämen wir denn da hin?

Als ich über diese Frage nachdachte, fiel mir eine Geschichte ein, die mir mein Meister einst erzählt hatte – und mir wurde etwas Wichtiges klar. Diese Geschichte möchte ich zum Ausklang gerne mit Ihnen teilen.

Es war einmal ein Weiser, der für seine Fähigkeit bekannt war, schwierige Probleme lösen zu können. Eines Tages wurde er von zwei Besuchern konsultiert, die beide am selben Tag um seinen Rat bitten wollten. Beide waren höfliche junge Männer, und jeder bestand darauf, dass der andere zuerst zum Weisen gehen sollte. Nach einigem Hin und Her stellten sie fest, dass ihre Fragen im Wesentlichen die gleichen waren, also beschlossen sie, den Weisen gemeinsam zu fragen.

Einer der jungen Männer erklärte:»Meister, unsere Probleme sind ähnlich. Wir sind beide niedere Arbeiter und werden bei der Arbeit schlecht behandelt. Wir bekommen überhaupt keinen Respekt – und unsere Arbeitgeber nutzen uns nicht nur aus, sie gängeln uns jeden Tag. Könnt Ihr, großer Meister, uns bitte sagen, ob wir unsere Arbeitsstelle kündigen sollen?«

Der Weise schloss die Augen und meditierte, während die beiden jungen Männer geduldig warteten. Nach einer langen Weile öffnete der Weise endlich die Augen wieder und gab ihnen die Antwort. Es waren nur fünf Worte:»Nur eine Schüssel voll Reis.«

Die beiden jungen Männer bedankten sich und gingen. Sie dachten intensiv über die Antwort des Meisters nach. Nach einer Weile brach einer von ihnen das grüblerische Schweigen:»Das war interessant. Was glaubst du, bedeutet die Aussage?«

Der andere antwortete nachdenklich:»Nun, es ist ziemlich offensichtlich, dass die Reisschüssel unsere täglichen Mahlzeiten darstellt. Der Weise sagte uns, dass die Arbeit nichts anderes ist als ein Mittel, um unseren Lebensunterhalt zu verdienen.«

»Ja«, antwortete der andere,»wenn man es genau nimmt – das ist alles. Wir bekommen unsere täglichen Mahlzeiten durch die Arbeit.«

Sie gingen daraufhin getrennte Wege. Einer von ihnen arbeitete am selben Ort weiter. Der andere reichte gleich nach seiner Rückkehr seine Kündigung ein, ging heim aufs Land und nahm die Landwirtschaft auf. Nach einigen Jahren erzielte dieser junge Mann als Landwirt beachtliche Erfolge. Er hatte in der Stadt einiges gelernt und übertrug das nun in seine neue Arbeitswelt. Das Obst und Gemüse, das er anbaute, wurde als das Beste der Region bekannt. Er genoss einen Ruf als Experte. Doch auch der junge Mann, der bei der Arbeit blieb, machte sich gut. Er war wie ausgewechselt. Er wurde von Widrigkeiten nicht mehr heruntergezogen, sondern stellte sich ihnen mit Geduld und innerer Stärke. Er stieg in den Rängen auf, bis er schließlich die Fabrik leitete.

Eines Tages begegneten sich die beiden jungen Männer zufällig wieder. Sie tauschten sich aus und erkannten, dass sie zwei sehr unterschiedliche Wege eingeschlagen hatten. Sie waren beide wohlhabend und glücklich geworden, aber welcher Weg war nun der richtige?

»Wie seltsam«, sagte der Fabrikleiter verwirrt, »der Meister sagte das Gleiche zu uns, und wir hörten es beide auf unterschiedliche Weise. Warum hast du gekündigt?«

Der Bauer war auch verwirrt: »Ich habe seine Worte sofort verstanden. Die Arbeit war nichts anderes als das Mittel, um meine täglichen Mahlzeiten zu bekommen. Warum sollte ich mich zwingen, in einer so schrecklichen Situation zu bleiben, nur für eine lächerliche Schüssel Reis? Aufzuhören war offensichtlich das Richtige! Deswegen kann ich überhaupt nicht verstehen, dass du geblieben bist. Warum hast du das getan?«

»Ich denke auch, dass es offensichtlich sein sollte«, erwiderte der Fabrikleiter, »wenn der Job letztlich nicht mehr als eine Schüssel Reis bedeutete, warum sollte ich mich von all dem Drumherum so aufregen lassen? Warum schlecht fühlen? Am Ende des Tages habe ich immerhin eine Schüssel Reis. Sobald ich das verstanden hatte, wurde mir klar, dass ich mich nicht so aufregen musste, dass ich den fehlenden Respekt und die schlechte Behandlung nicht persönlich nehmen musste. Also bin ich natürlich geblieben.«

Der Bauer haderte: »Jetzt bin ich durcheinander. Wollte der Meister, dass wir deinen Weg oder meinen Weg einschlagen? Lass uns ihn noch einmal besuchen und der Sache auf den Grund gehen!«

Noch einmal stellten sie sich bei dem Weisen vor und erklärten den Grund für ihren Besuch:»Wie Sie sehen, Meister, würden wir gerne wissen, was Ihr Rat vor all diesen Jahren wirklich bedeutet hat. Bitte geben Sie uns tiefere Einblicke.«

Wieder schloss der Weise die Augen, bevor er antwortete. Als er nach einiger Zeit seine Augen öffnete, gab er ihnen erneut seine Antwort in fünf Worten:»Dies ist nur eine Meinungsverschiedenheit.«

Bestimmt haben Sie es auch erkannt: Es gibt kein Richtig oder Falsch. Das trifft auf unser ganzes Leben zu. Wir alle haben unsere eigenen Wege, denen wir folgen müssen. Ihr Dao, Ihr Weg, ist wie ein Bach, der bergab fließt. Egal, welche Richtung Sie einschlagen, Sie werden letzten Endes bestimmt unten ankommen. Gehen Sie also mutig los und wählen Sie beherzt Ihren Weg. Der beste Begleiter auf diesem Pfad ist Ihr innerer Drache, ganz egal, welche Form, Pose, Gedanken oder Emotionen er in Ihnen auslöst.

Alles ist richtig.

DANK

Vielen Dank an Stephanie Walter, Programmleiterin des Ariston Verlags, für ihr offenes Ohr, ihre Flexibilität, ihre professionelle Kompromissbereitschaft und ihr unglaublich herzliches Wesen.

Besonders herzlichen Dank an Desirée Šimeg für ihre einfühlsame, besonnene und kreative Arbeit an meinem Text. Ohne meine Worte zu verändern ist ihr durch Puzzlespielen und Änderung von Form und Struktur so mancher Geniestreich gelungen. Die Zusammenarbeit mit ihr war hochprofessionell und herzerfrischend!

ANMERKUNGEN UND QUELLEN

1 Zölss, Thomas: »Das Symbol des Drachen in den Kampfkünsten«, Silo.Tips, 09.06.2017, https://silo.tips/download/das-symbol-des-drachen-in-den-kampfknsten.

2 Lao-tse: *Tao-Te-King – Das Buch vom Weg und von der Tugend*, Reclam 1961.

3 Inzwischen nennt man sie meist »griechische Klassik«, aber ich mag die alte Formulierung lieber. »Griechische Klassik (Philosophie)«, in: *Wikipedia*, 03.10.2021, https://de.wiki pedia.org/w/index.php?title=Griechische_Klassik_(Philo sophie)&oldid=216073673 (zugegriffen am 05.12.2021).

4 Koch, Dr. Klaus-Uwe: »Die Philosophie des Sokrates«, *Geographie Infothek* (2004), Klett.

5 https://de.wikipedia.org/w/index.php?title=Ideenleh re&oldid=213276592 (zugegriffen am 05.12.2021).

6 https://de.wikipedia.org/w/index.php?title=Tugende thik&oldid=217105012 (zugegriffen am 05.12.2021).

7 Zhuangzi: *The Way of Nature*, Princeton University Press 2019.

8 Ebd.

9 Briefwechsel zwischen Schiller und Goethe. An Schiller 565, Weimar 1798.

10 Mit genau diesem Titel steht es auch bei mir im Bücherschrank. Besonders gut gefällt mir allerdings die Version von C. C. Tsai im Comicstil und mit englischer Übersetzung. Ich habe sie bereits viele Male verschenkt, weil sie schlichtweg großartig ist.

11 Konfuzius: *The Analects*, Princeton University Press, 2018.

12 »Red Bull Stratos – die ganze Story«, 13.03.2017, https://www.redbull.com/de-de/gopros-super-bowl-spot-felix-baumgartners-sprung (zugegriffen am 05.12.2021).

13 https://de.wikipedia.org/w/index.php?title=Schmetterlinge&oldid=217652527 (zugegriffen am 05.12.2021).

14 Dobelli, Rolf: *Die Kunst des klugen Handelns*, dtv 2014.

15 *Zhuangzi, eine Auswahl*, Reclam 2019.

16 https://www.zeit.de/wissen/2018-07/selbsterkenntnis-psychologie-forschung (zugegriffen am 05.12.2021).

17 Ebd.

18 Ebd.

19 Kant, Immanuel: *Anthropologie in pragmatischer Hinsicht*, 1798. https://korpora.zim.uni-duisburg-essen.de/kant/aa07/ (zugegriffen am 05.12.2021).

20 Allen, David: *Getting Things Done*, Viking 2001.

21 Gigerenzer, G., Hertwig, R. und Pachur, T. (Hg.): *Heuristics: The foundations of adaptive behavior*, Oxford University Press 2011.

22 »Steve Jobs' Rede an der Stanford-Universität«, *Berliner Morgenpost Online*, 06.10.2011, https://www.morgenpost.de/web-wissen/web-technik/article105306248/Steve-Jobs-Rede-an-der-Stanford-Universitaet.html (zugegriffen am 05.12.2021).

23 Precht, Richard David: *Erkenne dich selbst*, Goldmann 2017.

24 https://www.psychomeda.de/lexikon/selbstwirksamkeit. html (zugegriffen am 05.12.2021).

25 https://dorsch.hogrefe.com/stichwort/sunk-cost-effect (zugegriffen am 05.12.2021).

26 https://wirtschaftslexikon.gabler.de/definition/scrum-53462 (zugegriffen am 05.12.2021).

27 https://www.youtube.com/watch?v=ipMib6ejGuo (zugegriffen am 05.12.2021).

28 https://www.youtube.com/watch?v=otOjpOhLx8Y (zugegriffen am 05.12.2021).

29 www.leo-martin.com

30 Fink, George:»Stress: The Health Epidemic of the 21st Century«, *Elsevier SciTech Connect*, 26.04.2016, http://sci techconnect.elsevier.com/stress-health-epidemic-21st-cen tury/ (zugegriffen am 05.12.2021).

31 https://de.wikipedia.org/w/index.php?title=Kampf-oder-Flucht-Reaktion&oldid=217863229 (zugegriffen am 05.12.2021).

32 Ebd.

33 https://de.wikipedia.org/w/index.php?title=Jeffrey_Alan_Gray&oldid=213796418 (zugegriffen am 05.12.2021).

34 Altvater, H. R.: *Stärkt Kampfsport die Psyche? Zusammenhänge zwischen der Ausübung einer Kampfsportart und dem Selbstwert sowie der Stressresilienz.* Bachelor-Arbeit im Fachbereich Psychologie, Sigmund Freud Privatuniversität Wien 2020.

35 https://lexikon.stangl.eu/19305/tend-and-befriend-reak tion (zugegriffen am 05.12.2021).

36 https://de.wikipedia.org/w/index.php?title=Kampf-oder-Flucht-Reaktion&oldid=217863229 (zugegriffen am 05.12.2021).

37 https://de.wikipedia.org/w/index.php?title=Allgemeines_ Anpassungssyndrom&oldid=215396564 (zugegriffen am 05.12.2021).

38 Franke, Mirijam: »Karoshi – Erst die Arbeit, dann der Tod«, *arbeits-abc.de*, 06.09.2020, https://arbeits-abc.de/karoshi/ (zugegriffen am 05.12.2021).

39 Gutknecht, Lisa: »Cortisol: Was das Stresshormon macht und wie man es senkt«, *foodspring Magazine*, ohne Datum, https://www.foodspring.de/magazine/cortisol (zugegriffen am 06.12.2021).

40 Ebd.

41 Weiss, Franziska: »Die Muskeln, unsere Glücksfabrik«, *Focus Online* 39/2016, https://www.focus.de/magazin/archiv/ titel-die-muskeln-unsere-gluecksfabrik_id_5975218.html (zugegriffen am 05.12.2021).

42 Ebd.

43 »Wie wirkt Kaffee im Körper?«, *brand eins*, Nr. 04/2015, https://www.brandeins.de/corporate-publishing/kaffee-in-zahlen/kaffee-in-zahlen-2015/wie-wirkt-kaffee-im-koerper (zugegriffen am 05.12.2021).

44 Aichsleder, Frank (Hg.): *Qi Gong im Überblick*, A-&-O-Medianetwork 2004.

45 Ebd.

46 Ebd.

47 https://de.wikipedia.org/wiki/Angst (zugegriffen am 05.12.2021).

48 Riemann, Fritz: *Grundformen der Angst*, Ernst Reinhardt Verlag 1991.

49 Ebd.

50 Ebd.

51 https://www.spektrum.de/lexikon/philosophie/horror-va cui/900 (zugegriffen am 05.12.2021).

52 Herrmann, Sebastian: »Peinlich«, *Süddeutsche Zeitung Online*, 30.08.2008, https://www.sueddeutsche.de/wis sen/schamgefuehle-peinlich-1.830530 (zugegriffen am 06.12.2021).

53 Brown, Brené: *Verletzlichkeit macht stark,* Kailash 2013.

54 Rilke, Rainer Maria: *Gesammelte Werke,* Anaconda 2013.

55 https://www.duden.de/suchen/dudenonline/Der%20Mut (zugegriffen am 05.12.2021).

56 Chaplin, Charlie: *Der große Diktator,* 1940, Gustav Ragett-li, http://werteundeigenschaften.ch/werte-und-eigenschaf ten/positive-werte/mut.

57 Lawson, Danny: »Frauen sind anders mutig als Männer«, *Die Welt Online*, 12.08.2011, https://www.welt.de/wissen schaft/article13541815/Frauen-sind-anders-mutig-als-Ma enner.html (zugegriffen am 05.12.2021).

58 Morgenroth, T. et al: »Sex, drugs, and reckless driving: Are measures biased toward identifying risk-taking in men?«, *Social Psychological and Personality Science*, 9/6, 2017, 744–753.

59 Hahn, Oswald, *Der Spiegel,* 49/1983.

60 Hahn, Oswald, *Der Spiegel,* 49/1983.

61 Diese Szene kursiert in unterschiedlichen Varianten im Internet. Ich weiß nicht, ob es ein Original ist oder den beiden beliebten Protagonisten in den Mund gelegt wurde. Doch das ändert nichts am Charme dieses Wortwechsels.

62 Champion, Nadine: *10 Seconds of Courage,* Allan & Unwin, 2017.

63 Baron, Stefan: *Die Chinesen – Psychogramm einer Weltmacht,* Econ 2018.

64 Ebd.

65 https://de.wikipedia.org/wiki/Mut (zugegriffen am 05.12.2021).

66 https://www.stern.de/gesundheit/tide-pod-challenge--mut probe-kann-jugendliche-das-leben-kosten-7835420.html (zugegriffen am 05.12.2021).

ÜBER DEN AUTOR

Marc Gassert verbrachte einen Großteil seines Lebens in unterschiedlichen Kulturen auf verschiedenen Kontinenten und erlernte bei namhaften Großmeistern die asiatische Kampfkunst. In München studierte er Kommunikationswissenschaft und Interkulturelle Kommunikation, in Tokio Japanologie. Heute lebt er mit seiner Familie in München.

Als Vortragsredner schafft er einen Wissenstransfer zwischen fernöstlicher und westlicher Kultur. Mit seinen interaktiven Vorträgen über Disziplin, Balance, Veränderung, Mut und innere Stärke ist er regelmäßiger Gast auf den Top-Events internationaler Unternehmen.

Das Tao der Disziplin

ISBN 978-3-424-20093-5

»Nicht das Anfangen wird belohnt, sondern das Durchhalten!« Mit dieser Lebenseinstellung motiviert Marc Gassert die zahlreichen Zuhörer in seinen Vorträgen und Seminaren zu mehr Selbstdisziplin und Willenskraft. Mit seinem unverstellten Blick auf die asiatische Tradition beweist er, dass Disziplin eine kraftvolle Tugend ist, mit der wir unsere Ziele, beruflich wie privat, erreichen. Inspirierende fernöstliche Weisheit – voller Enthusiasmus, Klarheit und Effizienz für unseren Alltag übersetzt!

BODO JANSSEN verrät das Geheimnis seiner Morgenrituale

ISBN 978-3-424-20250-2

Bodo Janssen

manager magazin
Bestseller

STILLE

WEIL NUR IN IHR
VERÄNDERUNG
ENTSTEHT

ARISTON α

Wenn Bodo Janssen vor schwierigen Entscheidungen steht, greift er auf die Kraft zurück, die er aus seinem täglichen Morgenritual gewinnt: Er steht früh auf und zieht sich zur Meditation zurück. Er kehrt ein in die Stille. In ihr gewinnt er die Klarheit, Stärke und Einsicht, um den Herausforderungen des Alltags ruhig und gelassen zu begegnen. Die in der Stille gewonnenen Erkenntnisse schreibt Bodo Janssen täglich in Notizbüchern nieder. Aus ihnen entstand auch dieses Buch, das Sie ein Jahr lang begleitet und durch monatliche Impulse zu mehr Bewusstheit und souveränem Handeln führt.